Comparative Political Institutions: Learning from History

歴史から学ぶ
比較政治制度論
日 英 米 仏 豪

小堀眞裕 著

晃 洋 書 房

は し が き

　本書は，名前の通り，大学の比較政治制度論およびその他の政治学系科目の教科書として書かれたものである．本書の特徴を以下の3点について述べたい．

　第一は，引用元をかなりの程度記載した点である．日本では，このような教科書を書く時に，引用元を書かないスタイルが多かった．しかし，筆者の知る限りでは，英米仏などの政治学や憲法学の教科書では，必ず詳細な出典が記されてきた．日本でも，近年，それ以前のスタイルとは異なり，簡潔な形で出典を記載する教科書も出てきた．実際のところ，読者がその後に学習や研究を進める時，出典の記載は，それらを大きく助けることになるので，むしろしっかりと行うべきであると筆者は考えた．なお，そういう学習用の意図もあり，引用に関しては，書籍中の翻訳などからの引用も積極的に提示した．また，読んで興味を持ってもらう意味からも，一次史料ではなくてもよいと考えた．ただ，やはり，日本語による研究が及んでいない部分については，相当な数の英仏語引用文献を挙げた．なるべく，探しやすいような引用文献の表示に心がけた．

　第二に，マーク・ビーヴァーやロッド・ローズらが発展させた解釈主義のアプローチを用いて，筆者はこの教科書を書くことを試みた．もっとも，彼らの解釈主義アプローチに対する私の理解自体も，一つの解釈であることは言うまでもない．

　詳しい説明は，第1章に譲るので，簡単に述べると，解釈主義とは，社会科学においては全て人間が社会の諸事象を観察して描くので，そこには，それぞれの人間による解釈が必ずあると考える立場である．したがって，何が政治制度であるのかという問は，人々の解釈抜きには考えられない．そこで本書では，政治制度そのもの論（存在論）と政治制度研究（認識論）の両方を，比較政治制度論として扱うことにした．物理学の加速度法則など完全に人間の意志から独立したものであれば，それを存在として純粋に取り出すことはできるだろう．しかし，いずれの政治制度にしても，それを考案した人々の解釈が作り出している．しかも，その後，政治家や裁判官や学者たちが彼らの解釈を（歴史的にも空間的にも多様に）行い，制度は更新されていく．制度と人々の解釈を切り離して論ずることはできない．

　その結果，本書では，政治制度に対して，多くの政治学教科書や憲法教科書とは異なった説明もしている．例えば，「議院内閣制」は，日本で登場し定着した言葉なので，「　」に入れることにした．立法府の信任により政権が維持される統治の仕組みは，議会主義 parliamentarism という言葉が最も多くの国で使われてきたので，英仏豪には議会主義という用語を充てた．英国に「議院内閣制」があるという考え方を，乏しい根拠と膨大な伝説で定着させてきた責任の一端は，英国政治研究者である私にもあったことは間違いない．

　第三に，筆者の力量から可能な限り，司法制度も射程に入れた．本書で取り上げた国々では，裁判を，法学の領域であると言って政治制度論の埒外に置くことはできないと考えた．英米などにおける司法審査の諸事例は，政治学にとって重要な検討対象であった．

　本書の構成は，第1部で，本書全体のアプローチである解釈主義について明らかにし，本書で頻繁に出てくる習律に関して整理した．第2部では日本の政治制度を，第3部では英国の政治制度を，第4部では合衆国の政治制度を，第5部ではフランスの政治制度を，第6部ではオーストラリアの政治制度について書く．そして，第7部でまとめとして，いくつかの論点について述べたい．

　本書の刊行については，晃洋書房の西村喜夫氏に大変お世話になった．コロナ禍とその後のインフレにおける困難な状況においても，本書の出版を快諾いただいたことに，感謝の念が堪えない．また，校正については，法学アカデミーの赤塚みゆきさんにご助力いただいた．感謝の意を表したい．本書は，立命館大学法学部における比較政治制度論の約10年にわたる担当の成果であったと言える．その間，受講いただいた皆さんに感謝したい．

　なお，本書は第1・2章に解釈主義など理論的な前提が書かれているが，それを飛ばして，純粋に歴史だけを読んだ後，理論的な前提に戻ってきてもよい書き方をしてある．そのように具体から抽象へという読書法も可能である．

　　2023年6月8日

　　　　　　　　　　　　　　　　　　　　　　　　　　小 堀 眞 裕

目　　次

第1部

総　　　論

バレット最高裁判所判事候補を紹介するトランプ大統領. 政治と司法の関係は, 米国に限らず,
多くの国々の政治制度にとって重要であった.
（出所）　Gettyimages.

第1章

政治制度とは何か

1. 先 行 業 績

政治学においては，これまで比較政治制度論に関して，既にいくつかの重要な書籍が出版されてきた．1967年に，佐藤功『比較政治制度』(東京大学出版会)が出版された．1994年には，田口富久治・中谷義和編『比較政治制度論』(法律文化社)が出版された．田口・中谷『比較政治制度論』は，「近代の主権的『国民国家』の政治制度を，歴史的，そして同時代的に比較対照する」(田口・中谷1994: 2) ことを目的としていた．

2008年には，建林正彦，曽我謙悟，待鳥聡史による『比較政治制度論』(有斐閣) が出版された．この『比較政治制度論』の特徴は，明快である．新制度論の立場から，政治現象の「因果関係について適切な推論と検証を行うこと」(建林・曽我・待鳥 2008: iii) を目的としている．

これらの先行的著作と比較しての本書の独自の特徴について述べるならば，本書は，解釈主義的アプローチを意識して，歴史主義的見方 (歴史のその時点における行為者たちの見方) に重点を置いて書かれたという点にある．政治学における解釈主義的アプローチは，1990年代末から，マーク・ビーヴァーとロッド・ローズらによって提唱されてきた一つの政治学のアプローチである．なお，本書においては，アプローチを研究方法と叙述方法を組み合わせたものと理解している．後に見るように，解釈主義や新制度論などのアプローチは，対象が何であるのかという点に関して，またそれをどう認識するのかに関して異なった考え方をとっている．そして，異なった考え方をとっていれば，当然異なった研究方法や叙述方法となる．

2．新制度論における政治制度

（1）新制度論の実績

　解釈主義を用いて政治制度比較を論ずる際に，対照的な考え方である新制度論による比較政治制度論について考察しておく必要がある．

　新制度論は，英語圏諸国の政治学において1990年代に影響力を増し，21世紀に入るころには「我々はみな制度論者である」（Pierson & Skocpol 2002: 706）とさえ言われるほどに，主流のアプローチ（研究方法と叙述方法）となった．この隆盛に対して，たびたび批判者は政治学のアプローチは新制度論のみに尽きず，多様性があり，また多様性があるべきだと述べてきた．しかし，その多様性の個別が語られることはあまり多くなかった．多様性を論拠とすると，今度は，自分のアプローチ自体は何かが問われることになるだろう．

　新制度論の研究水準は，多くの国々の研究者たちの努力によって，かなり層が厚く，質の高い業績が蓄積されてきた．実際，後に見るように，政治的諸問題を，社会における一種の「自然」と考えて自然科学的方法によって分析する態度を取るのであれば，新制度論は，かなり考え抜かれた立場であり，それ以上に説得力を持ったアプローチを今日見出しがたい．

（2）新制度論による政治制度研究

● 政治制度とは何か

　新制度論の立場からの政治制度の捉え方という点では，まず，建林・曽我・待鳥『比較政治制度論』の見方を紹介する必要があるだろう．建林・曽我・待鳥は，第一に「制度にはフォーマル（公式）なものとインフォーマル（非公式）なものが存在する」と述べ，憲法や法律だけでなく，慣行や規範も政治制度に含めることができるとする．第二に，それは狭義の組織からは区別される，ルールとしての制度であり，第三に，それらの政治制度は，外見上自然発生的に見えても，何らかの意図を持った人間の手によって作られたものであると考えられている（建林・曽我・待鳥 2008: 40-42）．

　その他にも，制度定義を紹介したい．新制度論の主唱者ともなったマーチ＆オルセンによれば，「一つの制度とは，諸ルールと組織された諸実践からなる相対的に持続的な集合体であり，人々が入れ替わっても相対的に不変であり，

諸個人による特定の選択・期待や変化する外的環境に対しても，相対的に粘り強い」（March & Olsen 2008: 3）と述べた．また，彼らは，新制度論に関しても定義付けを述べた．それによれば，新制度論は，「政治諸制度の研究に対する総称を意味」する．そこにおいては，「一連の理論と仮説」によって，「政治的諸制度の内的本性と社会的構成」（同上: 4）を明らかにする．

　このように見ると，新制度論は，諸制度の持続性を明らかにすることに専心しているようにも見られるが，90年代末からはアイデア（理念や考え方）を研究対象とし，それによって制度の変化を説明しようとする研究者も多く現れた．新制度論のすそ野は広く，制度とは「客観化」されたものであるという考え方だけではなく，社会的に構成された（つまり人々の主観によって作り出された）ものであると考える構成主義的制度論（例えば，コリン・ヘイ）もある．

◉ 変数，因果関係の推論と検証

　新制度論による比較政治制度論で重視されるのは，建林・曽我・待鳥が強調するように，因果関係について適切な推論と検証を行うことであり，政治制度の変化や持続，あるいは政治制度による他の政治現象の変化や持続などを説明する因果関係を実証することである．こうした因果関係を実証する場合に重要な手法となるのが，各国の政治制度に関わる情報を数値化して，それを相関分析，回帰分析などを行う統計学的分析である．

　もっとも，新制度論のアプローチは，そうした数量的アプローチだけを含むものではない．新制度論には，大別すれば社会学的，合理的選択的，歴史的の三つの種類があると言われ，そのなかでも特に歴史的制度論においては，シェリ・バーマンやピーター・ホールのように質的研究を主とする研究者たちもいる．しかし，歴史的制度論においても，思想（アイデア）や種々の制度を変数として考え，独立変数と従属変数の間の因果関係の推論と検証を行うというスタイルは共通している．

　因果関係の解明や仮説検証という手法が，自然科学と同一であると論じる文献が多い（例えば，いわゆる KKV，キング，コヘイン，ヴァーバ 2004: 12）．また，歴史的制度論の重要な研究者であるピーター・ホールは，自らの研究方法は「自然科学の方法に依拠する」（Hall 2003: 9414）と述べている．先述の社会構成的制度論の議論でも，制度を，社会における一種の「自然」として研究する傾向がある．

3．新制度論によっても明らかにされない課題

（1）アプローチという点から見た社会科学と自然科学

先述した通り，自然科学の方法を社会科学に取り入れようとする「自然主義的」アプローチは極めてよく考えられており，錬成されてきた．しかし，自然科学と社会科学におけるアプローチに関して，異なった環境を確認しておきたい．自然科学の場合，新しい知見を確かめるためには，一般的に実験という方法を取る．それまでの研究や分析を踏まえて，論理的な導出などによって新しい知見にたどり着いたとしても，実際に，その知見がどの程度説得力や妥当性があるのかに関しては，実験して証明して見せないとならない．また，実験の際には，研究者が意図する知見を純粋に立証するために，その他の変数を統制したり，実験から除去したりするなどしなくてはならない．

当然のことながら，社会科学においては，こうした実験を行える余地は，自然科学と比べて狭くならざるを得ない．もちろん，近年政治学においては実験という手法を取り入れる研究も増えている．また，近年の世界的インフレ進行のなか，米国連邦準備制度理事会（米国中央銀行）は度重なる利上げを行い，インフレを消費者物価上昇率2％に抑えようとしてきた．これはまさに，利上げによるインフレ抑制効果の「実験」の一つと言ってよいだろう．その意味では，社会科学においても，仮説検証という方法が妥当する領域があることは言うまでもない．

（2）存在論と認識論

政治学においては，実験手法が困難である場合が多いということは，研究者が対象とする政治現象が，果たして何であるのかを特定することが非常に困難であるということに関わる．したがって，ここでは，近年英語圏の政治学文献でも，かなり取り上げられる存在論としての政治学の問題について述べておきたい．

存在論 ontology とは，社会科学方法論を専門とする野村（2018: 13）によれば，「私たちの知識の対象が（私たちとは独立して）そこに存在するかしないのか，という問いに関する議論」とされる．この問題に詳しい政治学者デイヴィッド・マーシュの表現を借りるなら，存在論とは，より端的には「対象は何であるの

か」という議論と言ってもよい (Marsh et al. 2017: 178).

　つまり，研究者が対象とする政治現象とは何か，その問いに答えようとすることが存在論である．例えば，本書でも後に取り上げる「議院内閣制」について考えてみよう．「議院内閣制」とは何か．日本の「政治経済」の教科書や，政治学や憲法学の教科書には書かれてある．しかし，それは書かれているだけであって，存在を示しているものではない．日本では，国会の信任に基づいて首班指名され，内閣総理大臣が決定したのち内閣が組織されることは，日本国憲法の条文に書いてあるが，憲法自身はそれを「議院内閣制」とは呼んでいない．むしろ，存在しているというよりは，人々の「解釈」が作り出したものと言えるだろう．また，政治学や憲法学の文献では，「議院内閣制」を日本以外の国々にもあると書いてあるが，それ自体を確証できる一体となった文献自身があるわけではない．これも，「議院内閣制は，他の国にもある」という解釈が述べられているに過ぎない．つまり，政治学において，対象が何であるかという問に端的に答えるのはかなり困難である．

　マーシュによれば，こうした政治現象を含めた社会現象について，対象は，私たちが知っているかどうかにかかわらず，個々の人の考えや意識から独立してそこに存在すると考えられ，客体としての真実・事実があると考えられる立場がある．このような立場は，基礎付け主義と言われる．

　それでは，そうした存在をどのように知ることができるのか．このような議論を認識論という．認識論 epistemology とは，「私たちが世の中について何をどのように知ることができるかという点についての考え方」(野村 2017: 14) である．認識論は，知ることについての理論である．こうした政治現象の対象としての存在を，史料やデータによって検証できるという立場をポジティヴィズム（実証主義）という．新制度論の多くの研究は，事実上，存在論における基礎付け主義と認識論におけるポジティヴィズムを前提としていると考えられる．

（3）ポジティヴィズムによって制度を捉えることの限界

　制度が，個々人の考えや意識から独立してそこに存在すると考えられ，客体としての真実・事実があると考えられる場合，そうした制度を比較することで，制度間の共通性や，異なった制度間での差異を明らかにするという研究方法がありうる．

　その代表的な例が，レイプハルトによる36か国の政治制度の比較研究である．レイプハルト (2014) は，その36か国を，単独政権か連立政権か，執行府優位か議会優位か，二党制対多党制，小選挙区制対比例代表制，中央集権制対連邦制，中央銀行の独立性など10の数値化された変数から，コンセンサス型デモクラシーと多数決主義型デモクラシーとを分類し，コンセンサス型デモクラシーの優位性を多変量解析によって論証しようとした．ポジティヴィズムにおいては，文献資料などによる論証というよりも，量的分析による論証に重きが置かれる傾向がある．レイプハルトの上記研究は，高い評価を集めたが，他方で，36か国を10の変数で測るという手法によって，どうしても個別国の研究は薄くなってしまうし，また，個々の国々の異なり方を量に還元してしまう方法にも様々な批判があった．

　他にも，半大統領制の各国を比較研究した R. エルジーの研究や，大統領制と議会主義との比較研究を行った J. A. シェイブブの研究なども，数値化された変数データに基づく比較政治制度論として有名である (Elgie 1999 ; Cheibub 2006)．しかし，これらの研究の場合でも，各国の差異や，また差異を作り出した政治家や官僚たちの思考過程，学者たちの制度議論などは必ずしも十分に研究されなかった．また，そもそも，異なる国々の制度を，大統領制，半大統領制，議会主義と分類する部分に，既に「解釈」があるということは，問題にされていなかった．

　こうした傾向により，新制度論の隆盛の一方で，一部の政治制度は中身を充分問われない存在となってきた．この点に関して，イタリアの政治学者ステファノ・バルトリニが以下のように指摘している．

　　　新制度主義の政治学における努力は，政治制度の特殊性という理論的な議論よりも，一つのアプローチとしての定義に焦点を絞ってきた．結果として，政治制度に関する理論は，経済学や組織社会学の新しい発展に大きく影響されるに留まった．これらのなかで，政治諸制度は，全てのタイプの諸制度の出現，持続，変化，そして機能という幅広い諸問題に解消されていった(Bartolini 2022: 123)．

　先述したマーチ＆オルセンや日本の新制度論の定義も，政治制度というよりは，制度一般の定義に向けられているものが多い．政治学に限らず，他の分野の社会科学においても，制度定義は，政治や経済，企業などの諸分野の制度定

義ではなく，制度一般の定義に関心が向かってきた．

　代表的な研究としては，経済学者ジェフリー・ハジソンの定義を以下に挙げておきたい.

　　　　私たちは，社会諸関係を構造づける確立され，通用している諸ルールのシステムとして，諸制度を定義する．言語，通貨，法，重量と測量のシステム，テーブル・マナー，そして会社（および他の組織を含む）は，全て制度である（Hodgson 2006: 2）.

　ハジソンは，続けて，組織 organization を制度から区別する議論を徹底的に批判し，習律，習慣，ルール，組織も全てを，諸制度であると論じた（同上: 18）．ハジソンによれば，明文化されたものもされていないものも，一定のルールに従っている人々の行動は全て制度であるとされた．政治学者ロバート・グラフステインによれば，制度とは「制度的な参加者が行為する条件である．その制度は，アクター，行為者，あるいは，人々の生活に対する高位の監督者である必要はなく，行為者が従う諸制限であるようなものでありうる．すなわち，彼らがしっかりとあるいは淡々と動く時の行動の経路の集合体である」（Grafstein 1992: 23）.

　制度一般の定義は重要である．しかし，その一方で，内閣や大統領などの個々の制度自体に対する研究自体は，やはり遅れてきたし，後景に追いやられてきた傾向がある．内閣にしろ，大統領にしろ，その名前の付く制度は，地球上の多くの国々にあると言われる．ただ，実際のところ，それらの国々の「内閣」や「大統領」が十分調べられる前に，内閣や大統領という抽象化された制度が存在すると考えられている傾向がある．後に見るように，「内閣」の研究は，日本においては日本の「内閣」に関しては独自の蓄積があるものの，日本における海外の内閣研究は，英国のような伝統国が対象の場合であっても，必ずしも充分になされてこなかった．にもかかわらず，「議院内閣制」の比較研究や大統領制の比較研究がその分類を前提に行われてきた．人間は未だつぶさに見ないことを前提にして比較してきた可能性がある．

　この点で，存在論は認識論に論理的に先行するというヘイの議論（Hay 2006: 79）が「論理的」には妥当するとしても，必ずしも歴史的には各国研究例には当てはまっていないと言うことができるかもしれない．本書の扱う5か国の事例を見ても，議会主義や大統領制も，「それが何であるのか」という存在論を

深く考える前に他の国々が輸入した．その結果，日本の「議院内閣制」やフランスの「一元的議院内閣制」が生み出された．移植された各国の例は，存在論的に検討してみると，各々違う．にもかかわらず，その違いがあまり自覚されないままに，大統領と「議院内閣制」(英仏の用語では議会主義)が分類され，その名で呼ばれた．異なった制度的存在が同じものとして分類 (解釈) されたりすることもあった．

　したがって，本書では，5か国の政治制度について，その制度が作られていく際の政治家たちの考え方，すなわち解釈に焦点を当てて描くことに努めたい．また，そうした一つ一つの歴史的場面での政治家たちの解釈を描くことは，「歴史主義」とも言われている．哲学者でもあり，政治学者でもあるビーヴァーによれば，「歴史主義とは，人間の生活は歴史的にしか理解できないとする思想である」(Bevir 2015: 228)．

　ところで，筆者が依拠する解釈主義は，制度が個々人を拘束したり，規制したりするという考え方を取らない．しかし，これは，制度と言われるものが存在しないということを言っているのではない．むしろ，存在はしているが，人々のビリーフによって作り出されているということ，すなわち，「制度」だと信じられているものは存在しているという点を見ている．実際，法律によって規定されている「制度」も，言語を理解する人々に信じられ，それに人々が拘束されているから成立している．法律自体は紙の上のインクであり，それに拘束力を与えているのは，人間たちのビリーフである．

4．解釈主義とは何か

(1) 意味を解き明かす＝解釈主義

　解釈主義とは，研究者であれ，政治家であれ，官僚であれ，およそ人間が社会を観察し，それに関与する際には，それぞれの人間による解釈があり，そこにおいては，どの立場の人々も一致する「純粋な事実」，「客観的な事実」の把握は困難であるとする，一つの哲学である．把握されたものは全て社会的に構成され，誰かに解釈されたものである，という考え方が，解釈主義の考え方である．解釈がいかに不可避であるかについては，解釈主義の祖の一人であるクリフォード・ギアーツの言葉を借りよう．「研究全体のうちで岩石のように堅い，確固とした事実の面においても，われわれは既に解釈をしているのであり，

さらに，解釈について解釈をしているのである」(ギアーツ 1987: 15)[1].

　比較政治制度論においては，制度を「客観的な」ものであると考える潮流が強く，制度も主観的に把握された一つの解釈であるとみる潮流は強くない．しかし，政治制度とは客観的に明らかなものではない．憲法の条文が「客観的にある」ということができたとしても，自衛隊が，日本国憲法9条2項で保有が禁じられた「戦力」ではないとされ，「実力」として政府解釈によって合憲とされ，司法は自衛隊の憲法判断そのものを回避してきた．「客観」ではなく，むしろ，政府や司法の主観が政治制度を形作ってきたことを，無視することはできない．

　そうした行為者たちが形作ってきた各国の諸制度には，ある程度の共通性や，一般性や，あるいは本質があるのではないかという疑問もあるだろう．しかし，解釈主義においては，一般的な成文・不文のルールのようなものを「客観的」なものとは見ずに，「間主観性」と見る．例えば，日本の科学哲学者，野家啓一は次のように言う．「科学の解釈学は，科学的認識といえども人間の表現行為の一所産であり，科学的真理の〈客観性〉と言われてきたものが，科学者共同体の一般的合意 (consensus gentium) に基礎を置く〈間主観性〉にほかならないことを明らかにしたのである」(野家 2013: 22).

　各国の政治諸制度の共通性に重点を置くならば，各国の政治家や官僚，学者たちが持ってきた理解 (ビリーフ) の偶発性・固有性は探求されない傾向が出てくる．また，共通性の把握ではなく，類型化に重点を置いたとしても，その基準が数か国の共通性であるとすれば，各国ごとの行為者たちの中にある重要な考え方の違いなどが落とされる恐れがある．解釈主義は，むしろ行為者たちの考え方や理解 (ビリーフ) を把握することに重点を置き，政治現象の因果関係を明らかにすることよりも，政治現象を，全体の文脈，つまり広い諸ビリーフの網に置き，その意味を解き明かすことに専心する．なお，日本の政治学において解釈主義の立場を取ろうとする研究者は，筆者のように稀有な存在であ

---

　1)　法学では，ドゥウォーキンの解釈主義が有名である．彼によれば，裁判官は解釈を通じて「最善なもの」を試みようとすると述べる (ドゥウォーキン 1995: 91). どちらも，ある種の解釈が不可避であると考えるのは共通している．しかし，結論的には，本書では社会科学において唯一の「純粋な事実」という見方は困難であると述べるのに対して，ドゥウォーキンの場合，裁判官は「最善な」判決を出してよいという価値判断の肯定につながる．

るが，近年，社会科学全体で言うと，社会科学の方法論や考え方に関する良質な解説書のなかで紹介されている（野村 2017: 20-24；吉田 2021: 51-85）．

（2）解釈主義における存在論と認識論

　既に，新制度論における存在論と解釈論に関しては述べた．ここでは，解釈主義における存在論と解釈論の見方を紹介したい．解釈主義においては，そうした社会における様々な事象（政治的事件，法律案，法律，制度など）が社会的に構成されたものであり，決して人々の思惟や判断などから独立したものではないという考え方を取る．この立場は，反基礎付け主義とも言われる．それでは，そういう存在をどのように知るのかという認識論に対しては，研究者や政治家たちの解釈によって知るものであると答える．

　つまり，私たちが普段目にする様々な政治的事象は，私たちが直接見るのではなくて，報道や既にある学問的業績などで既に解釈されたものを，再び研究者や政治家たちが解釈すると考える．また，法令などに関しても，それまで事態を様々に解釈してきた政治家や官僚たちが彼らの解釈で立法案をまとめ，立法機関で成立させ，それをまた官僚たちが解釈して省令などを発し，そこに違法性があるという解釈をする原告などが訴えると，法解釈をめぐって，裁判官や弁護士らが解釈をして争うということになる．固まったルール・制度であるということ自体も，人間が作り出し，絶えず作り直している解釈である点に注意したい．

　「政治制度」が客観的に一致できる存在論として成り立つのであれば，それは日英米仏豪などの研究者や政治家の見方が，各国で一致した像に到達するであろう．しかし，果たしてそうなっていたのかを，次章以降で見ていくことになる．それぞれの国々で違った理解像があるならば，それは，その論は社会的に構成されたものであり，同時代および後の時代の政治家や研究者たちの解釈であったということになる．「存在」があって「認識」が作り出されているのとは逆に，初めから着色された「認識」で「制度」を作り出している場合もある．

　そうなると，「議院内閣制」のような制度を，社会における一種の「自然」のように考えて比較するという方法よりも，なぜ日本の「議院内閣制」と英国の議会主義を同じだと考えたのか，何をどこまで見て同一性と相違を捉えていたのかなど，解釈の中身が重要ということになる．つまり，「議院内閣制」の

ような「制度」という対象自身が「解釈」によって作られたものであることを
描く（すなわち筆者が再び解釈しながら，「解釈」の旅を辿り返す）ことを行っていく．
つまり，思想の系譜をたどっていくことであり，系譜論が解釈主義においては，
極めて重視されてきた（Bevir & Blakely 2018: 138）．

（3）普遍的なものと偶発的なもの

　そういう意味で言えば，解釈主義においては，日本において今日ある人権や
衆議院，参議院，内閣などに関する諸規定も，人間社会の「自然」として存在
しているのではなく，明治からの流れや，日本における西洋理解などによって
作られた諸解釈であり，偶発的なものであると理解されるべきであるという立
場をとる．ここでいう偶発的という意味は，普遍的・法則的という意味の反対
語であり，個別的でその歴史的時期や場面に固有であるという意味で，筆者は
使っている．つまり，日本国憲法に書かれた政治制度は，前文に「普遍的なも
の」と書かれてはいるが，そうした「普遍的」認識も日本国憲法自体も，1946
年の日本という固有の歴史的文脈とそこに位置する人間たちが考えた偶発的な
ものと言えるだろう．

　なお，比較政治制度論においては，こうした偶発性を持った様々な事象を，
用語を使って比較していかなければならない．その際に，通約不可能性という
問題にも注意しておく必要があるだろう．この通約不可能性は，様々に異なっ
た諸世界（パラダイム）における物事を容易には比較しえないという問題である．
私たちは，そうした違った世界の物事を翻訳して，同じものとして比較する傾
向が時としてあるが，その時に通約不可能性の問題に注意しなければならない．
それは，あくまでも異なった世界の物事を，自分たちの言葉に便宜的に移し替
え，翻訳している（つまり解釈している）に過ぎないことを自覚することが大事
である．社会科学においては，確かに，ある種の通訳は不可避であるが，その
際，全然異なり違った文脈を持つ体系のなかの一つの事項を，自分の良く知る
体系の一部の事項と全く同じものだと自信をもって翻訳するのではなく，自分
では全く知らない他の体系のなかでの一つの言葉であるとして，あくまでも謙
虚に，そしてできうる限り，その（自分にとっては）未知の体系に関心をもって，
用心をもって理解しておく必要があるだろう．

（4）物象化 reification

　解釈主義においては，そうした諸制度が形作られ，安定化し，また発展していくことが，一つの物象化によって引き起こされているものとして捉える．

　憲法や法律によって規定された政治制度は，それ以前の歴史的な展開の中で多かれ少なかれ共有された考え方で作られており，また，条文化されるなどして文書となっていくことで，さらにその安定性を高めることになる．その結果，時として，人間は，その制度の「歯止め」に期待することがある．例えば，日本国憲法9条が日本の軍備増強の「歯止め」になっていると論じる議論は，一つの典型であろう．しかし，よく知られている通り，歴代の日本政府は，この9条を解釈することによって，自衛隊を合憲的な存在であると説明し，2015年まではその自衛権行使を個別的なものに限ってきたが，2014年の政府解釈の変更，2015年の「平和安全法制」によって，日本の自衛隊による集団的自衛権の行使さえも，合憲であると説明するに至った．つまり，9条の「歯止め」という言葉は，いかにも，憲法の条文がある意味で一種の物的な力を持っているかのように連想する人々の心の内を垣間見せるが，実際には，そこに物的な力は存在しない．こうしたビリーフの在り方は，まさに人々の解釈によって作られる条文やそれにかかわる見解を，物であるかのように考えていることを示している．こうしたビリーフの在り方を，物象化と言うことができる．

（5）ビリーフと伝統

　このように，ビリーフは，法制化されたり，政府解釈として繰り返し認められたりすることによって，法律や慣行という実践を通じて安定化する．こうした状態となったビリーフを，ビーヴァー＆ローズは，伝統 tradition と呼ぶ(Bevir & Rhodes 2010: 78)．日本語で伝統というと，古くからある信念のように考えるかもしれないが，ビーヴァー＆ローズが述べる伝統は，必ずしも，そうした歴史の経過したものを想定しておらず，あるビリーフが有力化して，安定化している状態を指している．例えば，先の例からすると，日本政府は長年，自衛隊を「必要最小限度の実力組織」として考えてきたが，こうした考え方は，まさしくビーヴァー＆ローズが言う伝統と言ってよいであろう．伝統は，繰り返し使われることによって定着した考え方である．

　しかし，伝統は，新しい局面を迎えた時，ディレンマを引き起こし変容することがある．ウェストミンスターの伝統を持つオーストラリアが，それを連邦

制と組み合わせた時などである．ロッド・ローズらは，「ウェストミンスター」というビリーフが，英連邦各国で連邦制に対応する中で変容していったことを明らかにした（ローズ他 2015）.

（6）意味論的全体論 meaning holism

　人々のビリーフが諸実践を生み出し，そういう中でビリーフが伝統となっていく．その伝統は，時として新しい局面に会って変容するが，そのうえで新しい諸実践を作り出していく．しかし，このように考えるならば，伝統，ディレンマ，実践などとの間に因果関係を見て取れることができるのではないかという疑問が出てくるかもしれない．そういう論争も実際にあったが，ビーヴァー&ローズは，これらの関係を，因果関係よりも広い文脈の上に置く．彼らによれば，「私たちは，諸ビリーフを変数として取り扱うことよりもむしろ，一連の諸ビリーフの網の中にある概念的なつながりを解き放つことにより，諸ビリーフとそれによる諸行動と諸実践を説明する」（Bevir & Rhodes 2010: 67）.

　この諸ビリーフの網という考え方は，アメリカの哲学者 W. V. O. クワインから来ている．クワイン研究者の丹治信春によれば，ある命題の検証や確証は，クワイン哲学においては，人々がどのような様々なビリーフを持っているかによって，相対的にしか決まらない（丹治 2017: 1496）．こうした考え方は，ホリズム（全体論）とも言われる．このような考え方に立つのであれば，ある出来事や制度成立という従属変数を説明するために，いくつかの要因（独立変数）を置いたとしても，その要因自体のなかにも，様々な諸関係が存在することになり，その一つの要因をクリアに取り出すことは非常に難しいということになる．

5．本書のアプローチ

　本書は，上述のような解釈主義をアプローチとして使って，日英米仏豪の5か国の政治制度を比較したい．その際，政治制度と言っても，幅広い分野があるが，5か国の立法・司法・行政（執行）の各分野を中心に見ていきたい.

　解釈主義をアプローチとして使うという点で，以下のことに心がける．第一は，人々によって作られ固められた「政治制度」は，あくまでも人々の考え方（ビリーフ）によって作られた，つまり解釈されたものであるので，それを作り

出し，固めていくビリーフを明らかにすることを重視した．政治制度は政治家や官僚の解釈で作られると同時に，他の国々などに輸出される時は特に，政治学者や憲法学者の解釈も政治制度を形作る．固められて，容易には動かせないと思われている制度の，それを作り出し動かす人々の解釈に関して，英仏語などでどう考えられ，語られてきたのかを系譜をたどりながら，説明していく．

　したがって，翻訳の問題は，系譜をたどる場合に極めて重要である．parliamentary government と「議院内閣制」には意味のある違いがあるにもかかわらず，それらを同じ固められた制度であると「解釈」している．その「解釈」の問題を明らかにすることによって，同一制度と考えられていた各国の差異(偶発性) を明らかにすることにしたい．

　また，分類の問題にも注目したい．そうして解釈によって作られた大統領制や，議会主義，「議院内閣制」は名付けされるとともに，その名によって分類化が始まる．今日では，英国だけでなく，ベルギーやノルウェー，スウェーデン，イタリア，オーストラリア，ニュージーランドなども「議院内閣制」と述べられる．しかし，そうした研究において，それらの国々で，本当に「内閣」が (存在しているかどうかではなく) 統治しているのか，「内閣」内のルールはどうなっているのか，成文上の規定があるのか，なければ，どのような習律に基づいているのかなどが，問われないまま，それら各国が「議院内閣制」と分類され続けている場合がある．例えば，川人 (2015: 66-88) は多くの国々を上げているが，憲法上「政府」への言及も「内閣」への言及と解釈している．英語圏の研究では，先述のように大統領制諸国内，議会主義諸国内，あるいはそれらの間で，量的な比較研究が行われてきた．その際に，大統領制や議会主義という名が先行すると，その中での差異は問われない傾向が出てくる．数値的な結果での差異がある場合にも，その仕組み的差異も重要であろう．解釈主義は，そうした同一カテゴリー (と考えられている) 内の差異を表す際に有効なはずである．

　第二は，習律に関してである．新制度論においても，不文のルールが制度を形成する点については多くの指摘がある．しかし，その一方で，バルトリニが指摘したように，政治制度自体の内部の検討はあまり重点となってこなかった．政治制度の中でも，統治システムに関しては，英国だけでなく，米仏豪などにおいても，裁判の対象にはなってこなかった不文のルール，すなわち習律がかなりのウェイトを占めている．これらの習律に関しては，英米仏の憲法学や歴

史学に蓄積がある．この成果を政治学においても取り入れる必要があると考えている．一つ一つの習律という「制度」が，政治家や官僚たち行為者によってどのように形作られていくのか，それらのビリーフを描いていきたい．もっとも，本書はテキストとして使用することを念頭に書いたので，さらに深く学ぼうとする際には，是非引用文献を読んでいくことをお勧めしたい．

　なお，本書では，後述する A. V. ダイシーの区分に基づき，裁判によって拘束力を与えられる慣習と，裁判によって拘束力を与えられない習律とを区分している．両者の区分は，英国などの不文憲法的見方においては必ずしも明確な切り分けラインが存在していない．そして，それは，それら慣習や習律が既に固まった存在論としてあるのではなく，絶え間なく，行為者によって解釈され，動かされる対象であることを示していると言えるだろう．また，その対象を解釈と切り離して，存在論的な制度とすることは人間の作った論理上は可能であるが，事例に即してみた場合，非常に困難であると考えている．存在論と認識論は，哲学上切り離すことはできるが，個々の実態に即した場合切り離せないことも多い．

第2章

憲法と習律

1. 憲法とは何か

　狭義の政治制度について考える場合，憲法の占める比重が高くなることは，避けられない．日本における代表的な憲法基本書では，憲法とは次のように端的に言われる．「この国家という統治団体の存在を基礎づける基本法，それが通常，憲法と呼ばれてきた法である」(芦部著，高橋補訂 2019：3)．

　しかし，ここで，こうした定義を，英国の定義と対照してみたい．英国貴族院憲法委員会によれば，憲法とは，「国家とその構成・関係部分からなる基本的な諸制度を創設する一連の法，ルール，そして諸実践であり，憲法は，それら諸制度の権限と，その諸制度間の関係，そして制度と諸個人との関係を規定する」と述べた (House of Lords Select Committee on the Constitution 2001：para. 50)．他の基本書では，「憲法は国家における政府の制度を規制する規則の集合体として定義されうる」(Parpworth 2012：3) と述べた．どちらの引用も，必ずしも一つの成文憲法を念頭にはおいていないことに注意してほしい．また，どちらも憲法という場合，constitution という言葉を使っている．

　日本に西洋からこの constitution という言葉が入ってくる時に，必ずしも初めから「憲法」という訳語があてられたわけではない．明治の日本においては，憲法よりもむしろ「日本國憲」が議論された時期もあった (稲田 1960：292-98)．むしろ，日本においては憲法という言葉を使うことによって，聖徳太子の「十七条憲法」という意味と重なってしまう危険さえある．「十七条憲法」も，政府を制限しようとしている点で，立憲主義的であるという論もある(伊藤真 2013：34)．また，「国体法 (3条) を中核としながら，平和主義 (1条) と民主主義 (17条) を両翼とし」ていると，憲法学者小森義峯 (1992：55) は述べた．しかし，「和を以て貴しと為し，忤ふること無きを宗とせよ」，「篤く三宝を敬へ」などの部分に着眼して，西洋の constitution とは違うと述べることもできる．「法」なのか，という論点も未だ残る．

　日本の憲法学の授業では，人権論のウェイトが大きく，統治機構に割かれる
分量はそれほど多くないかもしれない．しかし，のちに見るように，英米仏豪
のいずれの憲法にも，成文の包括的人権規定は，もともとはなかった．米国は，
憲法制定直後の1791年最初の憲法修正で，修正 1 条から10条までを入れたが，
その内容は日本国憲法の人権規定の包括性と比べると格段に少ない．人種や性
による差別の禁止なども，そのかなり後に修正条項として入れられたが，その
包括性という点では，依然として日本国憲法とは開きがある．フランスの第五
共和政憲法にも，条文部分には包括的な人権規定はないし，1900年オーストラ
リア連邦憲法にも包括的な人権規定はない．

　実際，英語における constitution という言葉は，法という意味からはみ出て，
政治の部分を含む．英国憲法は，後に見るように，判決によって拘束力が与え
られる憲法律と，政治家，官僚らのコンセンサスによって維持される憲法習律
とに分けられる．そして，後者の部分に関しては，「政治的憲法」と表現され
ることもしばしばであった（代表的なのは Griffith 1979）．

　本書においても，「憲法」という言葉は使うが，人権規定が非常に充実した
日本国憲法のイメージよりも，むしろ，統治機構に対する規定を中心とし，「憲
法習律」を含んだ constitution としての憲法という意味で使うことの方が，基
本的であると理解されたい[1]．

2．習律とは何か

　政治制度とは，大まかに言って，法律や命令などの成文法からなる部分と，
必ずしも文章にはならない慣習や習律の部分に分けられる．前者の成文法は，
日本の大学の法学部において様々に学習の対象となってくるが，慣習，習律に
関しては日本国憲法に関わって，ほんの少ししか話題にならない．しかし，英
国の憲法は基本的に不文法であり，憲法的とみられる制定法がいくつかあって
も，その最も中核的な部分は今日でも不文である．フランスでも，そうした英
国の憲法慣習や習律に関する議論は昔からあり，また，米国では，違憲立法審

---

1)　英語において constitutional law が constitution と並んで存在することは，constitution
だけでは法を包括しきれないことを表す．constitutional law は不文・成分の憲法 consti-
tution 自身だけではなく，個別の憲法的な法律，そして，それらに関わる判例を含む（Bra-
dley et al. 2022: 13）．

査のような重要な司法上の機能に関しても，合衆国憲法上規定がなく，マーベリー対マディソン事件以降確立された一種の慣習によって確立されてきた．したがって，比較政治制度を議論する場合には，これら慣習・習律に関する見方に関して学ぶことは実際上不可欠と言えよう．以下では，慣習・習律に関する英国とフランスの議論を紹介していく．

　従来，政治学は，こうした憲法学の慣習論や習律論を意欲的に摂取してこなかった．しかし，後に見るように，内閣をはじめとした多くの議会主義の組織が習律によって形成されており，その分野に最も強い学問は憲法学である．また，裁判は，政府の違法な行為などを正して解決策を決定したり，その見解を判決として明らかにしたりする．ケルゼンの言葉を借りれば，強制力を持っている．この部分における理論的な蓄積は，ぜひ政治学においても活かされるべきではないかと考える．後に見るように，日本の内閣と英国のCabinetでは決定原理が異なる．それはまた日本では十分知られてこなかった．比較政治制度論研究において，「委任と責任連鎖」に関心が集まってきた．日本の内閣と英国のCabinetの決定原理が違えば，日英での「委任と責任の連鎖」自体が変わってくるはずであり，その点を考慮することは，研究発展にとっても重要な貢献になると考える．

　したがって，慣習・習律論に関しても最も詳しい英仏憲法学者の議論に依拠しながら，内閣内のルールや，第五共和政での首相の辞任時期などに関して，その法的義務や拘束力を，解釈主義政治学のなかに取り込んでいくことを目指したい．

　まず，既存の慣習論と習律論について，英仏の学者の議論を中心に見ていきたい．

（1）A. V. ダイシー

　英国で最も有名な憲法学者を一人上げるとするならば，それは『憲法序説』*Introduction to the Study of the Law of the Constitution*（1885年）をまとめたA. V. ダイシーをおいて他にはいないだろう．英国における憲法習律の考え方を明確化したのも，ダイシーであった．ダイシーは，英国憲法の基本的部分を，二つに分けた．

　その一つが，憲法律 law of the constitution と呼ばれるもので，以下のように説明される．「一組の規範は，（成文であるか不文であるかを問わず，制定法である

か慣習であるかを問わず，伝統もしくはコモン・ローとして知られる裁判官の作った格律の集まりかを問わず）裁判所により拘束力を与えられる規範であるという理由で，厳格な意味で『法』である．これらの規範は，その用語の本来の意味で『憲法』を構成するものであり，区別のために，一体として『憲法律』と呼ばれてもよいであろう」（ダイシー 1983: 21）．

この憲法律は，引用文中からも明らかなように，成文である諸法律と，法律になっていないが不文のものとを含んでいる．成文である法律としては，1911年議会法や1998年人権法などが入るだろう．不文の憲法律としては，様々あるが，最も代表的なものは，議会主権 parliamentary sovereignty がある[2]．

議会主権とは，君主，庶民院，貴族院からなる議会 Parliament が主権を持つ考え方を言い，「議会における君主」Crown in Parliament という言い方もする．これは，すなわち，上記三者からなる議会が決めるのであるが，あくまでも名目上は国王が決めるという形を示す．議会主権の原則とは，ダイシーによれば，「議会が英国憲法のもとで，いかなる法をも作り，または廃止する権利を持つこと，さらにいかなる人も機関も，英国の法によって，議会の立法をくつがえしたり，排除する権利を持つとは認められないこと」（同上: 40）である．英国では，庶民院と貴族院が可決し，君主が承認したものが法律となるが，これに関する成文化された法律も文書もない．これも一種の慣習である．

そして，もう一つ憲法習律 conventions of the constitution も，憲法律と並んで英国憲法を形作る．ダイシーは次のように述べる．「他の一組の規範は，主権的権力のいくつかの構成者，大臣その他の官吏の行為を規律しはするが，裁判所によって拘束力を与えられないから，真に法とは言えない．習律，了解，習慣，慣行からなっている．憲法のこの部分は，区別のために，『憲法の習律』または憲法的道徳と名付けられよう」（同上: 21）．

なお，本書では，慣習（英語 custom／仏語 coutume）と習律（英仏語 conventions）を使い分けている．習律は裁判によって拘束力を与えないものに分類されるが，慣習は，庶民院と貴族院が可決し君主が同意したものを法律とするというように，不文であるが，それをもとに裁判が拘束を課す法的な仕組みを構成している．後に見るように，フランスでは早くから英国憲法の最も中核をなす部分

---

2) ダイシーは，法的主権と政治的主権を区別して考えた．法的主権は議会にあるが，政治的主権は有権者たち（といっても，このころはまだ普通選挙は実現されていない）にあると述べた（ダイシー 1983: 71）．

が不文であることを捉え，慣習研究が発展してきた．フランス憲法研究においては，慣習は，基本的には，政治的な慣行である習律とは区別されて論じられてきた．

　英国における憲法習律の代表的な事例は内閣と首相である（Jennings 1959a：2）．英国の内閣を，日本が手本にしたとしばしば言われるが，英国においては内閣の権限や役割に関する法律はなく，その成立は憲法習律によってしか認められない．したがって，内閣で決定したとしても，それは制定法的な意味での決定ではない．内閣は，18世紀に枢密院 Privy Council 内の一委員会から発達してきたものであるが，今日まで，その構成を規定した法律はない．法令にはあえてしなかった精神（つまりビリーフ）がある．首相の権限や役割も，外相の権限や役割も，法律には規定されておらず，習律によって作られてきたものである．

（2）ジェニングス

　上記のような習律論は，その後，英国の様々な憲法学者によって議論されたが，そのなかでも，ジェニングスの議論が最も有名である．ジェニングスによれば，習律に関して三つの問が成り立つという．第一は，先例となっているか，第二は，拘束力があると信じられているか，第三に，その理由はあるか，である（Jennings 1959b：136）．

　ジェニングスによれば，「ある制度は一つの方法でうまく動くと，他の方法で同じように動くかどうかを見るよりも，それを変化させようとは思われない．実際，人々は，その実践が踏襲されるべきであると考え始める」（同上：80）．ただ，ジェニングスは，諸実践が繰り返されて義務的に捉えられるものだけが習律であるということだけを述べたわけではなかった．

　ジェニングスは，ダイシーが憲法律をコモン・ロー（common law：判例による積み重ね）にその根源を求めて，習律と明確に二分できると述べたことを批判した．ジェニングスが批判した論点は多岐にわたるが，筆者が重要と思ういくつかの点を紹介したい．ジェニングスによれば，多くの習律は法律の中で定義されることなく言及されている．その代表例は，「政府」Government である．英領北アメリカ法のように，英国および英連邦諸国の法律でたびたび「政府」という言葉が使われたが，それは政府に関する習律を前提としており，何が政府なのかということが後の諸事件の裁判例で議論を呼び起こした．このように，

法律自体が，習律を前提に書かれた場合，憲法律と習律の違いは判然ではなくなる．さらに，憲法律は裁判によって拘束力を与えられうるが，習律は拘束力を与えられないというダイシーの区分に対して，そもそも，裁判所は判決を出すことだけができ，拘束力そのものを行使する権力を持っていない，とジェニングスは指摘した．また，判決によって触れられているが，それによって拘束するような使い方ではない時に，両者の区別は一層判然としなくなると述べた．さらに，確かに，習律は拘束力を与えられないという区別を外見的にしうるケースは多いが，そもそも，そういう見方を踏襲する法律家によって判決が形成されてきたので，それは当然の帰結であると述べた．ジェニングスは，結局，憲法律と習律の間の線引きは非常に困難であると結論付けた．

　逆に，ジェニングスは，結局，憲法律と憲法習律も，人々が受容するという点で，その性質や実質において同じであり，区別できない，と論じた (同上：117)．彼によれば，ジェイムス2世やその子息たちが英国から逃亡し，名誉革命でのウィリアム3世とメアリの統治が続いたのも，全て人々が受容したからであるということが強調される．

　ジェニングスが名誉革命を例にとったように，習律は長く続くことによってのみ成立するのではない．ジェニングスは，1923年に，貴族議員であったカーズン侯爵ではなく，庶民院議員ボールドウィンが首相として国王によって選ばれたことによって，貴族院議員は首相にもはやなることができないという新しい習律が生まれたことを述べる．つまり，人々の受容により新しい習律ができるという（ある習慣が繰り返されることによって習律化することとは逆に）変化の側面も，織り込まれたことになる (同上：80-136)．

　こうした習律が確立される理由は様々である．民主的システムを機能させるためであったり，国の機構をスムーズに動かせるためであったり，それがないと摩擦が生じるようなことになるなど，その理由は多様であることが述べられる．しかし，その理由さえしっかりしていれば，諸実践の繰り返しが必要なのではなく，一例で習律が確立される場合もある．ジェニングスは言う．「理由のある一例は，ルールを確立するに十分と言える」(同上：136)．

（3）フランスでの展開：カレ・ド・マルベール，カピタン，トロペール，アヴリル

　フランスでは，20世紀前半に活躍した有名な憲法学者レイモン・カレ・ド・

マルベールが残した考え方の影響が強くあった．カレ・ド・マルベールは，第三共和政において憲法を事実上動かしてきた原理の中に不文的なものを読み取りつつも，そうした慣習 coutume は憲法ではないし，憲法と慣習は相いれないという見解を表した．カレ・ド・マルベールは言う．「慣習は，憲法を真に特徴づける優位な力を持っていない．成文憲法において聖別された諸規則のみが特別の力を有する」(Carré de Malberg 1922: 582)．

　これに対して，1929年に当時若手の憲法学者であったルネ・カピタンは，「成文憲法の存在にもかかわらず，我が国の憲法諸制度は，本質的に慣習的である」(Capitant 1979: 967)と述べた．カピタンによれば，慣習は，法を確認するもの，法を補足するもの，そして，法を修正するものという三種類があるとされた．法を確認するものとしては，慣習として始まったものが制定法化される，されないにかかわらず，確認されていくという過程があり，その結果，法を制定する議会自身も（例えば，奴隷制の禁止などのように）容易に覆せないものの存在を認めざるを得なくなっていくと述べた．また，諸法律の間で明確化されていない事柄が慣習によって補足されていく場合もある．最後に，カピタンは，慣習が成文憲法にとって代わる実例もあると述べる．カピタンが指摘したのは，1875年第三共和政憲法の明文で，大統領が法案の提出・公布の権限を持ち，軍隊を指揮し，全ての文官武官を任命し，大統領は大逆罪以外で責任を問われないという強力な権限を持ちながらも，その後の歴史においては，解散権などをはじめとして大統領の権限が行使されないことが慣行となり，実際には，議会で信任を受けた内閣が中心となり，権限を強めていくことになった点である．これを，カピタンは，慣習による第三共和政憲法の修正であると論じた(同上: 964)．

　第二次世界大戦後においても，1958年に第五共和政憲法が制定され，その下で，再び慣習に対する議論が活発化してくる．その大きな要因は，後に見るように，第五共和政憲法が，憲法改正手続きを記した条項とは別の条項によって，1962年に改正されたからであった．当時のド・ゴール大統領は，憲法11条の規定により国民投票によって憲法改正を実現したが，11条は「公権力の組織に関する法律案」を国民投票によって決することができるとする条項であって，もともと憲法改正のために作られたものではなかった．フランスでは，後に見るように，憲法をその改正手続き条項に従わずに，別の方法で改正できるのか，また，これが慣習になりうるのかということが，憲法学者たちの間で活発に議論された．

1970年に, 憲法学者ジャック・シュヴァリエは, 憲法慣習の形成には, ある行為の繰り返しという物質的 (事実的) 要素と心理的 (主観的) 要素とが必要であると述べた (Chevallier 1970: 1378). しかし, 同じく, 有名な憲法学者であるミシェル・トロペールは, このシュヴァリエの区別は, 慣習の構成要素を指摘しただけであり, その特徴を逃していると批判した. つまり, その二分法では, 慣習の重要な部分は語られないと論じた. トロペールによれば, 「政治システムが, ある種の諸実践の出現を決め, それら諸実践が, 一定の条件で法規範の意味を受ける」(Troper 1981: 320 傍点は筆者による). 例えば, 彼の説明によれば, 議会において政権が不信任された際に辞任することは, 当初は, それが慣習ではない. もし辞任しなければ, 予算や法案を否決されるので, その必要性において辞任するようになった. ただ, その段階では単なる実践であり, それはまだ法規範になっていないと述べる. しかし, それを受けて, 裁判所が非難したり, 元首が首相を罷免したり, 辞任するように促すなどをすることで, 法的義務として考えられるようになる, とする. また, 同じことは, 英国の立法に関しても言えるとする. 英国では, 上下両院が可決して君主が認めることで立法できるということは, どこにも成文化されていないが, 裁判所がそれにより立法されていると考え, 判決が下され, 法的義務として考えられるようになると, トロペールは説明した. また, トロペールによれば, 政治的慣行の必要性の段階にのみ留まっていて, 法的規範 (義務) とはなっていない習律 conventions と, 裁判所によって制裁を受けうると考えられる慣習 coutume とに分けられると述べる. トロペールの言う慣習は, ダイシーの言う憲法律が想定されている. トロペールの慣習に関する論文のタイトルは, 「必要性が法を作る」であり, トロペールは法と政治 (習律) を同じく「必要性」という観点から見て同根とするが, 法的な規範性が作られるか否かで, 政治的必要性と法的必要性とを分けている.

フランスにおいても, 英国と同様に, 慣習だけではなく, 憲法習律の発展があったと述べるのは, 1997年に『憲法習律』という単著を発表したピエール・アヴリルである. アヴリルは, 習律を, 先に見た第三共和政の例だけではないと述べる. フランスでは先述のように, 早くから慣習に関する問題意識があったが, 習律との区別は, トロペールやアヴリルの議論までは必ずしも十分に意識されてこなかった.

1958年第五共和政憲法においては, 首相の意思に反して罷免されない8条の

規定がありつつも，大統領選挙やその他の政治的節目のたびに首相が自分の進退を大統領に預ける慣行があった．アヴリルは，それを習律であると述べた．その中で，彼は，憲法律と習律の関係を，合法性と正統性との関係で明らかにした（Avril 1997: 108）．正統性という点では，習律はそれに反したとしても法的な制裁は受けないが，それに従う政治的な必要性があると言える．また，アヴリルは，こうした習律を構成するのは，政治家たちの半社会契約的な合意であると述べた（同上: 124）．

（4）日本には，憲法習律はあるか

　日本においては，日本国憲法の下で，憲法習律と論じられるものは多くない．しかし，いくつかの政府による行為は，習律と同じか，それに似たものとして論じられてきた．

　例えば，衆議院の解散権に関して，である．戦後日本の衆議院解散の多くは，内閣不信任案の可決なしに，憲法7条の「内閣の助言と承認」によって，天皇の国事行為として行われてきた．日本国憲法には衆議院解散権に関して誰が決定権を持つかについて，天皇の国事行為（7条）を根拠にするのか，内閣不信任案可決（69条）時に限定するのかなど，議論があった．しかし，芦部信喜は，「現在では，7条によって内閣に実質的な解散決定権が存するという慣行が成立している」（芦部著，高橋補訂 2019: 345）と述べた．また，衆議院解散権限の行使は，明治憲法においても日本国憲法においても，その時期に限定はなかったが，過去の衆議院解散は，全て帝国議会ないしは国会の会期中に行われてきた．これを慣行として指摘する場合がある（長谷部 2022: 407）．

　裁判によって拘束力が認められるわけではないが，踏襲されてきた慣行という，ダイシーによる習律の整理にあてはまる事例は，日本においても他にもいくつかあると言える．

　例えば，日本の自衛隊の合憲性に関しては，長沼ナイキ訴訟の高裁判決（1976年）の傍論で憲法判断が回避されたが，その後，日本政府は，自衛隊を「必要最小限度としての実力組織」として，憲法に抵触しないものとして認めてきた．この見解は，2009年から2012年までの民主党政権においても踏襲され，アヴリルがいう一種の政治的合意に近い存在になってきた．自衛隊を「実力」とする見方は，自衛隊法や事態対処法などでも書かれず，純粋に一つの解釈であった．「実力」という表現で自衛隊を許容しようとする政治的合意は，上記のように

裁判では問われず（つまり憲法律ではなく），9条と自衛隊法を補足する，あるいは事実上修正する習律的役割を果たしてきたということもできるだろう．

　また，近年，衆議院解散権行使は日本の内閣総理大臣の「専権事項」であると表現されることが多くなってきた．憲法7条の「内閣の助言と承認」こそが必要なのであって，そこに総理大臣の「専権事項」はないと批判も多かった．しかし，2005年の郵政民営化法案参議院否決直後の「内閣の助言と承認」は，小泉総理によって反対閣僚を罷免して行われた．2014年，2017年の衆議院解散も，安倍総理主導の発案であった．実際には，形式的に閣議で認めるものの，総理大臣が主導して衆議院を解散してきた事例が多いと言える．したがって，憲法上明文はないものの，裁判所がそれについて審査しない立場を取るならば，衆議院解散の実質的決定権者が誰なのかというのは，政治家たちの決定で足りる範囲となる．それが総理大臣の判断でよいという共通理解が他の政党でも共有されるなら，政治的合意となり，一種の憲法習律となってきたと言いうる．

第2部
日本の政治制度

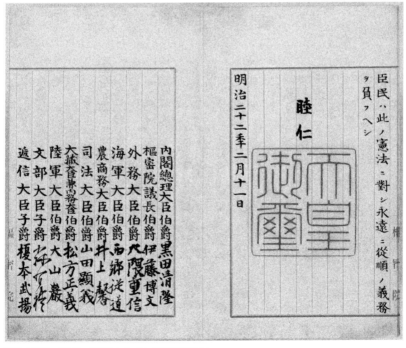

天皇の印章（御璽）が押された「大日本帝国憲法」.
（出所）　国立公文書館所蔵.

第3章

明治憲法と内閣

　本章では，日本に内閣が導入されていく経緯を，内閣職権，内閣官制，明治憲法などを見ながら，紹介していく．次に，内閣に関して，戦前から戦後にかけて論じられてきた「伝統的理解」を紹介する．そして，最後に，そうした「伝統的理解」対する有力な批判を紹介していく．

1．明治憲法制定へ

　1867（慶応3）年大政奉還によって，徳川幕府の統治が終わり，王政復古の大号令を経て，明治新政府による統治が始まる．その基本方針は，五箇条の御誓文（1868（明治元）年3月14日）と言われた．

　しかし，明治政府による統治は，その中心が薩長の藩閥からなっていたことが明らかであったことに加え，この藩閥政府が進めた廃藩置県（1871（明治4）年）は，士族の経済的政治的基盤を破壊するものであったので，猛烈な反発を呼び起こした．なお，このころ既に各藩からの1名で構成された「公議所」があり，それが後の「集議院」となったが，公選制ではなく，また実権を持ってはいなかった（稲田 1960: 35-86）．廃藩置県をはじめとした法令は，これらを迂回して決められていた．そうしたなかで，征韓論を主張した西郷隆盛が明治6年の政変で敗れ，下野した．不平士族たちは，1874年民撰議院設立建白書を出し，日本における議会政治の方向を探りながらも，他方，同年の佐賀の乱などのように，武力闘争にも走った．明治政府側は，1875（明治8）年に大久保利通・木戸孝允・板垣退助らが大阪に集まり，元老院設立をはじめとする対策を協議した（大阪会議）．1876年には廃刀令が出され，士族の帯刀が禁止されると同時に，勅命により，憲法起草が命じられた．こうした一連の改革と藩閥政治に対する批判は大きく，ついに1877（明治10）年不平士族たちは，西郷隆盛を担ぎ蜂起し，明治政府との間に戦争が勃発した（西南戦争）．この結果，西郷隆盛は自刃し，反政府軍は鎮圧された．

　その後，日本において大規模な内戦が行われることはなくなったが，藩閥政

府に対する批判は強かった. 特に, 1881年には, 薩摩閥の開拓使長官黒田清隆が同郷の政商・五代友厚に格安の金額で官有物払下げを行うことが明るみに出て, 世論が沸騰した. そんな中, 大隈重信は, 英国流の立憲君主国家を標榜し, 早期の憲法公布と国会の 2 年後開設を主張した「上奏文」を提出した. しかし, 伊藤博文や井上馨らは, その案が急進的すぎるとして大隈重信を政府から追放した (明治14年の政変). この結果, プロイセン (ドイツ) 型の憲法を推す路線が有力化したとされる. 同年10月, 明治天皇は, 1890 (明治23) 年を期して, 議員を召して国会 (議会) を開設すること, 欽定憲法を定めることなどを表明した (「国会開設の詔」). この後, 伊藤博文, 森有礼らが, 渡欧. 伊藤は, ベルリン大学のグナイストやウィーン大学のシュタインらと会い, 新憲法に関して意見をもらい, 欧州の政治制度に関して学ぶことになった.

2. 内閣の登場

明治憲法史研究の第一人者稲田正次 (1960: 103) によれば, 1873 (明治 6) 年 5 月 2 日の太政官職制において参議は「内閣の議官にして諸機務議判の事を掌る」と書かれた. これが公文書上における「内閣」の初出と言われる. 明治 4 年の参議は, 西郷隆盛, 木戸孝允, 大隈重信, 板垣退助だったので, 相当の面々であったのは間違いないが, 内閣の上に正院があり, 太政大臣は三条実美, 右大臣は岩倉具視であった. この時, 今でいう省の大臣は, みな「卿」という名称で呼ばれていたが, この内閣には入っていない.「内閣」という漢語自体は, 明朝中国に「内閣大学士」という官職名があった. 中国の政治制度に対する研究は, 江戸時代においても盛んであり,「内閣」という言葉が当時の藩閥政府においても知られていたとしても不思議はない.

他方, 日本の内閣が英国の Cabinet に由来することに関しては, 明治 6 年の長沼熊太郎 (訳)『英政沿革論』の記述からも推し量ることはできる. 同書は, 著者自身が翻訳と説明しているが, どの書の翻訳であるのかは明らかにされなかった. 長沼は, 岩手の盛岡藩出身で, 当時政府中枢の書記官であった. 同書の序文によれば, 長沼は, 政府の命によって, 本書を同年 3 月に発行した. このなかで,「何等の事なるも議事院の評決を仰ぐ可き事件は予め国王及び内閣の一覧に備えその許可なくんば阿尔蘭 <ruby>阿尔蘭<rt>あいるらんど</rt></ruby> 議事院に於て商量する能はざるが如き是なり」(長沼 1873: 19) と, 当時英国の統治下にあったアイルランドの議会に

上げる案件として「内閣」の許可に言及している．その文脈で「内閣」について語られていたなら，その英語表現は Cabinet と推し量ることができる．このように，1873年3月に「内閣」という用語が Cabinet の翻訳として使われていたとすると，同年5月の太政官職制における「内閣」も，英国の Cabinet を念頭において使用された可能性が高いといえよう．

　1873年太政官職制時点での内閣は，先述したように，太政大臣，右大臣，左大臣からなる正院の下に位置づけられていて，行政権力の実質的頂点とは言えなかった．しかし，この内閣の位置づけが，1885（明治18）年に大きく変わる．この時の争点は，太政官制を廃止して，内閣制度に統一するということであった．この議論は，やがて太政官制の廃止，内閣総理大臣の創設に至る．この年の12月20日太政大臣三条実美は，「太政官職を廃し内閣を以て宰相会議御前に事を奏する」ことを述べ，「臣が職を解き」と自分の太政官職を解いてほしいと奏した．こうした太政官制の廃止，内閣制の全面的導入，内閣総理大臣の設置に関して，稲田正次は，「春日明神の子孫でなければ大臣となる資格がないとされた二千年来の傳統が全く打破されたことは一つの改革であったといってよい」（稲田 1960: 746）と述べた．

　具体的には，1885年12月22日太政官第69号で，以下が定められた．①太政大臣，左右大臣，参議及び各省卿の職制を廃し，新たに内閣総理大臣並びに宮内，外務，内務，大蔵，陸軍，海軍，司法，文部，農商務及び逓信の各大臣を置くこと．②内閣総理大臣及び各大臣（宮内大臣を除く）をもって内閣を組織すること．

　さらに同時に，以下のように，「内閣職権」が定められた（傍点は筆者による）．

　　　1条　内閣総理大臣は各大臣の首班として機務を奏宣し旨を承て大政の方向を
　　　　　指示し行政各部を総督す．
　　　2条　内閣総理大臣は行政各部の成績を考へ，その説明を求め及び之を検明す
　　　　　ることを得．
　　　5条　凡そ法律命令には内閣総理大臣之に副署し，その各省主任の事務に属す
　　　　　るものは内閣総理大臣及び主任大臣之に副署すべし．

　この内閣職権の時点においては，内閣総理大臣の権限は，比較的確保されたと言われる．しかし，その後の内閣官制や明治憲法においては，内閣総理大臣の権限はより制限されるようになった．1889（明治22）年12月24日，勅令135号

として内閣官制が定められた．主要な条文のみを挙げておく(傍点は筆者による)．

　1条　内閣は国務各大臣を以て組織す．
　2条　内閣総理大臣は各大臣の首班として機務を奏宣し旨を承けて行政各部の
　　　統一を保持す．
　4条　凡そ法律及一般の行政に係る勅令は内閣総理大臣及び主任大臣之に副署
　　　すべし．勅令の各省専任の行政事務に属する者は主任の各省大臣之に副署
　　　すべし．

　5条では，法律案，予算案，条約案など重要事項に関しては，閣議を経なければならないと規定された．内閣官制 (1889年) と内閣職権 (1885年) との違いは，各省の事務に関する勅令に対して，内閣総理大臣の副署を要するかどうかの点で説明されることが多い．内閣職権では，各省に関わる勅令であっても内閣総理大臣の副署が必要とされたが，内閣官制においては，その部分は削られ，各省は担当大臣の副署 (すなわち許可) だけで勅令を発することができた．さらに，1889 (明治22) 年2月11日に公布された明治憲法 (正式には大日本帝国憲法) において，55条では，「国務各大臣は天皇を輔弼し，その責に任ず．2　凡て法律勅令その他国務に関る詔勅は国務大臣の副署を要す」とのみ書かれた．明治憲法においては，内閣総理大臣はおろか，内閣の存在さえ触れられなかった．

3．明治憲法『義解』と内閣

　この明治憲法に関しては，『大日本帝国憲法義解』と題された解説書が，伊藤博文著として1889年に発行された．伊藤博文著であるが，井上毅が『義解』案を書いていたことがのちに知られている．そこにおいては，「諸省大臣をして天皇に奉対し，おのおのその責に当らしめ，統ぶるに内閣総理大臣を以てし，一は以て各大臣の職権を重くし，担任する所を知らしめ，二は以て内閣の統一を保ち，多岐分裂の弊無からしめたり」(伊藤博文 2019: 102) と書かれ，内閣総理大臣についても説明されたが，あくまでも省の責任は各大臣にあることを前提として，統一の役割として内閣総理大臣が位置づけられた．さらに，この内閣総理大臣と他の大臣との関係に関しては，以下のように，整理された．

　　内閣総理大臣は機務を奏宣し，旨を承けて大政の方向を指示し，各部統督せ
　　ざる所なし．職掌既に広く，責任従って重からざることを得ず．各省大臣に至

ては，その主任事務に就き格別にその責に任ずる者にして，連帯責任あるに非
ず．けだし総理大臣・各省大臣は均しく天皇の選任する所にして，各相の進退
は一に叡旨（天皇の意思【筆者補足】）に由り，首相既に各省を左右すること能わ
ず，各相もまた首相に係属することを得ざればなり．彼の或国に於て内閣を以
て団結の一体となし，大臣は各個の資格を以て参政するに非ざる者とし，連帯
の責任の一点に偏傾するが如きは，その弊は或は党援連結の力遂に以て天皇の
大権を左右するに至らむとす．これ我憲法の取る所に非ざるなり（同上：105）．

　ここまでのところで，憲法や内閣官制などの勅令で明らかとなっているのは，
内閣の存在が言及され，内閣総理大臣が「機務」を「奏宣」する，すなわちリー
ダーシップをとり，法律案や予算案など重要事項については閣議で議論される．
しかし，そこに「連帯責任あるに非ず」であり，各大臣が責任を負う，という
ことである．各大臣が責任を負い，内閣に連帯責任がないとすれば任免は天皇
の判断により，総辞職という考え方はないはずであった．ちなみに，上記の引
用文の「彼の或国」は，当時において内閣政府が統治していると考えられた英
国を想定していると読むことができる．
　また，こうした内閣は，帝国議会にも依拠しない存在として，第2代総理大
臣黒田清隆によって，「政府は常に一定の方向を取り，超然として政党の外に
立ち，至公至正の道に居らざるべからず」（板垣 1958: 385）と論じられた．つ
まり，内閣は帝国議会の諸政党から超然として統治すると述べられた．いわゆ
る超然主義の立場である．

4．割拠主義と内閣

　『義解』では否定された連帯責任であったが，閣内不一致によって内閣総辞
職が起こる事例も，明治憲法下で存在した．その数の多さには議論があり，従
来はその数が誇張されており，明治憲法下では7例であるという指摘がある
（佐々木 2019: 256）．
　こうした事例を見て，東条内閣の企画院と法制局で要職を兼ねた山崎丹照は，
以下のように述べる．

　　　天皇を輔弼することに付ては　何れの国務大臣も他の国務大臣を指揮すると
　　いふことはあり得ないのである．内閣総理大臣は，閣内の一致を図る特殊の地

位職責を有するも，決して他の国務大臣を指揮するものではない．従って閣内
に異論を唱ふる者が生ずれば，内閣総理大臣の事実上の統制力の強固な場合は
勿論問題ないが，さもない時は結局内閣総辞職を見る結果となるのである（山崎
1942: 328）．

　山崎は，この前頁で「閣僚中一人でも之に反対を唱ふるものがあれば」総辞
職になりうる（同上 327）とも述べた．山崎は，他の部分でも「閣内の一致」
や「全員一致」（同上: 211）や「一体の意思」（同上: 209）などを通じて，内閣の
「事実上の連帯責任」（同上: 421）があったと論じた[1]．少数の異論が内閣を崩壊
させうるような意味での内閣の連帯責任論は，後に見るように，英国では存在
しなかった．

　戦前戦後にかけて活躍した行政学者辻清明は，上記の山崎の議論を評価しつ
つも，それが法的な部分にのみ注目しているとして，明治維新以降の藩閥政治
の展開の中で，内閣制度を捉えなおした．辻によれば，明治以来の藩閥政府自
身の割拠性が内閣にも受け継がれ，内閣における各省大臣単独輔弼が内閣の統
一性を損ねた点を強調し，さらに閣内にとどまらず，内閣以外の枢密院などが
実権をもつことで，明治憲法下での諸権力の割拠性・多元主義を論じた（辻
1943: 266-78）．

　山崎，辻らの割拠論は，閣内不一致によって総辞職を繰り返した戦前の日本
政治の諸場面をある程度説明しえた．

　実際，第3次伊藤内閣，第2次山県・第4次伊藤内閣が，閣内不一致による
連帯責任で総辞職した（村瀬 2011: 312）．その間，1892（明治25）年選挙介入の
責任をめぐって陸海軍大臣が反発し，辞表を提出．後任を出さずに，結局松方
内閣が総辞職した．1912（明治35）年第二次西園寺内閣において，二個師団増
設拒否を理由に陸軍大臣上原勇作が辞職し，陸軍が後任を出さなかったため，
内閣は総辞職した．また，1937（昭和12）年宇垣一成（予備役陸軍大将）が，天皇
からの大命降下を受けて組閣しようとするも，対立する陸軍は陸軍大臣候補者
を出さず，組閣が崩壊した．

　もっとも，後述するように近年では，その割拠論については批判が多い．た

---

1)　美濃部（2018［1912］: 149）も，「閣議の決定には常に全内閣員の一致を要する」と
　書いており，内閣の実態はともかく，考え方としてはかなり広まっていたことは確かで
　あろう．

だ，内閣の全員一致原則という連帯責任論については，戦後の日本国憲法下でも受け継がれた．日本国憲法66条 3 項「内閣は，行政権の行使について，国会に対し連帯して責任を負ふ」の意味として，内閣の全員一致原則を述べる憲法学説が通説となってきた（例えば，清宮 1966: 274；長谷部 2022: 392）．実際，2005年に小泉総理大臣が解散に反対する島田農相（当時）を罷免し，農相を兼務して，全員一致の下に解散の助言を行った．

5．割拠論への批判

　戦前の日本の内閣は，政党政治に立脚した時期は長く続かず，総理大臣の指導性も弱く，内閣の統一性も弱かった．こうした評価が戦後強かったが，近年見直しが進んでいる．

　まず，明治憲法制定時の政府の意図が，各省大臣分任主義の強化のみというよりも，その圧力に対する大宰相主義の維持にあったと，坂本一登は指摘する．伊藤博文は，1887年 8 月の段階で，明治憲法に「行政権は帝国内閣に於て之を統一す」と明記する案を主張した（坂本 2012: 295）が，井上毅は憲法において天皇大権の至高性を掲げ「内閣」を明示することには反対し，明治憲法での「内閣」の明記は採用されなかった．ただ，井上も実際の政治指導を想定して，内閣官制 2 条で「内閣総理大臣は各大臣の首班として機務を奏宣し旨を承けて行政各部の統一を保持す」とする条文を維持した．坂本によれば，この規定により，帷幄上奏を除き，各大臣の単独上奏権限は否定され，総理大臣による機務上奏権限が明確になったとされる（坂本 2005: 29）．

　また，明治憲法下でのその後の政治実践の中でも，総理大臣や外相などがリーダーシップを取ったことが示された．例えば，佐々木雄一は，日清戦争から第一次世界大戦にかけての日本の版図拡大は，首相，外相，外務省によって担われ，総じて政府内の合意形成を経て進められ，政府（内閣）の統一性が確保されていたと論じた（佐々木 2017: 338-339）．清水唯一朗は，陸軍大臣上原勇作の帷幄上奏など数度の逸脱事例を除いては，組閣における総理大臣のリーダーシップが主導的であり（清水 2007: 31），憲法に明記された大臣単独輔弼と共に内閣の連帯責任性が折衷されていた（同上: 48）と論じた．さらに，予算問題や財政をめぐっても，内閣総理大臣のリーダーシップは確保されてきたと評価する研究もある（伏見 2007: 162-64）．

　これらの研究を見るならば，かつては「鉄板的通説」(西川 2018: 180) とさえ言われた各省大臣単独輔弼・分任主義が明治憲法下での日本政府の運営にとって絶対的なものではなかったことは，かなり明らかにされてきたと言える．今後は，さらなる研究によって，どの程度，各省大臣単独輔弼・分任主義と総理大臣主導とのバランスがとられていたのかが，論点となるだろう[2]．ただ，その点を考慮しても，後に見る英国内閣と日本の例は対照的な部分があった．

6．内閣総理大臣と首相

　日本の内閣総理大臣は，首相とも表現される．首相という言葉を広範に知らしめた文献としては，1881年の交詢社私擬憲法がある(交詢社 2005[1881]: 282).この私擬憲法における「首相」という表現は，英国を意識して使われた用語と言われる．この首相という表現以前には，福沢諭吉が，明治元年，『西洋事情下』においてウォルポールを「宰相」と表記した (福沢 1868: 21)．明治12年，『民情一新』においては，「太政大臣」と表記した (福沢 1879: 110)．明治14年の政変を引き起こした大隈「上奏文」においても，英国首相に対応する役職は，「行政長」(大隈 2005 [1881]: 254) と述べられただけであった[3]．

　明治憲法『義解』の先の引用文では，既に「総理大臣」と「首相」が混在して使われていた．しかし，内閣官制などで使われている正式名称は「内閣総理大臣」であり，『義解』の英訳では「国家議長の大臣」という意味の Minister President of State (Itō 1906: 98) と訳された．この英訳は，その後も，ヴェルサイユ条約締結時の署名などにも使われた．そして，先述の通り，英国の内閣は連帯責任を取り，日本の内閣ではその原則を取らないという違いがあると理解されていた．また，英国の首相は大臣を任免できるが，明治憲法下での総理

---

2)　大臣単独輔弼と総理機務奏宣という両極の権限が法的に明確化されていたのだから，総理の罷免権限がなければ，閣内不一致を解決する方法がなかったとも言える．英国の内閣は，法としないことによってその危険を逃れた．

3)　Prime Minister の訳としては，文久元年に出版された慕維廉訳『英国志　五』(1861: 2) において，「首輔」と書かれた．首相に非常に近い訳である．この文献は，漢文で書かれており，訳者の慕維廉とは，英国人宣教師ウィリアム・ミュアヘッドのことであり，トマス・ミルナーの原著 (Thomas Milner, *The History of England*, 1853) を翻訳し，1856年に上海において出版した．ミルナーは，当然 Cabinet についても書いていたが，それは「内閣」とは翻訳されなかった．

大臣にはその権限がないと理解されていた（井上毅傳記編纂委員会 1968: 277）[4]. し
たがって，日本での内閣総理大臣と英国首相との違いを自覚しながらも，総理
大臣と首相という両方の表現を混在させてもよいという一つの解釈があったと
いうべきであろう.

　明治憲法制定当時に，どの程度英国内閣に関しての研究が日本で普及されて
きたのかについては，今後も解明される必要があるであろうが，当時出版され
ていた英国内閣に関する文献には限りがあった. 明治時代に，英国憲法に関し
ては主としてバジョット著 *English Constitution* の紹介がたびたび行われてき
た. しかし，バジョットの著作では，内閣内部の諸原則や歴史に関しては書か
れていなかった. バジョットが女王を無力だと描いたことも，1907年『ヴィク
トリア女王の手紙』公刊後，間違いであったことが英国で複数指摘されてきた
（小堀 2019: 164）. 対照的に，この時代で最も詳細に Cabinet について論じた，
法学者ハーンの著作 *The Government of England* は，バジョット著作の出版
と同年の1867年に出版されたにもかかわらず，その大意が非常に短い論稿にし
て明治政府内で紹介されたり，後にそのなかの第 6 章のみが翻訳されたりした
（ハーン 1891）だけで，いずれの場合も肝心の内閣論は訳出されなかった. ハー
ンの研究は, 英国の有名な憲法学者 A. V. ダイシーも依拠した（Dicey 1982[1885]:
xxvi). 当時の英国内閣研究としては，最も詳細であり，最先端の一つであっ
たことは間違いないだろう. ハーンが明らかにした内閣論の詳細は，戦後にお
いても日本では十分に踏まえられてこなかった. 後に見るように，英国首相は，
内閣のまとめ役・内閣長の範囲を超える行政の責任者であったし，また，日本
の内閣総理大臣とは異なり，法的に規定されたものではなく，いかなる法令に
も規制されていない習律上の存在であった.

---

4)　確かに，英国では首相は大臣を罷免できた. しかし，大臣は君主任命なので，罷免は
　　君主の同意を経なければならない（Jennings 1959a: 207）. その形式自体は，明治憲法
　　下での大臣たちと変わらない. 閣僚の更迭は，実際のところ，内閣改造の時に行われる
　　ので，個別の大臣を罷免することは滅多になかった. スキャンダルや失態の責任がある
　　大臣は，罷免されるというよりも，首相と内々に協議し，辞任するケースが多かった.
　　1983年総選挙後に，サッチャーが内閣改造直前にピム外相を罷免した例があったが，こ
　　れは珍しい例である. その他の例で言えば，1851年12月にラッセル首相がパーマストン
　　外相を更迭した例があった. ただ，これはヴィクトリア女王からの要請であった（君塚
　　2010: 58）.

第4章
明治憲法と政治制度

1. 明治憲法の制定と天皇の地位

　欧州から帰国した伊藤博文は，井上毅，伊東巳代治，金子堅太郎，そしてドイツから招聘されたロエスレルやモッセらを交えて，憲法草案を練った．1889年に制定された明治憲法 (大日本帝国憲法) は，天皇の権威によって定めた，いわゆる欽定憲法であった．以下に，主要な条文を示し，解説する．

　明治憲法は，1条，「大日本帝国は万世一系の天皇之を統治す」で始まる．この1条の規定などをもって，東京大学初代憲法学者であった穂積八束は，天皇が日本の「主権者」であると論じた (穂積 1911: 183)．しかし，それに対しては，後に同じく東京大学で憲法を担当することになった美濃部達吉が，穂積は主権と統治権 (力) を混同していると批判した．穂積は，主権が君主にあると述べ，それは最高であり万能無制限，唯一不可分である統治の権力であると述べた．しかし，美濃部によれば，実際には，統治権 (力) は，国際条約などで制限されたり，譲渡されたりしており，連邦制などでは，統治権は連邦と州が共有しており，不可分ではない．美濃部は，国家の意思として不可分と考えられる「主権」と分割可能な統治権 (力) を混同してはならず，また誤解を招く「主権」という表現は相応しくないと述べた (美濃部 1935a: 17-34)．

　3条では，「天皇は神聖にして侵すべからず」と規定された．これは，君主の政治に対する無答責性の原則を明らかにしたもので，政治において困難が発生した時も，それを補佐する大臣たちの責任であることを明らかにしたと解釈された (大石 2005: 293)．こうした考え方は，当時の欧州諸国では珍しいものではなかった．英国においても，不文であったが，「国王は誤りを犯さない」という原則があった．プロイセンの1848年憲法 (41・42条)，1850年憲法 (43・44条) で，行政権力は国王にあるが，国王は不可侵であり，責任は大臣が負うと書かれた．政治責任は大臣たちが負うことを明確にした考え方である．明治憲法4条では，「天皇は国の元首にして統治権を総覧し此の憲法の条規に依り

之を行ふ」と規定された．この規定によって，天皇は，国の元首にして，統治権の総覧者として立法，行政，司法の三権を掌握したと理解された（芦部著，高橋補訂 2019: 18）．しかし，この規定により，天皇自身も，この憲法に拘束されると理解することも可能である．実際，後にみるように，この規定の解釈は天皇機関説問題の論点の一つともなった．5条および6条にあるように，天皇の立法権の行使は，帝国議会の協賛（賛成）を要するし，実際のその後の歴史においても，天皇は帝国議会で可決された法律案を裁可しなかったことはなかった（長谷部 2022: 45）．

　上記のように見ていくと，1条で「大日本帝国は万世一系の天皇之を統治す」と書かれている割には，後の条文は実質的に天皇が独裁的に政治を行うには多くの制限を課していることが分かる．実際のその後の歴史においては，実権を持っていたのが，内閣なのか，軍部なのか，元老なのか，各省なのかに関して議論は，前章で見たように未だ決着しているとは言い難い．しかし，明治憲法下において天皇が直接に政治指導し，決定を下す天皇親政が行われた時期があったという有力な論はないと言ってよいだろう．

　ただ，天皇親政を訴える侍輔たちの運動はあった．侍輔は，明治天皇の君徳輔導の必要性を自覚した大久保利通が主導権を取って，1877（明治10）年に宮内省に天皇を補佐する機関として，設置された．その大久保を動かしたのは，明治維新後に熊本藩から出仕し，侍講として明治天皇に，『論語』や『日本外史』を進講してきた元田永孚であった（笠原 1995: 112）．しかし，その侍輔職設置の強力な後ろ盾となった大久保は翌年1878年に東京・紀尾井坂で暗殺された．大久保を斬った島田一郎らの斬姦状には，廃藩置県などの諸改革が「凡そ政令法度，上天皇陛下の聖旨に出づるに非ず，下衆庶人民の公議に由るに非ず，独り要路官吏数人の臆断専決する所にあり」（板垣 1957: 229）と論難されていた．天皇親政の必要性を日ごろから感じていた侍輔たちは，大久保暗殺を契機に，明治天皇に天皇親政の必要性を訴えるようになり，その結果，明治天皇は，同年の工部卿人事について発言し，続いて北陸東海地方巡幸において人民の窮状に接す「節倹愛民」の政策化を求めるようになった．しかし，伊藤博文らは，これらの動きに対して敏感に反応した．伊藤らは，侍輔たちが行ってきた君徳輔導の役目を内閣が行うものとし，侍輔自体を1879年に廃止した（坂本 2012: 17–23）．

　明治天皇は，これらの伊藤博文ら藩閥政治家たちの動きに対して不満を持ち，

森有礼の文部省御用掛人事の際には，公務をサボタージュすることで不満を示した時もあった (坂本 2012: 157)．ただ，その後，明治憲法制定などを通じて，伊藤を信頼するようになり，1893 (明治26) 年には衆議院が 2 隻の戦艦建造費を含む予算案を否決し，第二次伊藤内閣が苦境に陥った時，「和協の詔勅」を出して事態を収拾した．また，日清戦争において，明治天皇は，文官伊藤博文の大本営入りを決め，内閣と軍が共同するように当時の参謀総長有栖川熾仁親王に述べるなど，政治的に重要な役割を果たした (伊藤之雄 2006: 311-26)．

　昭和天皇の日中戦争や太平洋戦争に対する関与が，彼が国政の最高決定権者であったので戦争責任があるのは当然と言えるだろう．さらに，日本政治史学者山田朗によれば，大本営からの命令は，事前に軍の責任者からの上奏が行われ，天皇による「御下問」と軍幹部の「奉答」を経て，「大陸令」「大海令」として発令されるので，天皇が関知しないうちに発令されることはありえなかった．また，昭和天皇はガダルカナル島やラバウル・ソロモン諸島方面への作戦にたびたび介入したし，1943年のアッツ島陥落のころから作戦の不手際を叱咤したり，決定的な勝利を要求したりした (山田朗 2019: 115-58)．他方，昭和天皇自身は，中国などへの戦線の拡大を抑制しようとして行動した．昭和天皇は，日中戦争への導火線の一つとなった張作霖爆殺事件 (1928年) に関与した軍人たちの処分を，田中義一総理大臣に強く迫り，総辞職という結果となった．しかし，この天皇の強い態度の結果，天皇の態度を支持した牧野内大臣らが「君側の奸」として軍人たちから批判され，天皇は，『独白録』において「この事件あって以来，私は内閣の上奏する所のものは仮令自分が反対の意見を持ってゐても裁可を与えることに決心した」と後に書いた (寺崎・ミラー 1995: 26-28)．『独白録』の記述は，天皇の自己弁護であるという批判もある．天皇の戦争責任の実相に対する研究は，今後も続けられていくだろう．

2．帝 国 議 会

　明治憲法における帝国議会は，国民有権者から選出される衆議院と，皇族華族および勅任された議員を以て組織される貴族院との二院制となった (33条)．

　貴族院は，34条によって，皇族，華族，勅撰議員で組織された．このうち，皇族と華族 (公爵, 侯爵) は終身で貴族院議員であったが，華族 (伯爵, 子爵, 男爵) および学者，地方の高額納税者に関しては，それぞれの資格ある人々のう

ちから，選挙によって7年任期で選出されていた（勅令第11号貴族院令）．衆議院は，35条により，法律に基づき公選されることになった．第1回目の1890年衆議院は，民選選挙であるが制限選挙であった．有権者は，25歳以上の男子で1年以上その府県内において直接国税15円以上を納めている者だけが投票できた．およそ全国民の1％であると言われた．日本では，25歳以上の男子による普通選挙制は，1928年から行われた．男女普通選挙制は，衆議院選挙法改正として1945年に実現した．

　37条では，「凡て法律は帝国議会の協賛を経るを要す」とされ，38条で両議院は政府提出法案の議決ができ，議院が法律案を出すことができた．ただ，8条では，「天皇は公共の安全を保持し又は其の災厄を避くる為，緊急の必要に由り帝国議会閉会の場合に於て法律に代るべき勅令を発す」とされており，帝国議会を通さずに勅令を出すことは可能であった．ただ，この場合も，事後に帝国議会の承認を得なければ無効となった．65条では，「予算は前に衆議院に提出すべし」と規定されたが，衆議院の予算先議権以上の「衆議院の優越」は存在しなかった．

3．明治憲法下における予算と財政

　明治憲法においては，政府財政を調達する手段が様々に規定されていた．62条によって，新税・増減税は全て帝国議会が可決し，天皇が裁可して法律として公布されなければならなくなった．また，64条によって，毎年の予算は，法律とは別に帝国議会の議決を経なければならなくなった．日本では，明治憲法以来，今日まで予算を法律から区別するが，これは後にみるように，英米仏豪などを含む多くの国々では行われていない．

　日本が，予算と法律を分けるようになったのは，プロイセンのビスマルクの例に倣ったという指摘が多い．プロイセンでは，1862年宰相ビスマルクが軍事関係予算を，議会の反対にもかかわらず支出するために，当時の学者ラーバントの理論をよりどころにして，予算は法律ではなく行政であり，議会によって拘束されないという立場をとって，支出を行った．プロイセン憲法でも予算法は議会の議決を受けなければならないとなっていたので，1866年にかけて政府と議会との間で「プロイセン憲法争議」と呼ばれる紛争が起こった．日本は，この時のプロイセンの悪しき前例を受け継ぎ，予算＝行政で法律ではないとい

う考え方を受け継いだと言われる（高見 2004: 371）.

　他方，帝国議会の承認を事実上迂回するように，条文を使う方法もとられた. 例えば，1931（昭和6）年9月満州事変が起こり，翌1932年1月，さらに上海事変へと拡大した. この間，政府は，衆議院解散時で帝国議会が開けなかったため，憲法70条の規定により，緊急勅令をもって所要経費支弁のため公債を発行することにした（大蔵省昭和財政史編集室編 1954: 175）. 70条1項では，「公共の安全を保持するため緊急の需要ある場合において内外の情形により政府は帝国議会を招集すること能わざるときは勅令により財政上の必要の処分をなすことを得る」と規定された. この場合でも2項では，帝国議会の事後承認がない場合は無効となる旨が規定されていたが，公債を発行した後に無効にすることは困難であった. 実際，70条を使っての公債発行は事後に帝国議会で承認された.

　さらに，64条2項の「予算の外に生じたる支出ある時は後日帝国議会の承諾を求むるを要す」という規定によって，剰余金などで新たな財源を確保することができた. 1896（明治29）年には，64条2項の規定にもよらず，政府の「責任」によって予算外の支出が行われるようになり，事後に帝国議会の承認を求めるようになった. こうした財政支出は責任支出と呼ばれたが，憲法違反であるという批判があった（山田邦夫 2020: 78）. 66条では，「皇室経費は，現在の定額により毎年国庫より，これを支出し将来増額を要する場合を除くほか，帝国議会の協賛を要せず」と規定された.

　明治憲法施行後，最初の帝国議会選挙が行われ，まず問題となったのは，67条の規定に関することであった. 同条では，「憲法上の大権に基づける既定の歳出及び法律の結果により又は法律上政府の義務に属する歳出は政府の同意なくして帝国議会がこれを廃除し，又は削減することを得ず」とされた. 第1回帝国議会では，「政府の同意なくして帝国議会がこれを廃除し，又は削減することを得ず」の部分で議論が分かれた. この規定の中には，公務員の人件費などが入っていると考えられていたが，自由党などの諸政党は，これを削減して地租を軽減しようとした. 一方，伊藤博文や井上毅らは，日本の独立と近代化を図る上での必要性を説明すれば諸政党を説得できると考えていた.

　当時，67条の「政府の同意」には，次の二通りの解釈があった. ①帝国議会にて削減案を両院で通過させた後，「政府の同意」を求める方法で，これは政党勢力が主として支持していた. ②事前に議会勢力と政府が同意し，予算の削

減を議会で議論するという方法であり，これを政府側が支持していた．

　結局，当時の政府も政党勢力も，第 1 回帝国議会で予算が成立せず衆議院解散となれば，欧米諸国から低評価を受け，不平等条約の改正などにも支障をきたすという心理や，山県有朋や松方正義らの買収を含めた切り崩しが実り，衆議院で，②の見解が僅差で議決され，難局を乗り切った（伊藤之雄 2015: 302-04）．

4．明治憲法下での衆議院解散

　明治憲法下における衆議院の解散は，憲法 7 条「天皇は帝国議会を召集し，その開会閉会停会及び衆議院の解散を命ず」に基づいて行われた．任期満了で行われた衆議院選挙は 3 回しかなく，短期間で解散されたケースが多い．衆議院が法案を否決したり，審議が難航したりした場合に，超然内閣が行う「懲罰的」解散も多かった．美濃部（1934: 250）によれば，明治憲法施行後のいくつかは「議会に対する解散はあたかも官吏に対する懲戒免官の如く」衆議院が解散された．また，美濃部によれば，1891（明治24）年の松方内閣の解散奏議や1893年の伊藤内閣の解散理由にも，「衆議院の義務違反を責め」る思想が見え，1917（大正 6 ）年寺内内閣は衆議院の解散理由として「議院の粛清」にまで言及した．しかし，その後は，政党内閣が増え，議院内閣制的に運用され，原内閣や清浦内閣，田中内閣は，国民の信を問うために衆議院を解散するという理由を説明するようになった．

　7 条の条文上は，天皇が解散を命ずることになっていたので，天皇が解散を退けることも可能であった．しかし，実際にはこうした例はなく，天皇は内閣の上奏を受けて，衆議院解散を行ってきた．ただ，1928（昭和 3 ）年 5 月，与党政友会が衆議院でかろうじて第一党の状態で，田中義一総理は，予算否決あるいは内閣不信任決議案可決の場合，総辞職せずに衆議院を解散することの許可を事前に昭和天皇に求めた．しかし，この時，昭和天皇は内閣不信任案可決の場合に関して許可しない意向を持っていた．結局，その後の衆議院で予算否決も内閣不信任案可決も起こらなかったので，表向きは問題とはならなかったが，元老西園寺公望は，当時若かった昭和天皇が，正義感に走って，明治以来の慣行を外れる政治関与に積極的であったことに危うさを感じたと言われる（伊藤之雄 2014: 137）．したがって，天皇は，明治憲法下においては，内閣からの衆議院解散上奏をすべて認めて解散してきた．明治憲法下において，天皇が

内閣の衆議院解散の上奏を拒否したこともなければ，主導して解散した事例もなかった．

5．明治憲法下における陸海軍

　明治憲法下における陸海軍は，憲法11条「天皇は陸海軍を統帥す」と述べていたことにも表されているように，天皇の直属機関であった．この11条の規定をめぐっては，1930（昭和5）年に内閣によるロンドン海軍軍縮条約締結という行為が，統帥権の干犯であるという批判がなされた．しかし，このような統帥権に関する厳格な認識が明治憲法下での常であったとは言われていない．むしろ，日清戦争（1894-5年）においては，伊藤博文総理大臣は，「統帥権に公然と介入して，出先の指揮官に命令を発出している．伊藤は勅命によって大本営に参加し，戦争指導にも直接関与していた」（小林 2020: 2046）．ここでも，条文という「客観的」な存在ではなく，制度運用者である政治家たちの意思が実際の制度を作り出していたことが分かる．

　明治憲法制定に非常に影響力を行使した伊藤博文は，先述の通り，内閣を中心とした政治指導を実現しようとした．そこで，取り組んだのが，1907（明治40）年1月31日の公式令の制定である．それまでの勅令に関する公文式を廃して，公式令に換えた．その7条によれば，1項に「勅令は上諭を附して之を公布す」とある．上諭を附すとは，天皇が裁可する旨を記した文章を，公布される勅令の前に附すことを言う．2項には「前項の上諭には親署の後御璽を鈐し内閣総理大臣年月日を記入し之に副署し又は他の国務各大臣もしくは主任の国務大臣と共に之に副署す」と書かれた（なお，「御璽を鈐す」とは，天皇の印章を付すことである）．これは，内閣により勅令の制定を統一する旨を示したものである．伊藤之雄によれば，この公式令の意図の一つには，内閣による陸海軍に対するコントロールがあったと言われ，天皇もそれを理解し，裁可したと言われる．これに対して，陸軍の山県有朋元帥は，後にあくまで軍の統帥権に関しては別扱いにするように迫り，結局，伊藤と山県が合意し，同年9月12日に「軍令ニ関スル件」（軍令1号）が公布された（伊藤之雄 2015: 588-89）．そこにおいては，「1条　陸海軍の統帥に関し勅定を経たる規程は之を軍令とす」とあり，「2条　軍令にして公示を要するものには上諭を附し親署の後，御璽を鈐し主任の陸軍大臣海軍大臣年月日を記入し之に副署す」とした．つまり，軍令の発令に

は，総理大臣以下内閣の他の大臣とはかかわりなく，陸軍大臣・海軍大臣の署名のみが必要となったわけである．内閣による軍部のコントロールという伊藤博文の当初の意図は，骨抜きにされたと言われる．

　陸海軍に関する憲法条項としては，12条において，「天皇は陸海軍の編制及常備兵額を定む」という規定もあった．この条文に関して，『憲法義解』では，「これもとより責任大臣の輔翼によるといえども，また帷幄の軍令と均しく，至尊の大権に属すべく，而して議会の干渉をまたざるべきなり」と説明されていた．ここに出てくる帷幄とは，戦陣における幕の意味から転じて使われている．軍人の領域であることを示した．その点では，この編制大権も，11条の統帥大権と同じく，帷幄上奏（軍幹部による天皇への上奏）が可能であったと考えることもできる．実際，ロンドン海軍軍縮条約締結が統帥権の干犯として批判された時には，それらの批判の中には，編制大権も軍の専権事項であるという趣旨の批判があった．ただ，坂野潤治によれば，伊藤博文の『憲法義解』の記述は「議会の干渉」を防ぐことを重点にすることにとどまっており，必ずしも編制大権までを軍の専権とは考えていなかったと言われた（坂野 2020: 362）．

6．国体について

　明治憲法下の政治制度を語るうえで，「国体」という言葉を避けて通ることはできない．しかし，国体とは何かについては，議論百出した状態であった．この国体が政治制度であるか否かに関しても，一致があったとは言い難かった．また，この国体という言葉は，明治憲法起草者の一人である金子堅太郎が述べたように，英仏独などの他の国々に相当する語はなく，日本独特の「政治語」であった（大正昭和史研究会 2017: 38）．

　国体に関する著書を記した米原謙によれば，国体は，「あらゆる言説に一定の方向性を与える見えない磁場として機能したと同時に，他方で社会の表面で高唱されるほどには，人々の秩序観に確信を付与することができなかった」（米原 2015: 4）．つまり，あらゆる政治的場面で国体という言葉は，人々を縛り続け，それへの賛同を煽りながらも，結局，それが何であったのかということに関しては決して明らかではなかった．

　政府が，国体の意味を公式に表明した文章は，存在する．文部省は，「大日本帝国は，万世一系の天皇皇祖の神勅を奉じて永遠にこれを統治し給ふ．これ，

我が萬古不易の国体である」(文部省 1937: 9) と『国体の本義』のなかで述べた.『国体の本義』は,天皇機関説問題を端緒とした国体明徴運動を受けて,文部省が発表したものである.しかし,国体明徴運動を受けた文部省さえ上記のように極めて簡略な言明しかできなかったことは,結局,国体という言葉の持つ多義性をかえって表していると言えよう.

　実際,明治憲法下での国体に関しては,憲法学者大石眞によれば,以下の4つの用例が見られる (大石 2005: 294).①天皇を統治者と仰いで国家理想を実現するという国民性を表す社会心理的観念,②天皇による統治権総覧の体制を示す実定法的観念,③天皇による統治を絶対視するイデオロギー的観念,④「臣民よく忠によく孝に億兆心を一つにして代々その美をなせるは,これ我が国体の精華」(1890 (明治23) 年『教育勅語』) のように,日本の国柄に関する理解である.

　穂積八束は,「君主国体は,特定の一人を以て国の主権者とするの国体なり」(穂積 1911: 77) と,主権者という法的概念と君主国体とを結びつけている点で,上記②の見方をしていることは間違いなかった.しかし,これに対して,美濃部達吉は,後年批判を加えた.美濃部にとっては,国体は,「歴史的に発達し構成せられた日本の国家生活の最も重要な特質」(美濃部 1935a: 3) であって,法律的なものではない.「国体と言うような国家の歴史的及び倫理的の特性を指す語を,単純な法律的観念に転用することは,観念の混同を防ぐ上から言つても,成るべく之を避くることが適当でなければならぬ」(同上: 16) と批判した.しかし,美濃部は他方で,「日本が此の如き国体を有することは,日本の国家に取つて,無上の幸福と言はねばならぬ」(同上: 6) と,国体そのものを否定しているのではなかった.むしろ,国体を法的な観念から切り離すことが彼の意図であった.

　1935 (昭和10) 年,国体の問題は,学術的な論争から政治の問題へと拡大した.同年2月19日,陸軍軍人にして男爵であった貴族院議員菊池武夫の質問が始まりであった.菊池は,美濃部の著作を挙げながら,「是は要するに憲法上,統治の主体が天皇にあらずして国家にありとか民にありとかいう」説であると美濃部の天皇機関説を攻撃しだした.貴族院議員であった美濃部は,貴族院で釈明を行うことになった.この演説は,「一身上の弁明」として有名となったが,この弁明において,美濃部は,菊池議員が「私の著書を読まれていないか,または読んでも理解されていないことは明白」(美濃部 1935b: 36) であると述べたことから始めるなど,弁明というよりは,彼の見解を説明したものであっ

た．美濃部は「国家統治の大権が天皇に属するということは，天下万民の一人としてこれを疑っているはずはない」(同上: 37) としながらも，その大権は「万能無制限の権力ではなく，憲法上の条規によって行使される権能である」(美濃部 1935b: 62) という部分を強調した．

　美濃部に対する軍部や政友会からの批判はやまず，結局，同年10月15日，岡田啓介内閣は，「所謂天皇機関説は，神聖なる我が国体に悖り，その本義を愆るの甚しきものにして厳に之を芟除せざるべからず」(第二次国体明徴声明) と声明した．美濃部は，貴族院を辞職した．こうした動きの中から起こってきた国体明徴運動のなかで，1936年美濃部も銃撃を受けて，重傷を負った．一方，昭和天皇は，『独白録』において，美濃部の学説について「差支えない」ことを，本庄侍従武官長を通じて，真崎甚三郎教育総監に伝えていたとされる (寺崎・ミラー 1995: 36)．

7．政党内閣

　明治憲法制定当初は，日本の内閣は「超然内閣」を目指したが，衆議院は，自由党や進歩党など政党勢力が多数を占めた．その結果，次第に政党勢力の力を得ないと政府の運営が困難になる状態となっていった．1898 (明治31) 年には，衆議院の二大勢力であった自由党と進歩党が合同し，憲政党となった．当時の伊藤博文総理大臣は，この憲政党の大隈重信と板垣退助を後継として明治天皇に上奏し，裁可された．この結果，1898年第一次大隈内閣 (大隈重信と板垣退助の共同から隈板内閣とも言われる) が成立し，憲政党員から多くの閣僚を起用したので，最初の政党内閣と言われた．その後，1900年には，政権運営のために政党の必要性を自覚した伊藤博文自身が組織し，総裁となる形で，立憲政友会が結成され，同年第四次伊藤内閣が発足した．1918 (大正7) 年には，衆議院に議席を持つ原敬(立憲政友会)が，閣僚の大半が自党所属の内閣を組織した．

　しかし，立憲政友会をはじめとした政党勢力も勢力を広げるに従い，多くの軍人たちが加わった．また，昭和に入ると，立憲政友会と立憲民政党の間での買収事件が多発し，国民から批判を受けた．

　1932 (昭和7) 年の5・15事件で，当時の総理大臣犬養毅が射殺されると，その後は，元海軍大将の斎藤実総理大臣により主要政党を巻き込んだ「挙国一致内閣」が形成され，その後，第二次世界大戦敗戦まで政党が主導権を取るこ

とはなかった．国民の窮状を顧みず，権力争いに終始する政党に対する批判も，軍に対する期待を高めた側面もあった．

　歴史学者加藤陽子は，当時の軍がある種の政党的機能を持っていたことを，次のように述べる．「たとえば，農民救済の項目では，義務教育費の国庫負担，肥料販売の国営，農産物価格の維持，耕作権などの借地権保護をめざすなどの項目が掲げられ，労働問題については，労働組合法の制定，適正な労働争議調停機関の設置などが掲げられていた」(加藤 2015: 3985)．

8．三権分立と司法制度

　日本における三権分立の思想は，五箇条の御誓文 (1868 (明治元) 年) とともに発表された「政体書」に始まるといってよいだろう．そこには，以下のようにある．

> 一，　天下の権力，総てこれを太政官に帰す，すなわち政令二途出るの患無らしむ．太政官の権力を分つて立法，行法，司法の三権とす，則偏重の患無らしむるなり．
> 一，　立法官は行法官を兼ぬるを得ず，行法官は立法官を兼ぬるを得ず．

　日本では「三権分立」という言葉は，長く用いられた親しみのある表現と言えるだろう．しかし，英語圏では，「三権分立」という表現は，必ずしも一般的な表現ではなく，基本的に「権力分立」が議論される．詳しくは，後に合衆国憲法に関して論ずるところに譲るが，合衆国においては立法，司法，行政は互いに独立する側面と同時に，互いに干渉しあい，抑制と均衡が原則としておかれている．立法，司法，行政が排他的に分立する「三権分立」という考え方は，この「政体書」にも見られる．

　他方，司法権に関しては，欧州諸国からの伝統を引き継いだものであるという見方もある．例えば，日本の行政裁判法 (1890年) においては，「行政裁判所」は他の裁判所から区別され，第一審にして終審の裁判権を行使した．この点は，フランスのコンセイユ・デタと同じであった (大石 2005: 304-5)．

　また，明治憲法においては違憲立法審査 (憲法に違反している法令であるかいなかを審査すること) に関する記載がなかった．憲法問題に関しては，枢密院官制6条により，「憲法および憲法に附属する法律の解釈」は，枢密院に諮詢され

ることになっていたが，実際には，その諮詢はなかった（山田邦夫 2020：76）．
1913（大正2）年の警察犯処罰令違反事件の大審院の判決においても，ある法
律の「実質が憲法違反の法律にあらざるか若しくは法律違反の命令にあらざる
かを審査してこれが適用を拒み得べきものにあらず」（大審院判決大正2年7月11
日）と述べて，違憲立法審査の可能性を否定していた．

　最後に，明治憲法56条に規定された枢密院の役割について述べておきたい．
同条では，「枢密顧問は枢密院官制の定むる所に依り，天皇の諮詢に応え重要
の国務を審議す」とされた．このように，枢密院は，天皇の要請に応えて，意
見を上奏する諮問機関であったが，具体的には枢密院官制6条により，憲法改
正，憲法解釈，条約締結その他の重要事項に関して，枢密院は，「会議を開き
意見を上奏し勅裁を請うべし」とされた．同時に，この枢密院は，枢密院官制
8条により，「行政及び立法に関し天皇の至高の顧問たりと雖も施政に関与す
ることなし」とされていたが，実際には内閣の進める行政に対して，たびたび
決定的な影響をもたらしてきた．1927（昭和2）年に，枢密院は，台湾銀行救
済のための第一次若槻内閣による緊急勅令案を否決した．その結果を受けて若
槻内閣は総辞職した．また，1930年ロンドン海軍軍縮条約批准問題では，当時
枢密顧問官であった伊東巳代治らが，兵力量に対する内閣の決定を，統帥権の
運用慣行に反すると主張し，議論は紛糾したが，結局，条約批准は議決された．
さらにもう一つ，枢密院には重要な役割があった．それは，天皇の体調により
政務を行うことが困難な場合には，旧皇室典範19条により，「皇族会議及び枢
密顧問会議を経て摂政を置く」とされていたからである．1921（大正10）年11
月25日に皇太子裕仁親王が摂政に任ぜられた時も，皇族会議及び枢密顧問会議
を経て発表された．

第5章
日本国憲法と政治制度

1. 明治憲法改正による日本国憲法の誕生

　1945 (昭和20) 年 8 月15日，昭和天皇のラジオ放送により，ポツダム宣言受諾が発表された．その後，マッカーサーをはじめとする連合軍が日本を占領し，連合国最高司令官総司令部 (GHQ/SCAP) の占領管理に服することとなった．

　憲法に関しては，マッカーサーは10月に，近衛文麿元総理大臣と会談し，憲法の改正について示唆を与えたところ，近衛は内大臣府御用掛へと就任し，その調査に取り組み始めた (もっとも，近衛は11月に戦犯として逮捕命令が出され，出頭前に自殺した)．しかし，宮中に属する内大臣府が憲法改正を主導することは，政府内で問題となった．国務として内閣がその任に当たるべしという意見から，松本烝治国務大臣を委員長とする憲法問題調査委員会が10月25日に設置され，政府も憲法調査に取り組むことになる．

　1946年 1 月 7 日，米国の国務・陸・海軍 3 省調整委員会は「日本の統治体制の改革」と題する文書 (SWNCC228) の最終版を承認した．この文書の原案は，前年10月にはマッカーサーに伝えられていたが，これらのなかでは憲法改正を含む諸改革は，あくまでも日本国民の主導のもとに行われるべきで，GHQ の直接介入は最終手段として位置づけられていた．

　政府による改正案作成は，その内容が 2 月 1 日に，毎日新聞によってスクープされた．毎日新聞「社説」は，その改正案に関して，「天皇が統治権を総覧すとすることにおいて，これまでと変りはない」と述べた (「憲法改正調査会の試案」『毎日新聞』1946年 2 月 1 日)．その記事を見た GHQ は，日本側が根本的な憲法改正姿勢にないことを察知した．他方，前年12月に連合国11か国で結成された極東委員会が，その第 1 回会合を 2 月26日に予定しており，それ以後ソ連をはじめとする他の国々も日本統治や新憲法案への介入を強める可能性があった．そこで GHQ は，独自に，象徴天皇，軍備廃止，貴族院廃止，一院制国会等からなる草案 (「GHQ 草案」) を作成し，同月13日に日本政府に提示した．吉

田茂外務大臣ら政府関係者たちは，その内容と急な提示に驚愕したが，GHQ
とのやり取りを経て，3 月 6 日に「憲法改正草案要綱」を発表した．これが，
日本国憲法の基本的原案となった．

　その後，枢密院に諮詢し，枢密院は審議を経て，昭和天皇隣席の下「憲法改
正草案」を可決．政府は，衆議院に「憲法改正案」を提出．衆議院が可決し，貴
族院が若干の修正を施して可決し，回付案を10月 7 日に衆議院が可決した．こ
の憲法改正は，天皇の裁可を経て，公式令 (明治40年勅令 6 号) 3 条に基づいて公
布された．この憲法改正は，明治憲法73条の以下の規定に基づくものであった．

> 73条　将来此の憲法の条項を改正するの必要あるときは勅命を以て議案を帝国
> 　　議会の議に付すべし．
> 　2　此の場合に於て両議院は各々其の総員 3 分の 2 以上出席するに非ざれば
> 　　議事を開くことを得ず．出席議員 3 分の 2 以上の多数を得るに非ざれば改
> 　　正の議決を為すことを得ず．

　上記のように，占領下において短期間のうちに，GHQ 主導で憲法改正を行
い，日本国憲法を成立させたことから，「押し付け憲法」論を始めとして様々
な議論を引き起こしたが，当時の毎日新聞の調査によれば象徴天皇制支持85％，
戦争放棄支持70％など，世論においても好意的な反応で受け止められていた (佐
藤著，佐藤補訂 1994: 206–07)．

　ただ，当時の憲法学者の間では，この日本国憲法の制定を，明治憲法との関
係で如何に考えるかについて論争があった．東京大学の憲法教授であった宮沢
俊義は，主権が天皇から国民に移行したことが明治憲法の改正の限界を超える
と考え，これをポツダム宣言受諾による，法律学的な意味での「革命」と考え
た．いわゆる「八月革命」説である (宮沢 1967: 376–84)．

　国民主権による「国体」の変更を，「革命」と評したわけだが，これも「国
体」の捉え方によって別の説明もありうる．当時の法制局長官，憲法担当大臣
を歴任した金森徳次郎は，「国体」とは「天皇を憧れの中心とする国民の心の
繋がり」として捉えたので，戦後も「国体」は変わっていないと説明した (第
90帝国議会貴族院本会議1946年 8 月26日)．

> ──コラム 1　憲法の合法性──
>
> 　日本国憲法をはじめとして，各国の成文憲法では，何が法律となるのかに関して規定がある．しかし，憲法自体は，どうやって合法性を得るのだろうか．オックスフォード大学の法哲学教授であったジョン・ガードナーは，これを正面から問うた．合衆国憲法は，合衆国において何が法律となるのかについて 1 条 7 節に書かれているが，合衆国憲法を制定したのは，1787年の憲法制定会議で，これは一回限りの政治的集まりでしかない．つまり，言い換えれば，多くの国々において，不文であれ，成文であれ，何が憲法であるのかは，政治的合意が決めている．ガードナーは言う．「私たちは，憲法という法より上に，認定のルールを置いている．……憲法は，法に尽きるものではない」(Gardner 2011: 187–88)．
>
> 　同じことは，日本の場合にも言える．日本国憲法は明治憲法73条の規定によって，改正憲法として制定された．しかし，明治憲法を制定したのは誰であろうか．明治天皇であるが，既にみてきたように，実際に起草したのは，伊藤博文，井上毅，伊東巳代治，金子堅太郎らであった．その過程は，まさに明治の政治である．日本の憲法も，そこに依拠する法律も，その源をたどっていけば，結局，上記の事実にたどり着く．政治的産物を人々が「法」と理解したのである．

2．象徴天皇と行政権

　日本国憲法に著された政治制度としてまず説明しなければならないのは，1条に規定された象徴天皇制であった．1条では，「天皇は，日本国の象徴であり日本国民統合の象徴であつて，この地位は，主権の存する日本国民の総意に基く」とされた．3条では，「天皇の国事に関するすべての行為には，内閣の助言と承認を必要とし，内閣が，その責任を負ふ」と書かれ，4条では，「天皇は，この憲法の定める国事に関する行為のみを行ひ，国政に関する権能を有しない」と規定された．その国事に関する行為は，7条で，法律や政令の公布，国会の召集，衆議院の解散，衆議院選挙の公布，国務大臣の認証などが列挙されたが，天皇は，それらの国事行為を内閣の助言と承認により行うとされた．つまり，天皇は，国政に関する権能は極めて儀礼的な部分しか行いえないようになった．

　先述したように，天皇は，明治憲法下にあっても，実際には憲法の条文に規制され，また，内閣およびその他の政治家や軍人たちが国政を主導しており，天皇親政という実態はなかった．そういう意味では，実質的には，天皇の国政

に関する権能を奪ったことにより，天皇の統治権を実質的に動かしてきた軍人たちの影響力を排除した点で重要であった．

　こうした君主の象徴化は，英国国王（女王）と比較して論じられることも多い．しかし，いくつか決定的な違いがある．まず，成文法規定の有無である．日本の場合，明治憲法においても日本国憲法においても，天皇の地位が成文憲法により規定されていたという点である．対して，英国の場合，1215年マグナ・カルタ，1689年権利章典，あるいは王位継承法などのいくつかの個々の法律において，国王権力に対する制限が書かれていること以外は，基本的に慣習や習律によって国王権力の行使が制限されている．つまり，不文の場合が多い．国王（女王）は，成文の規定によってではなく習律によって，基本的に庶民院の多数派から首相を任命し，その首相の助言や要請に従って，国王は国王大権を行使する．さらに，後に見るように，英国では，法律で君主の権力に触れざるをえない場合でも，君主の権力に対する制限があるようには書かない．

　もう一つ，日本と異なるのは，今日でも，国王（女王）は能動的な政治プレイヤーであることである．法律の存在しない部分では，国王が行使できる君主大権が存在している．世界恐慌時に挙国一致政権を提案したように，国王は能動的に振舞える余地がある．スコットランド独立住民投票時には，エリザベス女王は独立に否定的な発言もした．また，ある時は，中国政府批判の女王発言を報道させたこともあった．もちろん，多くの場合，国王は，首相との連絡を密にしてそうした言動を行うが，あくまでも独自の発言を行ってきた．また，首相は国王と，休暇期間中などを除き，週に1回面会することになっており，そこで何が起こっているのかは，記録に残されないことが慣行になっている．その場で国王が政治的に発言することは，英国憲法の考え方においても規制されているわけではない．

3. 議院内閣制

　日本国憲法では，明確に，65条で「行政権は，内閣に属する」と書かれた．また，66条で「内閣は，法律の定めるところにより，その首長たる内閣総理大臣及びその他の国務大臣でこれを組織する」，「2　内閣総理大臣その他の国務大臣は，文民でなければならない」，「3　内閣は，行政権の行使について，国会に対し連帯して責任を負ふ」と，内閣総理大臣という言葉が明文で入り，文

民だけに制限され，その連帯責任も明確にされた．

　67条で，「内閣総理大臣は，国会議員の中から国会の議決で，これを指名する」と書かれ，衆参の指名が異なった場合は，両院協議会を実施して意見の一致を目指す．それでも意見が一致しない時には，衆議院の指名が国会の議決となることとなった．

　68条では，「内閣総理大臣は，国務大臣を任命する．但し，その過半数は，国会議員の中から選ばれなければならない」，「2　内閣総理大臣は，任意に国務大臣を罷免することができる」とされた．明治憲法以来，各省大臣分任主義で総理大臣が他の大臣を罷免できないとされてきたが，罷免が可能となった．

　72条では，「内閣総理大臣は，内閣を代表して議案を国会に提出し，一般国務及び外交関係について国会に報告し，並びに行政各部を指揮監督する」と内閣総理大臣の指揮監督権限が明示された．73条では，内閣の事務は，一般行政以外に，外交関係の処理や条約の締結，予算作成と国会への提出，憲法・法律実施のための政令の制定などが明記された．明治憲法においては，条約締結は，13条で天皇の直轄とされていた．日本国憲法74条では，「法律及び政令には，すべて主任の国務大臣が署名し，内閣総理大臣が連署することを必要とする」と書かれた．これにより，明治憲法下での内閣官制や軍令などで，担当大臣や陸海軍大臣たちが内閣総理大臣の副署を得ずに事務や軍令を発令できた制度は廃された．日本国憲法下においても，各省大臣は省令を発することはできるが，それは法律と（内閣が定める）政令の施行のためか，それによる委任に基づくものでなければならない．

　他方，75条で「国務大臣は，その在任中，内閣総理大臣の同意がなければ，訴追されない．但し，これがため，訴追の権利は，害されない」とされた．この但し書き部分は，閣僚をやめた後は，訴追される可能性が否定されてはいないことを示すとされる．米国では，後にみるように，執行権力を持つ大統領が，立法・司法権力によって弾劾されうる．それとは，形式上は対照的であると言えよう．

---

1)　75条は国務大臣の訴追に総理大臣の許可を求めているが，総理大臣自体が国務大臣であるか．日本国憲法の他の個所で「総理大臣その他の国務大臣」という記述が複数あることから，総理大臣が国務大臣であると読むことができるであろう．また，国務大臣でないとしても，学説ではやはり国務大臣以上に訴追から保護されるべきであると論じられる（渡辺他 2020: 386）．

　日本国憲法のこれらの規定により，国会に信任を置く内閣が国政に対して責任を負う「議院内閣制」は導入されたと言われる．1951年の宮沢俊義論文では，この議院内閣制は，英語の parliamentary government，フランス語の régime parlementaire，ドイツ語の parlamentarische Regierung と相並ぶものとして述べられた．しかし，見て分かるとおり，英仏独語表現には，「内閣」に該当する cabinet（英仏語）や Kabinett（独語）が入っていなかった．英国では「内閣政府」cabinet government というフレーズが，バジョットやジェニングスによって使われたが，これは不文憲法における意味を理解しておかなければならない．日本においては法としての「議院内閣制」という表現を使うが，英国憲法の考え方では，あえて法にしない．英仏独語の表現では，その「あえて法にしない」で習律にするという精神は受け継がれているが，法としての「議院内閣制」という日本の表現では英仏独語との間で断絶がある．

　また，これまでの日本語文献を見る限りでは，英国やベルギー，ノルウェー，オランダなど，日本の用語法において「議院内閣制」と呼ばれてきた国々で，内閣が法的政治的にどこまで重要な役割を果たしているのかということは，研究があまりない．また，成文憲法において，明確に「内閣」に立法府解散権力が明文で与えられている国は，OECD37か国（2020年当時）においては，日本しかなかった（小堀 2020b: 349）．

　「議院内閣制」の学術的記述については，それに近い表現が，穂積八束によって使われた．穂積は，「議院多数政党より政府内閣を組織し議院の決議に由りて進退することを憲法上の要件と為すの制度」として「議院政党内閣制」（穂積 1898: 445）という用語を記した．次いで，美濃部達吉も「議院内閣」（美濃部 2018 [1912]: 151, 155），「議院内閣制」（美濃部 1923: 63）という用語を使った．これらの用例では，海外の国々の例として議院内閣制が考えられている場合が多いが，議院の信任を「内閣」が負うという字義通りの意味が妥当なのかどうかを，英国をはじめとした各国の史料などに関して調査されたわけではなかった．

　戦前の日本においても，衆議院で過半数を持った政党内閣はあったので，「議院内閣制」的な考え方はたびたび表現されたが，制度として定着したのは，戦後であると言ってよいだろう．この定着には，宮沢の上記論文が大きな役割を果たしたと言ってよいであろうが，宮沢自身も「議院内閣制」という用語法を早くから用いてきたわけではなかった．宮沢の諸論文が集められた『憲法と政治制度』（宮沢 1968）では，同じ政治制度に対する呼称として，「議院制」，「議

会制」，「議会制度」など多くの表現がみられる．ここにも，英仏語などでは，必ずしも「内閣」に権限が集中されているとは考えられていなかったことが分かる．

　先述したように，明治憲法では，国務大臣単独輔弼のみが書かれており，内閣に関しては一切言及がなかった．こうした単独輔弼主義と読める規定は，日本国憲法にはない．しかし，山崎丹照らから由来した連帯責任に関する理解が，日本国憲法下での内閣理解に関しても影響を与えている．憲法学者の長谷部恭男によれば，日本国憲法下での「連帯責任制度は，内閣が一体となって政策の遂行にあたり，それに関して国会に責任を負うことを意味する．したがって，内閣の意思決定にあたっては全員一致が原則であり，一人でも閣内に反対があれば，内閣はもはや連帯して国会に責任を負うことができないものとして辞任しなければならないはずである」と述べられる．もっとも，長谷部は「一人の反対者の存在によって内閣の総辞職を強制するよりは」，内閣が議会の信任を受けている限りで，内閣改造や罷免という手段で総理の主導性を優先させることが，安定し，かつ一貫した政治につながると結論的に述べた（長谷部 2022: 392-93）．実際，先述の通り，2005年の小泉総理は閣僚全員一致による決定を維持するために，反対閣僚を罷免した．日英独の連帯責任の考え方を比較した憲法学者上田健介は，明治憲法の内閣運営の中で確立されてきた全員一致原則としての「連帯責任」が，総理大臣の運営上の権限の行使を妨げる働きをしてきたと述べた（上田 2013: 289）．日本国憲法下の内閣法 6・7 条でも内閣総理大臣は依然として「閣議にかけて」決定した方針に基づいて，指揮監督したり，裁定したりできるのであって，閣議にかけずに指導することを想定しているようには読めない．

　ただし，総理大臣の日常的な政治指導力は，内閣法に依拠した部分だけとは限らない．長谷部恭男は，ロッキード事件丸紅ルート最高裁判決において，「内閣の明示意思に反しない限り，行政各部に対して，随時，その所掌事務に就いて一定の方向で処理するよう指導，助言等の指示を与える権限を有する」（最大判平7.2.22）という部分を評価して，実際上の総理大臣の政治指導の範囲は，その政治家の実力によって伸長していく可能性があり，閣議の範囲内だけの「職務権限」だけで考えると，総理大臣の持つ職責を法的に統制することが困難になる可能性を指摘した（長谷部 2022: 394）．

4．二院制と二院の関係について

　日本国憲法においては，貴族院は廃止され，衆議院と参議院による二院制となった．先述したように，1946年 2 月13日に，日本政府に手交された GHQ 草案においては一院制が構想されていた．しかし，ホイットニーらが述べた一院制の理由が薄弱だったため，松本憲法担当大臣は「二院制を各国がとっている理由は，いわゆるチェックするためで，一応考え直す，多数党が一時の考えでやったようなことを考え直すことが必要なために二院制を取っている」と反論した（佐藤著，佐藤補訂 1994: 50）．その後，GHQ は，公選制を条件にして参議院を認める方向に転換した．もともと，GHQ は象徴天皇制や戦争放棄などの重要条項を実現するための取引材料として，公選制を条件に二院制容認の意向を持っていた（Moore & Robinson 2002: 354）．

　当初日本側は，都道府県代表や職能代表による参議院を構想していたが，公選制を条件とした GHQ の指示によって不可能となった．さらに，GHQ は，後に日本国憲法43条「両議院は，全国民を代表する選挙された議員でこれを組織する」の原案となる条文案を提示した．それにより，都道府県議会などでの間接選挙も難しくなった．

　結局，参議院は，46条において，任期は 6 年とされ， 3 年ごとに議員の半数を改選することだけが書かれることになった．衆議院とは異なるが，同じく国民有権者から直接に選挙される参議院の独自性をどう発揮するのかについては，その後，常に苦しむことになる．1947年の第 1 回選挙の際に，朝日新聞「社説」は，「参議院の性格そのものが，一般国民には容易に理解されない位あいまい」（『朝日新聞』1947年 4 月10日）と指摘した．参議院の選挙区は，1947年には150議席の都道府県別と100議席の全国区に分けられ，1983年からは全国区が廃止され，全国一区の比例代表制が導入された．衆議院が中選挙区制（ 2 - 6 議席の複数議席制）の時には，参議院の全国区や比例代表は独自性があった．しかし，それも，1996年以来衆議院が小選挙区比例代表並立制を取り，現在では，衆参の選挙制度の違いはさらに微妙なものとなってきた．参議院は，たびたび衆議院の「カーボン・コピー」であると揶揄され，その廃止論が唱えられることもあった．

　しかし，その一方で，その選挙時期を事実上与党が左右できる衆議院選挙と

表 5-1　二院制での選挙タイミング（OECD 二院制諸国）

選挙タイミング	任命制，または地方・州議会，職能代表などで上院を選ぶ国	両院直接選挙が同時に行われ，定期化している国	満了前解散は可能でも，両院同時選挙が行われている国	両院の選挙が別時期に行われることが一般的な国
国名	アイルランド 英国 オーストリア オランダ カナダ スロヴェニア ドイツ フランス ベルギー	アメリカ合衆国 コロンビア スイス チリ ポーランド メキシコ	イタリア オーストラリア[1] スペイン	日本 チェコ[2]

(注)　1)　1950年代から70年代前半まで，数回別時期に選挙が行われた.
　　　 2)　憲法により，解散は下院の 5 分の 3 以上が求める必要があるが，2013年にはそれが成立して，解散選挙が行われた. その結果，それまでのサイクルが乱れ，上下院の選挙時期は大きくずれることになった. それまでは，上下両院は若干の時期が異なるものの同じ年に行われていた.
(出所)　小堀（2020a と b）および，独自に調査した.

異なり，参議院選挙はたびたび与党に苦い選挙結果を突き付けることもあった．1989年宇野宗佑が，1998年橋本龍太郎が，2007年安倍晋三が，参議院選挙で議席を減少させた後に総理大臣を辞任した．

　日本では，1980年と86年の衆参同日選挙を除き，衆参は別時期に選挙を行ってきたが，上下各院別時期選挙は先進諸国では非常に珍しい習律である．他には一時期の豪州と近年のチェコしかない．第15章でみるように，豪州はその時期の各院別時期選挙を総じて否定的に見てきた．

　衆参選挙は，1947年と1953年にはかなり接近した投票日となったが，それでも別々の日にされた．1980年は衆議院で内閣不信任決議案が可決され，偶発的に衆参同日選挙になった．しかし，1986年衆参同日選挙に関しては，多くの論争が巻き起こった．当時の中曽根総理は参議院選挙の日程に投票日が重なるように，あえて衆議院を解散したからであった．野党だけでなく，福田赳夫（元総理）や鈴木善幸（元総理）までもが，憲法に規定された参議院緊急集会の意義を損なうと，中曽根総理を批判した．後日，国会において，中曽根は，衆院定数是正の早期実行と参議院選挙とがたまたま重なったと答弁し，「同日選挙をねらってやる」ことには反対の意を表明した．次の総理を務めた竹下登も，「同時選挙という問題は，これが定着することは，二院制そのものを否定する雰囲

気が強まってくる」と衆参同日選挙の常例化には反対を表明した（小堀 2020a：81）．

コラム2　日本国憲法成立史を学ぶ基本文献

　日本で政治や憲法を学ぶ人であれば，どういう過程で日本国憲法が制定されたのかについて，一度は関心を持つであろう．その際に，どういう本を読めばもっともよいのか．専門家も含めて，基本書と言えるものがあるとすれば，やはり，佐藤達夫著・佐藤功補訂『日本国憲法成立史』1-4巻（有斐閣，1962，1964，1994年）であろう．著者の佐藤達夫は，1946年2月から3月にかけて，法制局のメンバーとして GHQ と交渉にあたり，日本国憲法の原案起草の真っただ中にいた．佐藤功も，当時法制局のメンバーであった．この4巻本は，マッカーサー来日直後から，憲法制定までの経緯を克明に記した．もっとも，4巻本はあまりに長いと思う人は，第3巻を読めばよい．そこに決定的な1か月が凝縮されている．また，佐藤達夫『日本国憲法誕生記』（中公文庫，1999）は短い文庫本で，そこに要点とエピソードがまとめられており，こちらも推薦したい．

5．衆議院解散について

　衆議院議員の任期については　日本国憲法45条において4年とされ，ただし，衆議院解散の場合には，その期間満了前に終了する．衆議院の解散については，どういう時に解散を行うのかについて明確に規定されていないため，戦後に論争を生んだ．大きく分けると，憲法7条による解散を支持する議論と，憲法69条の内閣不信任案可決時の解散のみを認める議論があった．

　7条では，天皇は，衆議院の解散を含む国事に関する行為を，「内閣の助言と承認」により行うとしている．解散を行う主語は天皇であるが，内閣の助言と承認が必要であるので，実質的には，内閣が解散権を行使すると理解された．これは，歴代政府の取る立場であった．

　それに対して，69条では，「内閣は，衆議院で不信任の決議案を可決し，又は信任の決議案を否決したときは，10日以内に衆議院が解散されない限り，総辞職をしなければならない」とされた．この69条の場合に解散を限定するべきだという学説もかつて有力な議論としてあった．GHQ 草案には，7条の原案も69条の原案も入っていたが，GHQ 民政局は，69条の内閣不信任案通過時に

衆議院解散は限定されるという立場で，1948年12月の吉田政権の7条による解散の意向を認めなかった．結果的に，野党提出の内閣不信任案に与党議員からの若干の賛成も出て，不信任決議案が成立し，衆議院解散となった（馴れ合い解散）．しかし，サンフランシスコ講和条約後に日本の独立が回復されると，それ以後は7条にもとづき解散権が行使されてきた．衆議院解散の在り方に関しては，国会両院法規委員会が「衆議院が解散に関する決議を成立せしめた場合においては，内閣はこれを尊重し，憲法第7条により解散の助言と承認を行うというがごとき慣例を樹立することが望まし」い（両院法規委員会1952年6月17日）と勧告したこともあった．しかし，その直後の8月26日に，吉田茂総理大臣は，「持ち回り閣議」で一致を得たとして，天皇に「助言」を与え，衆議院の解散が28日に発表された．この突然の解散は，野党以上に，与党自由党の反対派に打撃を与えるために行われたと言われる．

　戦後日本憲法学の議論としては，宮沢俊義は，英国に関して「国王の意志が実際に少しでも作用するとみるのは，まちがいである」と書き，英国の君主には実質的な権限はないと述べた．芦部信喜は，英国内閣による議会に対する「自由な解散」を，1954年から述べてきた（芦部 1954: 277-82）．また，日本の衆議院解散も「運用の実態からすれば，内閣に自由な解散権が認められているので，イギリス型である」（芦部著，高橋補訂 2019: 343）と述べた．こうした経緯からすれば，日本における「イギリスの内閣の自由な解散」理解とは，君主の意向など全く問わないし，気にも留めず，内閣が自由に議会を解散できる，と言う意味に解すべきであろう．しかし，英国では，自国の議会解散習律が「自由な解散」であると述べた論文や著作は，見つからない．また，こうした考え方は，英国では全くとられていない．そうした表現の言葉も，その意味の議論も存在しない．後に見るように，むしろ，君主の明示的拒否権は行使されたことはなくても，存在するという議論が英国憲法の基本書では定番化していた．日本における多くの解散研究は，全く英文資料を根拠として挙げておらず，ルネ・カピタンなどフランス語文献によって論じ，日本で理論化した（小堀 2019: 132-87）．

　宮沢の解散理解は，後の政治家に強い影響を与えた．岸信介総理（当時）は，解散制度に関して「議院内閣制度の発達したヨーロッパのイギリスその他の国の発達の沿革」（参議院予算委員会1958年3月8日）から理解するとして，7条解散が学者の「通説」であると断言した．また，同じ月に，岸総理は「議院内閣制

度の本質から見て，憲法七条の規定による解散が政府においてできるということにつきましては，私は憲法解釈上の学者の通説だと思います」（衆議院予算委員会1958年3月26日）と繰り返した．岸信介のいう「通説」の内容は，答弁からだけでは明らかにならないが，当時の憲法学者としての位置から，宮沢俊義の学説を「通説」として理解していたとしても不思議はない．

　さらに，1986年衆参同時選挙（衆議院の抜き打ち的解散）時に中曽根政権の官房長官を務めた後藤田正晴が，以下のような明快な考え方を披露したこともあった．

　　　戦術論として考えれば，衆参同日選挙だと野党の選挙協力をやりにくくさせるとか，選挙への関心度を高めて高い投票率が期待でき，その分，潜在的な自民党支持層を掘り起こすことになるとか，自民党に有利に働くことが従来のデータで示されている．そういう同日選効果が働くと予想される時は，同日選を選択したらいいと思う．衆院解散権を持つ内閣を構成している政党が自党に一番有利と判断した時期に議会を解散するというのが，政党政治の各国の例ではないか．それをとかく問題にする方がおかしい（後藤田 1989: 197–98）．

　1952年，1986年，2014年，2017年など，抜き打ち的解散の多さは，先進諸国の中においても抜きん出て多い（表5–2を参照）．日本は，野党勢力がバラバラで，いきなり衆議院解散をすれば極めて効果的に与党が勝利できる時期も長かったせいもあるだろう．同時に上記の後藤田見解に表れているように，党略的解散の正当化論が明確である．ここ数十年の先進諸国での議会解散事例を検討した研究においては，党略的解散の多用を当然視する理解は，日本以外の「政党政治の各国例」では極めて稀であった（小堀 2012: 164；小堀 2020b）．しかし，日本国内においては，先述のように，芦部信喜をはじめとして憲法学の議論において，英国内閣による「自由な解散」論が当然視されてきた．芦部自身は「党利党略」解散を批判してきたが，彼の英国内閣「自由な解散」論に立つならば，党略的解散を多用するのは「政党政治の各国例」であるという後藤田見解が出てきても不思議はない．日本では，閣議を主導する総理大臣が衆議院解散を決断すれば，権限的には誰も止めることはできない．そういう意味では，後に見るように，英国憲法学では首相の党略的な解散権行使をむしろ制限する君主の役割議論が，伝統的にあったことが知られていれば，日本内閣による衆議院「自由な解散」論正当化に対する批判論を補強できたはずである．

表 5 - 2　過去 3 回の下院選挙時期と選挙実施の理由（OECD 諸国において行政府による裁量的解散が可能な国々）

国名	三回前の下院選挙時期	二回前の下院選挙時期	前回下院選挙時期	議院任期
日本	2014年12月	2017年10月	2021年10月	衆議院は 4 年，参議院は 6 年で 3 年ごと半数改選．
	党略的解散	党略的解散	ほぼ満了	
アイスランド	2016年10月	2017年10月	2021年 9 月	一院制 4 年．
	政権崩壊	連立崩壊	事実上満了	
アイルランド	2011年 2 月	2016年 2 月	2020年 2 月	下院は最初の集会から 5 年．上院も同時に改選．
	連立崩壊	満了	少数政権解決	
イスラエル	2020年 3 月	2021年 3 月	2022年11月	一院制，選挙から 4 年．
	解散議決	予算案否決	政府法案の度重なる敗北から，解散議決	
イタリア	2008年 4 月	2013年 2 月	2018年 3 月	上下両院とも 5 年．
	連立崩壊	満了	満了	
オーストラリア	2016年 7 月	2019年 5 月	2022年 5 月	下院：最初の議会集会後 3 年，上院：7 月から任期 6 年，3 年ごとの 7 月に半数が入れ替わるが，その選挙は前年 1 年以内に行われる．
	両院解散	上院任期との関係	上院任期との関係，事実上満了．	
オーストリア	2013年 9 月	2017年10月	2019年 9 月	下院は最初の集会から 5 年．上院も同時に改選．
	満了	連立崩壊	政権不信任	
オランダ	2012年 9 月	2017年 3 月	2021年 3 月	上下両院共に最初の集会から 5 年．
	首相辞任	満了	満了	
カナダ	2015年10月	2019年10月	2021年 9 月	憲法上，当選報告から 5 年．しかしカナダ選挙法により，前回投票日から 4 年目の10月第三月曜日が投票日となる．上院は任命制．
	カナダ選挙法による前回投票日から 4 年目の10月第三月曜日	カナダ選挙法による前回投票日から 4 年目の10月第三月曜日	少数政権であったため，早期解散は不可避であった．しかし，今回も過半数が取れず，少数政権．	
ギリシャ	2015年 9 月	2019年 7 月	2023年 5 月	一院制，総選挙の日から 4 年．
	首相選出失敗	党略的解散	事実上満了．	
スウェーデン	2014/9/1	2018/9/1	2022年 9 月	一院制，4 年ごとに選挙を行う．
	満了	満了	満了	
スペイン	2016年 6 月	2019年 4 月	2019年11月	上下両院共に当選から 4 年．
	首相選出失敗	予算否決	首相選出失敗	
デンマーク	2015年 6 月	2019年 6 月	2022年11月	一院制，4 年．
	ほぼ満了	満了	事実上連立崩壊	
トルコ	2015年11月	2018年 6 月	2023年 5 月	一院制，5 年．
	首相選出失敗	大統領選と同時選挙．しかし，党略的解散でもあった．	任期満了	
ニュージーランド	2014年 9 月	2017年 9 月	2020年10月	一院制，当選報告から 3 年．
	ほぼ満了，3 月から予告	ほぼ満了，2 月から予告	満了．コロナの影響で一か月延期．	

フランス	2012年6月	2017年6月	2022年6月	下院5年，上院は間接選挙で任期6年3年ごと半数改選．
	満了	満了	満了	
フィンランド	2015年4月	2019年4月	2023年4月	一院制，4年．
	満了	満了	満了	
ポルトガル	2015年10月	2019年10月	2022年1月	一院制，初招集から4年．
	満了	満了	予算案否決	
ルクセンブルク	2009年6月	2013年10月	2018年10月	一院制，5年．
	満了	首相辞任	満了	

　日本では，総選挙は与党の党略で行っても構わないという考え方も根強い．しかし，それは，日本の理解であることが，上記の表でよく分かる．なお，個別国の経緯については，小堀（2020b）にまとめてある．
（出所）　小堀（2020b）に新しい選挙結果を加えた．

6．予算と法律

　日本国憲法においては，国会での法律案の可決について以下のように規定している．

　　59条　法律案は，この憲法に特別の定のある場合を除いては，両議院で可決したとき法律となる．
　　　2　衆議院で可決し，参議院でこれと異なつた議決をした法律案は，衆議院で出席議員の3分の2以上の多数で再び可決したときは，法律となる．

　日本国憲法起草時，二院制を主張した日本側は，衆参の法律案に対する議決が食い違った時には，英国1911年議会法2条の庶民院による法律案再可決を参考にした．ただし，1911年議会法では，法律案は2年連続同法案が貴族院で否決・修正された場合，庶民院で3年連続同一法律案を可決すれば成立という仕組みだったので，成立には2年以上かかる計算だった．結局，GHQの勧めに従って，法律案について衆参の議決が食い違った時には3分の2以上の多数で衆議院が再可決することにより，参議院の議決にかかわらず，法律となる形となった．

　　60条　予算は，さきに衆議院に提出しなければならない．
　　　2　予算について，参議院で衆議院と異なつた議決をした場合に，法律の定めるところにより，両議院の協議会を開いても意見が一致しないとき，又は参議院が，衆議院の可決した予算を受け取つた後，国会休会中の期間を

除いて30日以内に，議決しないときは，衆議院の議決を国会の議決とする．

　予算の先議権は明治憲法時代から衆議院にあった．２項は，両院協議会の部分を除いては，英国の1911年議会法１条の考え方を踏襲して作られた（山浦1946: 41）．しかし，よく知られたように，英国では「予算」という公式の考え方はない．英国議会では，統合基金法案，歳出法案，歳入法案など法律案を議決する．日本で言われる予算は，英国では全て法律で，この考え方は欧米各国が採用している．

　先述のように，日本ではビスマルク政権によるプロイセン憲法の歪曲が明治憲法下で採用され，日本国憲法でも生き残ってしまった．これにより，日本では，民主党政権時の2012年のように，予算は成立するが，その執行に不可欠な法案（特に特例公債法案）は通らない，と言う事態を生み出す．後に見るように，英仏においては，財政関連法案における下院の優越に関してほぼ完全といってよい．それに対して，日本の下院優越は，狭く予算にしか有効ではなく，予算関連法案に関しては衆議院の３分の２以上の再可決という高いハードルで対処するしかない．日本の下院の優越は，英仏などと比べると，著しく劣る．

7．国会での審議

　日本における国会の開会は，１月から開会される通常国会（150日間，１回に限り延長可，延長期間に規定上制限なし）が行われ，会期延長がなされると，夏８月くらいまで続く場合がある．秋になると，臨時国会（２回に限り延長可，延長期間に規定上制限なし）のシーズンとなる．名前は「臨時」であるが，実際には，多くの年で行われる．特別国会は，衆議院の解散による衆議院議員総選挙後30日以内に召集されなければならない．特別国会では首班指名選挙が行われ，内閣総理大臣が選出される．２回に限り延長が可能である（延長期間に規定上制限なし）．なお，英国議会，合衆国議会は，年一回の通年会期が基本である（古賀・高澤 2013: 2-4）．

　国会での審議は，法案を提出する内閣と，問題のある法案には，修正や否決を求めたり，あるいは審議拒否など日程闘争を行ったりする野党との攻防になる．野党が日程闘争を行うのは，審議未了の法案は原則的に廃案とされているからである[2)]．与党の汚職や舌禍などのスキャンダルが起こると，予算委員会で

「平和安全法制」関連法案の参議院特別委員会での強行採決.
（出所）　共同通信イメージズ.

　の特別審議が求められる．それに多くの日程を消化すると，他の法案の審議に
影響が出て，結局，審議未了廃案の可能性が高まる．なお，予算委員会におい
て，予算の問題というよりは，他の様々な問題を議論するというのは，明治憲
法制定直後の帝国議会から発展してきた（成田 2019）．帝国議会時代から作ら
れた習律と言ってよいだろう．野党は，こうした日程上の制約を逆手に取り，
1992年の PKO 法案時に極めて長時間にわたる牛歩戦術を行ったり，審議拒否
戦術を取ったりする場合があった．逆に，与党は，与党議員の動議により審議
を打ち切って採決を行う，いわゆる強行採決で対抗する場合もあった．
　こうした日程闘争の結果，内閣提出法案が採決に至らない場合があるが，否
決されることは極めて稀である．有名な例としては，2005年 8 月に郵政民営化
法案が参議院本会議で否決された．日本国会での法案審議は，採決される場合
には，与野党の議席数などによって事前に可決されることが見通されているこ
とが多く，野党などの要求により修正される場合であっても事前に与党の合意
を得ている場合が多い．したがって，修正に至る場合も衆議院で修正される場

---

　2)　各議院が，法案について「閉会中審査」の議決をすれば，法案の継続審議は可能であ
る（国会法47条 2 項および68条）が，本会議での議決が必要なので，多くの法案でそれ
を求めることは現実的ではない．

合が多く，衆議院可決法案が参議院で修正されるという例は，非常に少数である．この点は，後にみる多数の修正実績を持つ英国貴族院とは異なる．

　日本の国会に関しては，官僚制優位の下で，政府提出法案に対して国会は可決するだけであると論じられた (Pempel 1974)．これらの見方は，「国会無能論」と呼ばれてきた．しかし，その後の研究で，野党が，法案審議に時間をかけたり，各院の議院運営委員会や各常任委員会理事会の議事統制に関する「全会一致制」を使って抵抗したりすることによって，審議未了廃案に追い込む場合がある点を評価して，「粘着性」論が唱えられた (岩井 1988: 24)．もっとも，法案の成立と廃案という観察だけでは，背景が見えないという指摘がある．実際には，多数党が政府を形成することで「権力融合」的な側面がある一方，政府は法案を国会に提出するために，自民党政務調査会部会や総務会での事前審査が不可欠な点などに「権力分散」的な側面があり，その両側面の「並存」を評価すべきであるという議論もある (増山 2015: 197)．さらに，国会は，与野党による「討議アリーナ」であるという説も有力である．「討議アリーナ」論では，国会は，ある種において選挙戦の延長であり，与党は自党の政策の正当性を，野党はその問題性を問い，双方の「討議アリーナ」として機能していると述べる (福元 2007: 25)．

8．付随的違憲立法審査

　日本国憲法では，司法権に関して，76条で，「すべて司法権は，最高裁判所及び法律の定めるところにより設置する下級裁判所に属する」と書かれ，同条3項では，「すべて裁判官は，その良心に従ひ独立してその職権を行ひ，この憲法及び法律にのみ拘束される」と，その司法権の独立が規定された．また，81条では，「最高裁判所は，一切の法律，命令，規則又は処分が憲法に適合するかしないかを決定する権限を有する終審裁判所である」と規定されたことから，明治憲法下とは異なり，日本国憲法においては，裁判所は法令の違憲審査ができることが明示された．

　その結果，刑法の尊属殺人重罰規定や民法の女性の再婚禁止期間規定などが最高裁によって違憲と判決され，後に改正されるなどした．また，衆議院や参議院の選挙区間の「1票の較差」が違憲状態にあるという最高裁判決も出され，それぞれの院の定数が是正されたりした．このように，裁判所の違憲立法審査

によって，政治制度も含めた様々な法令に変更が迫られるようになった点は，明治憲法と比べて政治制度上の重要な変化があったと言えるだろう．

　しかし，その違憲立法審査には，限界も指摘されている．まず，日本が採用していると言われる付随的違憲立法審査による限界がある．付随的違憲立法審査とは，「通常の裁判所が，具体的な訴訟事件を裁判する際に，その前提として事件の解決に必要な限度で，適用法条の違憲審査を行う方式」（芦部著，高橋補訂 2019: 391）である．原告は，こうした事件に付随して違憲審査を求めなければならない．法令の解釈のみを抽象的に争うことは，裁判所の審査権が及ばないところと理解されてきた（同上: 349）．

　また，具体的な事件に付随して違憲審査を提起したとしても，法律的問題に審査を限定して，違憲審査に触れない場合もある．多くの違憲訴訟では，憲法判断に踏み込む場合でも傍論（「念のために」のような表現を使い，あくまでも判決主文を導く理由から切り離す議論）を使うことが多かった．また，何らかの憲法判断を示す場合でも，裁判所の審査権の及ばない「統治行為論」を展開する場合もあった．例えば，自衛隊の違憲性や基地建設による洪水被害の危険性などを原告が訴えた長沼ナイキ訴訟高裁判決（1976年）では，（洪水防止ダム建設後の）原告に「訴えの利益」がないとして地裁判決を取り消し，控訴を却下した．なお，高裁判決は，「自衛隊の存在等が憲法第九条に適反するか否かの問題は，統治行為に関する判断であり，国会及び内閣の政治行為として窮極的には国民全体の政治的批判に委ねらるべきものであり，これを裁判所が判断すべきものではないと解すべきである」（札幌高判昭51.8.5）とした．最高裁は，訴えの利益の観点からのみ高裁判決の結論を支持して原告の上告を棄却し，自衛隊に関する憲法判断には触れなかった．

　なお，このような「統治行為論」によって，憲法に対する政府解釈が非常に力を持つ結果となったが，この政府解釈に対しては，（戦後に法制局から改称された）内閣法制局が主要な見解を形成してきた．その内閣法制局の見解は，時に政府を強く拘束した（倉山 2022: 32-36）．しかし，2014年には，安倍総理（当時）が主導して，特定の条件がそろえば集団的自衛権行使が日本国憲法下でも可能となるなどの政府解釈の変更を行い，内閣法制局はそれに歩調を合わせた．

　違憲立法審査は，日本では度々「三権分立」との関係が論じられるが，ここに日本での一つの解釈も見受けられる．まず，英語では「三権分立」という表現は，モンテスキューについて書かれる場合が圧倒的に多い．日本の憲法基本

書においても，米国「権力分立」と日本の「三権分立」について分けて説明される
ことが多い（渡辺他 2020: 163；高橋 2021: 24, 432）．「三権分立」に関する
独特な用法は，最高裁判決においてみられ，内在的制約説として有名である．
苫米地事件最高裁判決では，「司法権に対する制約は，結局，三権分立の原理
に由来し，当該国家行為の高度の政治性，裁判所の司法機関としての性格，裁
判に必然的に随伴する手続上の制約等にかんがみ，特定の明文による規定はな
いけれども，司法権の憲法上の本質に内在する制約と理解すべきものである」
（最大判昭35.6.8）と述べられた．立法・執行・司法の権力同士が介入しあう米
国の「権力分立」と比べると，立ち入りを自ら「制約」する言説として用いら
れた．統治行為論そのものが，ある種の「制度化」の途上にあるとすれば，そ
こにおける「三権分立」論の役割を考察していくことは，比較政治制度論とし
ても重要なテーマとなりうる．

　違憲立法審査については，フランスやドイツなどでは，法案に対する違憲審
査を，各種の行政府や議員たちの提訴により，憲法裁判所が行う制度が採用さ
れている．こうした制度を，抽象的違憲立法審査と呼んでいる．後に，フラン
スの政治制度の部分で紹介したい．

第 3 部

英国の政治制度

スコットランド
人口：約530万人
言語：英語，少数であるがゲール語

エディンバラ

北アイルランド
人口：180万人
言語：英語，ゲール語

ベルファスト

イングランド
人口：約5300万人
言語：英語

ウェールズ
人口：300万人
言語：英語，ウェールズ語

ロンドン

カーディフ

第6章

英国の成り立ち，不文憲法，首相・内閣という習律

1．英国という国と歴史

（1）アイデンティティ

　英国という国の表記は，正式には，国連憲章で使われているように，グレート・ブリテンおよび北アイルランド連合王国 the United Kingdom（UK）である．しかし，UK は公式な表現で，英国民や英国の政治家が自分の国について述べる時は，ほとんどの場合，ブリテン Britain を使う．また，1919年ヴェルサイユ条約においては，英国は，各植民地を代表して大英帝国 the British Empire として条約を締結していた．日本語表現としては，上記の連合王国を指す意味で英国やイギリスを使うことが一般的であるが，これらの表現は，明治のころくらいまで使われた「英吉利」から由来した表現で，もともとは English（英語あるいはイングランド人）を意味する言葉であった．したがって，厳密に言うならば，英国やイギリスという表現は，イングランドのみを指していて，他を除外していると見ることさえもできる．

　このように，英国という国は，そのアイデンティティの複雑さが国名表記にまで現れていると言っても過言ではないだろう．英国王は，カナダ，オーストラリア，ニュージーランドなどの君主である．こうした歴史の重なりは，国旗にも現れている．有名なユニオン・ジャックは，イングランド，スコットランド，（北）アイルランドという 4 つの Nation それぞれの十字が重なってできている．これらの異なりを一つの国にまとめてきたブリテンというアイデンティティは，しばしば，「反」フランス，「反」カトリック，「反」EU（欧州連合）などによって形成されたという議論が，近年有力である．有名な歴史学者リンダ・コリーの見方を以下で紹介しておく．彼女は以下のように述べた．

　　戦争は1707年以降，ブリテンという国の創造において重要な役割を果たした．しかし，それはほかの要素，とりわけ宗教の影響があってこそであった．まさ

にプロテスタンティズムという彼らの共通の枠組みによって，多くの文化的な差異にもかかわらず，イングランド人やウェールズ人，スコットランド人は初めからまとまり，そのまとまりを維持できたのである．国民の形成という点において，1689年から続いた英仏戦が重要な意味を持ち得たのは，なによりプロテスタンティズムのおかげであった．強力で，しかも絶えず脅威であったフランスは，16世紀の宗教改革以後，しばしばイギリス人に恐れをいだかせてきたカトリックという他者を体現するものであった．フランスとの対決は，生き残り競争，勝利，戦利品獲得に向かって奮闘する中で，ブリテンの中の差異を覆い隠すことに役立った（コリー 2000: 383）．

（2）歴　　史

　英国史を振り返る時，その中心にイングランドがあったことは否定できないであろう．アルフレッド大王 (849-899) は，イングランドのほぼ全土を統一した．その後，デンマークからの侵略により，クヌート王が支配したり，ノルウェーからのバイキングの侵略などにあったりした．

　1066年には，フランスのノルマンディー地方を支配していたウィリアムが，イングランド王ハロルドをヘイスティングスで破り，イングランドを征服した．ウィリアム1世の後の国王たちのなかには，ノルマンディー公を兼ねる王もいるなど，英仏の両方の領土に関係していた．しかし，ジョン王の時代に一つの転機を迎える．フランスにおけるイングランド領土を失い続けたジョン王は，1215年貴族たちからマグナ・カルタ（大憲章）を突きつけられ，認めさせられた．その内容は，貴族たちからなる議会の承認なくして戦争予算を組めないこと，いかなる自由人も予め決められた法によらなければ逮捕されないこと，裁判を受ける権利があること，契約の自由が守られること，課税のためには代表者を招集して同意を得ることなど，今日の法の支配につながる内容であった．これが英国議会の始まりであり，貴族院の始まりであった．この議会は，1265年に庶民からの代表も集めるようになり，やがて議会は庶民院と貴族院との二院制で構成されるようになった．

　しかし，後のイングランド国王たちも，議会と対立した．マグナ・カルタ以来の諸法を守ろうとしない国王チャールズ1世に対して，当初，議会は王を縛る法案を提出しようとしたが，1628年，請願という名目でより穏健な形で王を縛ろうとした（『権利の請願』Petition of Rights）．チャールズ1世は一旦これを認

めるが，その後，側近などが殺害されたことで態度を硬化させた．彼は請願を
拒絶し，議会を解散した．

　チャールズ1世は，スコットランドとの戦争資金の調達のために，1640年に
議会を開催せざるを得なかった．議会は1628年以来の経緯があるため反発し，
結局チャールズは短期で議会を解散した（「短期議会」）．しかし，チャールズは
その後，スコットランドに対する賠償金捻出に困り，同年11月に再び議会を開
いた（13年続いたため「長期議会」と言われる）．議会は，チャールズに，二度と庶
民院の同意なしに議会を解散してはならないこと，議会の許可なく課税しない
こと，国王の下にあった星室裁判所の廃止などを認めさせようと大抗議文を採
択した．ただ，この採択の賛否が拮抗した．これを見て，チャールズ1世は，
庶民院の反逆者たち5人を逮捕するために，軍を庶民院議場に送り，自らも庶
民院議長席に座した．これ以後，庶民院に立ち入った国王はいない．結局，5
人は既に逃亡しており，その後，国王側と議会側との対立は内戦に発展した．
クロムウェルを中心とする議会軍は国王軍を破り，チャールズ1世は捕らえら
れた（「ピューリタン革命」[1]）．この内戦の背後には，単に国王対議会の対立がある
だけではなかった．フランス王家からカトリック教徒を王妃に迎えたチャール
ズ1世にはカトリックの疑惑がかけられた．ヘンリー8世の時代から，英国国
教会はカトリックから分離し，英国はカトリック勢力であったフランス・スペ
インと対立関係にあった．チャールズ1世のカトリック疑惑は，彼が実はカト
リック国と結託し，反英国化しているのではないかという疑念を引き起こして
いた．捕らえられたチャールズ1世は，裁判にかけられた．その時，彼が述べ
た反論は，法というものの，つまりは政治制度というものの原理を鋭く指摘し
たものである．彼は言った．

　　　国王に対する弾劾ができるという法律家はいないはずだ．なぜならば，全て
　　が私の名のもとに行われなければならないからだ．格言の一つに，国王は間違
　　いを犯さない King cannot do an injury とある．君たちが立脚する法は，古くか
　　らあるものか，新しく作ったのか．もし，古くからあるものなら，私に示しな
　　さい．もし，新しく作ったというのであれば，その新しい法はどんな権威によっ

---

1)　「ピューリタン革命」という表現は英国でも使われるが，実はかなり稀な表現である．
　　というのは，ピューリタンたちは，たしかに運動の中核にいたが，プロテスタントが一
　　枚岩であったわけではなかったからである．日本で「ピューリタン革命」が主流になっ
　　たのも，一つの解釈である．英国では「イングランド内戦」の方が一般的に言われる．

て作られたのか，それが作られたというのであれば，いつか，示しなさい (Charles I 1654: 104).

　チャールズは，この裁判が英国の伝統的法制度からすると，違法なものであると訴えたのである．既にこの時代に，英国の法は，貴族院，庶民院，国王の三者で承認されなければ，法律 Act とはならないという考え方はあった．1642年に議会から回答を求められたチャールズ1世は，アリストテレスに由来する混合政体論に言及しながら，英国の法律は，上記三者で構成される議会で決められると答えた (Charles I 2010 [1642]: 176)．ジェニングスや，英国において版を重ねる憲法基本書によれば，この考え方が明示された最初の例は，1606年の皇太子事件 *The Prince's Case* においてであった（概略については，伊藤正己 1978: 160）．そういう意味では，議会主権はコモン・ローに遡るとも言える (Jennings 1959b: 140; Bradley et al. 2022: 72)．もっとも，このことは，今日においても，成文法で規定されてはいない．

　裁判では，チャールズ1世が内戦の最中に，カトリック国アイルランドから支援を受けようとしたことなどが，大逆罪として問われ，斬首刑という判決が下された．1649年1月30日，チャールズ1世は，ロンドンのバンケティング・ハウスで処刑された．

　このようなピューリタン革命後，オリバー・クロムウェルは護国卿となり，統治したが，彼の死後は続かなかった．1660年チャールズ1世の息子チャールズは，かつての反対者を救免するなどの条件で合意し，ブレダ宣言を発し，国王として即位した．しかし，この王政復古は，議会との緊張関係にあった．このチャールズ2世は，革命後フランスで亡命生活を送り，カトリック信仰を疑われていた．チャールズ2世は，1672年に「信仰自由宣言」を発し，非国教徒プロテスタントとカトリックへの処罰の停止を命じた．対抗する議会は，翌年，国教徒以外が公務員の役職に就けない審査法を可決し，チャールズ2世も承認せざるを得なかった．イングランド議会の有力者たちは，カトリック化によってフランスの影響力が強くなることを恐れた．

　チャールズの後を継いだジェイムズ2世は，カトリック化の流れをさらに強め，ジェイムズの息子の誕生を契機に，貴族たちはカトリック化が長期化することを恐れて，事態は一気に緊迫した．1688年，ジェイムズ2世の娘メアリとオランダ王ウィリアムが，議会や貴族の要請でイングランドに上陸し，ジェイ

ムス2世はフランスへ亡命した．いわゆる名誉革命である．ウィリアム3世と
メアリ2世が共同統治者として即位した．このウィリアム3世・メアリ2世は，
1689年権利の章典 Bill of Rights を承認し，常備軍への支出は毎年議会の承認
を得ねばならなくなった．1701年には王位継承法が定められ，王位継承者は必
ず国教徒でなければいけないこと，チャールズ1世の子孫の系統は王位継承者
とはなれないことになった．

　1707年合同法 Acts of Union によって，イングランド王国とスコットランド
王国は合併し，グレート・ブリテン連合王国 UK が成立した．およそ100年後
には，1800年合同法 Acts of Union 1800によって，アイルランド王国を併合し，
グレート・ブリテンおよびアイルランド連合王国 UK が成立した．この過程で，
国王が大蔵省第一大臣 First Lord of the Treasury に政務を委ねるようにな
り，そのポストは後に首相 Prime Minister と呼ばれるようになった．国王に
よる議会両院可決法案に対する拒否権行使は，1708年にアン女王がスコットラ
ンド問題で行使したことを最後に，今日まで行われていない．また，1834年に
国王ウィリアム4世がメルボーン首相を罷免し，ロバート・ピールを首相に任
命してピールは議会解散の助言を国王に対して行い，国王は議会を解散した．
国王による首相の罷免，国王主導による議会解散権行使は，この例を最後にし
て，今日までない．1837年ウィリアム4世が死去し，ヴィクトリア女王が即位
する．このヴィクトリア女王の治世は，1901年まで続き，この間に，英国の議
会政治の基礎が固まったと言われる．

　ヴィクトリア女王の死去後，エドワード7世が即位するが，1910年に亡くな
り，ジョージ5世が即位した．この間に，金銭法案は庶民院の可決後，貴族院
の態度にかかわらず1か月で成立することや，両院の習律などを含む1911年議
会法が成立し，庶民院優越の基礎が作られていく．

　1914-18年の第一次世界大戦を経て，アイルランドの独立運動が高まった．
結局，1922年のアイルランド自由国（のちのアイルランド共和国）の分離後，英国
はグレート・ブリテンおよび北アイルランド連合王国 UK へ改称する．アイル
ランドの北部はプロテスタントの人口比重が大きく，連合王国に残った．

　19世紀半ばから20世紀にかけての時期には，他にも英国植民地の事実上の独
立が相次いだ．1867年英領北アメリカ法により自治領カナダ政府が誕生した．
オーストラリアも，1900年オーストラリア連邦憲法が英国で制定され，独立し
た．ニュージーランドは1852年から自治政府により統治されていた．これらの

国々に加えて，南アフリカとインドは「自治領」と呼ばれていた．これらの自治領と英国が基本的に対等の地位であると規定されたウェストミンスター憲章が1931年に締結された．

　1936年にジョージ5世が死去し，エドワード8世が即位した．しかし，エドワード8世の結婚が問題となり，この年のうちに退位．ジョージ6世が即位した．1939-45年の第二次世界大戦後，1952年ジョージ6世が死去．エリザベス2世が女王として即位した．エリザベス女王は2022年に亡くなり，彼女の長男チャールズが国王となった．

　1973年英国はECに加盟した．これによって，事実上，英国の主権の一部が国際機関にゆだねられることになったが，その数十年後，2016年6月23日に国民投票が行われ，EU離脱票が残留票を上回り，政治的方針としてはEU離脱が決定したと理解された．EU離脱後の具体的条件の決定は難航したが，英国は2020年1月末に形式上EUを離脱した[2]．

2．不文憲法

　英国憲法は，なぜ不文なのか．その理由としてよく語られるのは，11世紀のノルマン人による征服以降，戦争で征服されたことがなかったこと，そして「ピューリタン革命」後のような短い共和政時代があったものの，それが国の仕組みを根本的に考え直す機会にならなかったことにより，成文憲法を検討する必要がなかったからである（Smith & Brazier 1998: 8）．

　もう一つは，変化への対応である．ダイシーによれば，「憲法は，そのそれぞれの部分およびすべての部分が議会の意思に従って変わりうるから，決して成文ないし制定法的形式にまとめられることがなかった」（ダイシー 1983: 89）と言われる．後に，仏豪の章においても見るが，19世紀末までは，成文憲法が書かれても，統治機構の細かい規定は書かれてこなかった．つまり，実際の統治機構は，政治の中で決まっていくのであって，予め細かく決めては変化に対応できない，という考え方があった．

　したがって，英国の憲法学においては，理論や原則自体も，フランスなどと

---

2)　なお，英国がEUを形式上離脱できたとしても，実は両者の間の未解決問題は多々残っており，完全な離脱はできていないということもできるだろう．離脱後も続く法的問題については，中村（2022）が詳しい分析をしている．

比べれば非常に少ない．後に述べる議会主権が，原理的に最上位に来ること以外は，ほとんど理論がない．こうした考え方は，条文の後ろにある抽象化された原理をくみ取ろうとする日仏の憲法学とは全く対照的である．

　このことを指摘したのは，100年前のフランスの憲法学者であったロベール・レズローブである．レズローブは，1924年に以下のように述べた．

> 　フランスとイングランドにおける憲法思想の違いは，究極的には合理主義と経験主義というアンチ・テーゼに落ち着く．デカルトがその片方の傾向を支配し，ジョン・ロックがもう片方を支配する（Redslob 1924: 261）．

　レズローブは，その後，仏憲法学者のカレ・ド・マルベールや日本では宮沢俊義らに誤解され，批判されたが，彼は，英仏の憲法論の違いを理解していた．ここで言われる経験主義とは，原理を重視せず，経験から判断する考え方を言う．例えば，憲法学者であるタービン＆トムキンスの言葉を借りて言えば，その変化がどういう結果となるかは，事が起こらなければ，また事が起こるまでは，予測することが不可能であり，「それが習律の本質である」（Turpin & Tomkins 2007: 366）．あらかじめ原理では決めないということが，英国憲法学でみられる態度である．

　この憲法に関する経験主義的理解は，日本では，これまでほとんど説明されてこなかった．されたとしても，その意味が理解されていたことは稀であった．しかし，英国では，有名な憲法学者 J. A. G. グリフィスが，英国の憲法は「何が起こったのかということ以上以下でもない」（Griffith 1979: 19）と述べ，近年でも，若手の憲法学者スチュアート・ラーキンは「誰が主権的権力をふるうのかという問題は，単に『何が起こったか』ということによるものである．それらの物事にどんな価値があるかは，問題ではない」（Lakin 2008: 720）と述べている．初めに原理原則を決めるのではなく，政治的決着として起こったことが，英国憲法であるという考え方は，その後も共有されてきた[3]．

　初めに原理原則を定めないならば，人権や民主主義が「その後起こったこと」によって覆されるかもしれないという危惧を抱く人もいるかもしれない．しかし，逆の場合もある．英国の憲法学者アダム・トムキンスは，スペインの混乱例と英国の対応を比較し，「硬直性ではなく，柔軟性が物事をうまく進めるということが，憲法的教訓である」（Tomkins 2017）と述べた．2017年スペイン北東部カタルーニャ州は住民投票を実施して，独立宣言をしようとしていた．し

かし，スペイン憲法裁判所は，成文憲法には独立の規定がなく，独立宣言を州議会が行うことは違憲であると判示した．カタルーニャ州の政府幹部たちは逮捕され，デモは弾圧された．それに対して，英国では，独立を求めるスコットランド政府と英国政府が交渉し，英国議会で独立か否かに関してスコットランドの民意を聞く法律が成立した．その法律に従って，2014年にスコットランドは住民投票を行った．結果は，過半数の独立支持票を獲得することができず，独立は民主的に阻止された．原理原則を成文で定めたとしても，それ自体が将来の民意に反することは十分にありうる．スコットランドの事例は，不文憲法が，その時点で起こってきた民意に対応した好例であると言えよう．

3．議会主権

現代英国の有名な憲法学者によれば，英国憲法は，一つの憲法理論で説明できるものではなく，君主制，議会の闘争，革命，譲歩や妥協によって作られ，また変えられた習律や法の産物である．しかし，その英国にも，少ないながらも諸原則や考え方があり，そのうちの最高位に位置する考え方が，議会主権 parliamentary sovereignty である．議会主権は，A. V. ダイシーによって以下のように述べられた．

「議会主権の原則は，つぎのこと，すなわち，このように定義される議会が，英国憲法のもとで，いかなる法をも作り，または廃止する権利を持つこと，さらに，いかなる人も機関も，イギリスの法によって，議会の立法を覆したり，排除する権利を持つとは認められないこと，これ以上のことを意味しないし，これ以下のことを意味するものでもない」(ダイシー 1983: 39-40)．

もちろん，英国は不文憲法なので，議会主権の原則はどの制定法においても

---

3)　日本では，フランス憲法学の線上で英国憲法が理解される傾向が強く，英国憲法学の業績を踏まえ，その考え方に迫った研究は少数であった．ただ，坂東行和は，英国憲法学がフランスのような「普遍化」された理念を持たなかった理由を解き明かした（坂東 2000: 105-09）．さらに，フランス憲法学研究においても，フランス憲法学の「普遍」志向が「憲法を共和政的に運用しようとする立場」という固有の問題意識で作られてきたことを解明する研究もある（時本 2018: 215）．なお，近年では，トレヴァー・アランに代表されるように，英国憲法に自由や民主主義という価値を織り込んで考えることができる，という有力な議論も，英国にある（Allan 2013: 8）．

書かれていない．ただ，多くの政治家の発言や，判例の中では言及され，歴史的出来事を通じて，考え方としては確立されている．それは，上記のダイシーの記述に尽きている．

　この議会主権が最高の存在であるということは，その他の原則は，何でも可変的であるということを意味する．もっといえば，何でも議会によって変容可能なので，英国憲法にはその他の原則が著しく少ない．

　しかし，そうなると，後の議会は，先の議会が決めた法律や人権や民主主義の価値なども否定できるのか，という疑問が出てくる．結論的に言えば，それは可能だと考えられてきた．憲法学者ジェニングスは，議会が何事をもなしうるというダイシーの議論に対して疑問を呈した．しかし，彼が提起したのは，人権や民主主義という諸原則が削減ないし廃止できるのかという問いではなく，議会は「その態様」manner and form を変更することができるのかということであった．つまり，議会は貴族院を廃止したり，王制を廃止したり，さらには議会全体を廃止することができるのかという問であった．もっとも，この態様に触れる例はあった．1911 年議会法は，2 年の間に庶民院が 2 回可決し，2 回貴族院が修正あるいは否決した後，庶民院が 3 度目の可決をした法案や，庶民院が可決した金銭法案を，貴族院の可決なしに国王の同意を得て法律とすることができた．つまり，議会法は，一院であっても特定の条件では法律を制定できるという意味で，議会の「態様」を変化させたのである．

　結局，ジェニングスは，議会が何事でも法律として決定しうることを否定しなかった．ただし，彼は，法的決定が「フィクション（虚構）」となる場合も示唆した．彼は言う．「議会の最高性は法的虚構であり，法的虚構は何でも想定できる」(Jennings 1959b: 170)．[4] 例えば，カナダやオーストラリアなど英連邦諸国を英国と対等平等な自治領と規定したウェストミンスター憲章 4 条は，英連邦諸国に対しては，それらの国々が認めない限り，ウェストミンスター議会はいかなる立法もできないと規定した．ただ，議会の最高性（議会主権）を前提にすれば，この 4 条を無視して，既に独立した旧植民地に対して立法することも可能になる．しかし，既に独立した国の独立を，英国議会での法律制定によっ

---

4)　ジェニングスは，議会主権という言葉を避け，議会の最高性 supremacy of the Parliament という表現を使う．主権という言葉は半神学的な背景があり，主権は文字通り最高でなければならないが，実際には，法的に何事でもなしえるだけで，それ以上の力はないからである（Jennings 1959b: 147-68）．

て取り消したり，制限したりすることが英国立法上可能であったとしても，実態としては不可能である場合もあるとジェニングスは論じたのである．

　しかし，この既に独立状態にあった国に対して，法律を制定した実例はある．1965年南ローデシア法がそうである．当時，南ローデシアは，人種主義を採るイアン・スミス首相が政権を持ち，英国植民地からの独立を宣言した．英国議会は，人種主義を採る国の独立を認めず，1965年南ローデシア法を制定し，その法律に基づきエリザベス女王は枢密院令で南ローデシア憲法停止とスミス首相の罷免を決定した．しかし，実効的政府はスミス政権であり，スミス政権はこの罷免を無視した．結局，南ローデシアにおける白人勢力対黒人勢力の長い紛争を経て，1980年に，黒人主導のジンバブエ共和国が成立した．英国政府はこの共和国を承認したが，長い紛争の間，1965年南ローデシア法が効力を持った実態はなかった．

4．英国に「議院内閣制」はあるか

　先述したように，日本は，議院内閣制に強い思い入れを抱いてきた．それと同じ考え方を，英国憲法の中に発見できるだろうか．結論から言えば，英国には「議院内閣制」parliamentary cabinet system という言葉はないし，parliamentary government や parliamentarism という言葉は使われても，その理論化は注意深く避けられてきた．[5] フィリップス＆ジャクソンは，議会は政府に対して監督機能しかなく，実際には指導できないので，「parliamentary government という表現は，幾分かミスリーディングである」(Phillips & Jackson 1978: 27) と述べた．英国や英連邦諸国では，むしろ「責任政府」responsible government という呼び名を使うことの方が多い．その他，バジョットやジェニングスが，「内閣政府」cabinet government という名称を用いたこともあった．ただ，彼らもその「内閣政府」が法的・制度的なものではないことは，十分理解していた．「内閣政府」は，考え方であった．彼らの「内閣政治」論は，19世紀英国政治に対するスナップ・ショットで，それが長く続くと決めてかかってはいな

5）　ダイシーは，『憲法序説』の補論部分で，"parliamentary Cabinet" という表現を何度か使った（例えば Dicey 1982 [1885]: 220）．しかし，その後の英国の学者たちは，その表現を必ずしも使わなかった．ちなみに，その部分は，1983年翻訳版では対象となっていない箇所である．

2019年，初閣議を行うジョンソン首相．
（出所）　Wikimedia Comnons.

かった[6]．法ではなく，政治的な産物であり，当時の暫定的な「絵」であった．
しかし，既にみてきたように，戦後の日本は，それを法として，恒久的な制度
として解釈し，日本に導入した．日本が「議院内閣制」を「輸入」したと理解
した頃から，日英の考え方，つまり解釈は異なっていた．その異なりを問い直
すことなく，日本では同じものと解釈してきた．

　先述したとおり，ジェニングスによれば，内閣と首相の存在は，憲法習律で
あった（Jennings 1959a: 2）．英国の内閣も首相も，基本的に法律に登場するこ
とはなく，1917年チェッカーズ財産法の附則で首相別荘の居住者を明らかにす
るために，Prime Minister という名称が初めて法律で言及された．1937年国
王大臣法で大臣や首相の歳費が規定された時，初めて Cabinet が法律で言及さ
れた（Jennings 1959b: 118）．しかし，これらの法律は，首相や内閣の地位や任
務に関する規定ではなかった．2001年に首相権限を定義する法律の必要性に関

---

6)　バジョットの権威は根強い．しかし，彼は主として金融や経済などを論じてきた著述
　　家であり，英語圏の分類で憲法学者や政治学者と分類されることは稀である．有名となっ
　　た『英国憲法論』にほとんど引用注はない．主として経済，金融に強い著述家が「憲法」
　　を論じたところ，歴史に残るベスト・セラーとなった．そう思うとバジョットを理解し
　　やすい．

して文書質問が行われたが，当時の政府は「立法する計画はない」(庶民院議事録 HC Deb 15 October 2001 vol 372 c818W) と明言した．英国内閣府は，内閣内規を2011年に「内閣マニュアル」*Cabinet Manual* として公表した．そこでも，内閣が習律に基づき，立法には書かれないと明言している (Cabinet Office 2011: para. 4. 6)[7]．英国憲法の有名な基本書の記述では，「内閣の構成に関するいかなる制定法もない」(Bradley et al. 2022: 316)．つまり，日本の内閣法に相当する立法は，英国にない．また，英国の行政府において「内閣」と呼ばれる存在があることは事実であるが，内閣が統治しているという法令がないし，そういう理解も今日あるとは言い難い．

　実際，統治の実権を握っているのは首相である．英国では，国王（女王）が庶民院に支持されると考える人物を First Lord of Treasury に任命し，それを首相と呼ぶ習律となっている．首相に対する信認手続きも，就任時にはない．しかし，首相の影響力の下での決定は全体を拘束する．「内閣マニュアル」が明言しているように，「内閣とそのなかの一委員会の決定は，政府のすべての構成員を拘束する」(Cabinet Office 2011: para. 4. 3) と，大臣も官僚も，内閣や内閣諸委員会に従わなければならないことが述べられた．内閣委員会は，「内閣全体に言及されない論点について」審議を行うが，「内閣委員会の決定は内閣の決定と同じ権威を持つ」(同上: para. 4. 9)．内閣諸委員会に誰が参加するのかは，内閣事務官の助言を受けて，首相が決定する (同上: para. 4. 10)．英国憲法の基本書においても，「内閣諸委員会の構成と役目は，首相事項である」(Bradley et al. 2022: 317) と理解されている．つまり，数多い内閣委員会で個別の問題について議論を行い，それを首相が統制している．そして，個別の委員会で決まったことに，大臣たちは拘束される．自分が参加していない首相支配下の委員会に拘束される．内閣全体会議（閣議）は，内閣が法的存在ではないので，法的決定機関ではないことは明らかであるが，上記の通り，政治的決定機関でもない．英，豪，オランダ，デンマーク，スイスの内閣政府を比較研究した近年の研究では，英国は，対象国の中で内閣統治として「外れ値」に位置していることが述べられた (Weller et al. 2021: 229)．今日まで英国統治のシステムは，法的には一度も「議院内閣制」になったことはなかったが，政治的にも内閣とい

---

　7)　大臣たちは，*London Gazette*（官報）や *Court Circular*（王室の官報）で一体としてではなく，（元々大蔵省関係，外務省関係，その他などの）数種類に分けて別々に任命発表されるが，そこにも「内閣」の記述はない．

う単位が統治しているわけではないという実態は，日本が措定する「議院内閣制」との決定的な異なりである．

　むしろ，日本で言う「議院内閣制」に近い形で議会主義の理論化を進めてきたのは，フランスの憲法学者で，日本の主要な憲法学者たちはそれと英国の議論の区別が充分できていなかった．カレ・ド・マルベールは，第三共和政の動きを見て，大統領と国民議会の二元主義という考え方を強く批判し，権力分立の否定として「議会制」regime parlementaire を捉えた．ルネ・カピタンは，彼の進歩主義的歴史観によって，いずれは君主がなくなって純粋な議会制支配が作られると構想した．日本では，そうしたフランスの憲法理論を見て，英国に対する考察は特に行わず，樋口陽一が，二元主義的議院内閣制から一元主義的議院内閣制への移行を論じた．樋口陽一によれば，英国は19世紀中葉に一元主義的議院内閣制となったと論じられる（樋口陽一 1973：8-9）．

　しかしながら，一元主義的理解は，その表現においても，その考え方においても，英国で取られることはなかった．大半の時期においては，君主が首相や内閣に政治を委ねてきたという認識に立つならば，外側から「客観的」に見て，一元か二元かを論ずることはできる．

　しかし，一元なのか，二元なのか，そうした二分法自体が英国の憲法学や政治学において，実際には，全くと言ってよいほどに議論されなかった．その種の分類論を英国の学者たちが行ってこなかったことを，どう見るのだろうか．日仏の学者たちは，あえて君主には何の実権もないと決しようとし，英国の憲法学者たちは，あえて，それを決しようとしなかった．そこには，誰がどう考えていたのかなどということは本質とは関係なく，事実上君主には何の権限もないだろうという外的視点（カレ・ド・マルベールおよびルネ・カピタン）と，いやいや，誰がどう考えていたのかという内的視点（解釈主義的であると同時に H. L. A. ハートの内的視点）は重要である，という英国的視点の違いも見られる（小堀 2019：101-203）．

　芦部『憲法』では，英国における君主と内閣の二元的行政権が，19世紀中葉から内閣の一元になったと述べられた（芦部著，高橋補訂 2019：342）が，この説明も英国には存在しない．日本にある解釈である．英国では，ここでも一元・二元という区別の議論は行われない．これがもし，実質に関わる話ならば，まず，歴史を見なければいけない．19世紀中葉以降に君主が行政に実権を振るった例は，後述のように多数ある．

　形式的な行政権力というなら，君主が任命する「陛下の政府」His or Her Majesty's Government にあると考えるべきだろう．この表現は，1975年大臣法8条などでも使われた．そして，英国政府は，17世紀から形式的に His or Her Majesty's Government であった（例えば貴族院議事録 *House of Lords Journal* Vol. 13：18 November 1680, p. 675）．ちなみに，立法権力も一貫して，「議会における君主」にあった．判例でも，そう述べられてきた（英国判例［2016］England and Wales High Court（EWHC）2768（Admin）：para. 20；［2017］UK Supreme Court（UKSC）5：para. 43）．形式上は，全権力が国王の下にあり，そこで首相に政権が委ねられるが，国王が実権を振るう余地がある．これが英国の行政と立法の「結合」であり，英国憲法学者はそこに一元か二元かという議論を全くと言ってよいほどしてこなかったのである．

　いわゆる「権力分立」論との関係も見ておく必要があるだろう．まず，「権力分立」については，ジョン・ロックによる「政府二論」が有名である．このなかで，ロックは，立法権力と執行権力との分離を唱えた（ロック 2013：469）．その後，モンテスキューが『法の精神』において英国を題材にして，立法・行政・司法への三つの権力の分割を唱えた．この三権分立論に対しては，しかし，英国では，分析として当を得たという評価は少ない．ダイシーは「誤解」（Dicey 1982［1885］：220）と断じ，ジェニングスは，モンテスキューの「分類は，英国憲法に対してあまり正確ではない」（Jennings 1959b: 22）と述べた．19世紀の著作家ウォルター・バジョットは，こうした英国政治の実態を，権力分立ではなく，「行政府と立法府との密接な結合」（バジョット 2011: 14）と呼んだ．英国で最も長く版を重ねる基本書は，2009年に最高裁が開設され，司法の機能が貴族院から分離されて以後も，やはり，「英国には公式な権力分立はない」（Bradley et al. 2022: 112）と述べた．むしろ，立法，執行，司法は，機能的に異なり，互いに排他的な領域があり，それが「法の支配」にとって重要であるというに留めている．権力自体は立法・執行・司法も君主から由来するものであることを指摘し，機能 function の違いとしてまとめている(Jennings 1959b: 18-28; Bradley et al. 2022: 105–12; Turpin & Tomkins 2007: 103)．英国憲法学においては，これらの方が伝統的な理解と言ってもよいだろう．[8]

---

8)　権力的には君主から発し，機能的に分かれているという考え方は，穂積八束の「作用の分配」（1898: 444）と共鳴するということもできる．

　日本でよく使われる「国王は，君臨すれども統治せず」という理解にも言及しておきたい．これは，日本で必ず教えられる表現であった．しかし，英国では，少なくとも憲法学者・政治学者の間では，自国を表すものとしては常用されてこなかった．そもそも，この言葉は，19世紀初頭のフランスでよく使われ，1830年には，議会を基礎とした政府を作ろうとしていた政治家アドルフ・ティエルによって使われた．その年に起こった7月革命・7月王政で，ルイ・フィリップを国王とする体制は，そのティエルの構想に近い形となった．後の英国の憲法学者たちは，あまりそう考えなかった．むしろ，ダイシーは，次のように書いた．「ヴィクトリア女王以前のいずれの国王も，また女王自身も，そうであると考えられるように，ティエルによって作られた『国王は君臨すれども統治せず』という格言に基づいて行動してきたか，行動するふりをした国王は一人もいない」（ダイシー 1983: 432，邦訳では，ティエルの部分は「ティア」と書かれている）．

　先述の通り，ダイシーは，英国憲法が「議会の意思に従って変わりうるから」，成文化されなかったと述べた．このことは，「議院内閣制」に関しても言える．英国における議会主義を一元か二元かに決定したり，「議院内閣制」を詳しく原則化したりする議論は，議会主権の最高性以外に，他の諸原則を固定化してしまうことになり，変化に対応できなくなってしまうからである．実際，「内閣政府」と法的に固定化しないことによって，マーガレット・サッチャーやトニー・ブレアの時代の首相の強い指導力が実現された．

5．英国では，「内閣の自由な解散権」があったのか

　英国における解散権に関する法律の規定は，2011年固定任期議会法で廃止された1715年七年法に議会は「陛下によって解散される」とのみ書かれていただけであった（なお，英国では「庶民院解散」という表現は基本的になく，「議会解散」と表現される）．君主大権 Royal Prerogative の運用においては，庶民院で過半数の支持を得た首相の要請に基づき，君主が認めてきた．つまり，習律で行われてきた．習律的に，君主は，首相の要請なしに解散することができなかった[9]．また，君主は，通常，首相の議会解散要請を拒否することもできなかった，と考えられてきた．

　しかし，例外的状況においては，「個人的な大権」「留保権力」を君主が行使

できるという議論があった．2004年に，それらを「時代遅れ」と批判した議論もあった（Blackburn 2004）．しかし，ブラックバーン自身も，「首相の助言が反憲法的である場合には，君主は，個人的裁量なしに，それを拒否する義務を負う」（同上：556）と，君主の憲法的義務を強調した．つまり，英国君主は，何ら権限を行使しない，単なる儀礼上の存在ではなかった．

　1846年にヴィクトリア女王は，「議会解散の権限を，最も価値ある，一つの強力な道具であり，それは君主の手中にあると認識した」．1851年に，女王は外務大臣パーマストンを別の人物に変更させた．ヴィクトリア女王は1880年代にグラッドストン首相が進めるアイルランド自治に反対し，舞台裏で猛烈な巻き返しを行っていた．1910年エドワード7世は，議会法案通過をさせるための貴族院議員増員の要求を願い出たアスキス首相に，二度目の解散を迫りながら，増員要求になかなか応じなかった．ジョージ6世は，連続解散の可能性があったアトリー政権に対して，先手を打って *The Times* で秘書に見解を発表させた（ラッセルズ原則）．1974年に，政権交代したが少数政権であった労働党ウィルソン政権は解散を検討した．しかし，エリザベス女王が連続解散に反対する余地はあるという憲法学者たちの意見に従って，就任直後の解散助言をしなかった．また，英連邦諸国ではカナダや南アフリカの英国君主任命の総督が首相の解散要請を拒否した例があり，その時首相たちは辞任した．これらのことは，英国の憲法基本書では必ず説明されることである（Turpin & Tomkins 2007: 354-66；Bradley et al. 2022: 281；小堀 2019: 152）．しかし，これらは，日本における主要な憲法学者が一度も参照してこなかった事例である．

　さらに，芦部『憲法』において英国では「内閣」にあると言われた解散権は，1918年以来，首相にあると英国憲法学の数多くの文献で記されてきた．1918年に保守党政治家ボナー・ローの議会における発言以来，2011年固定任期議会法までの間，首相は君主への解散の要請を，閣議なしに行ってきた例も数多くあ

---

9)　君主は，首相が議会解散に反対している場合，その首相を罷免し，他の人物を首相に任命し議会解散の助言をさせるという手段でしか，君主主導の解散はなしえない．なぜならば，解散の宣言 proclamation は，枢密院総裁 Lord President of the Council が招集する枢密院において，君主から大法官に対して命令され，大法官が国璽の下に宣言を告示するという手続きで行われるからである．枢密院総裁も大法官も閣僚であり，首相が実質的に選んでいる．議会解散に反対する首相を飛び越えて，議会解散は理論上できないことになる（Brazier 1999: 192-93）．

り，むしろ習律化してきた（Jennings 1959a: 418–419 ; Bradley 1977: 226 ; Turpin & Tomkins 2007: 362）．

　英国君主が首相の要請（助言）を拒否するようなことは，過去なかったが，拒否という論争的な事態になる前に，ヴィクトリア，エドワード7世，ジョージ6世が行ったように，予め「牽制」することは，上述のようにあった．つまり，英国内閣が，君主の意向など全く考慮せず，議会を自由に解散してきたという芦部信喜の説は，幾重にも英国の歴史に妥当してこなかった．

6．英国内閣の連帯責任は，日本の内閣の連帯責任と同一か

　山崎丹照以来の連帯責任理解が日本国憲法以降に受け継がれ，閣僚の全員一致が原則と理解されてきたのは，本書第3章でみたとおりである．こうした原則は，英国にあったと見られていたのか．日本の「議院内閣制」は，英国を手本としたと述べられてきたが，既存の日本の文献において，あまり記述はない．それでも，宮沢俊義が次のように述べたことがある．「内閣制度の元祖と言われるイギリスでは，閣議の内容については，特に厳重な秘密が守られなくてはならないことと，閣議の議決は全会一致でなされることが慣習で決まっています」（宮沢 1950: 370）．

　しかし，英国内閣 Cabinet の連帯責任理解においては，議決自体には早くから多数決が許容されており，日本の内閣とは，決定原則で大きな違いがあった．なお，英国内閣の連帯責任と言われるものは，collective responsibility なので「集団的責任」と言った方が正確であろう．内閣の連帯責任に関しては，英国で様々な論者が論じているが，全ての論者が一致することは，それが一つの憲法習律であって，成文法的な取り決めは一切ない点である．内閣は「国会に対し連帯して責任を負ふ」（日本国憲法66条3）と規定した日本とは異なる．

　英国政治や憲法の文献の中で最も整理された紹介として，憲法学者ジェフリー・マーシャルの整理を挙げておく．マーシャルによれば，内閣の連帯責任は，第一に議会に対する信任の原則であり，第二に全員一致の原則であり，第三に秘密保持の原則である．全員一致の原則については，「行政府の全てのメンバーが一致して発言し，一致して庶民院において投票する」原則である（Marshall 1989: 3）．閣内の議決において全員が一致しなければ内閣が総辞職するという日本の理解とは異なる．

　まず，英国の内閣は，18世紀においては，全員一致はおろか，二重であった．内閣の二重性に関しては，18世紀後半に政府の重要役職も務めた思想家エドマンド・バークが，「二重内閣」という表現を使った (Burke 1770: 37)．19世紀の学者ウィリアム・エドワード・ハーンも，2種類の内閣を区別しており，「一つは，熟議を目的としており，もう一つは，助言の形式的言明や採択を意味している．これら二つの団体の区別は，ジョージ3世治世から始まったことが知られている」(Hearn 1867: 197) と書いた．このような二重内閣の状態は，国王による大臣の任命の一つの結果でもあった．ジョージ2世，3世，4世は内閣に影響力を保持した．特に，ジョージ3世は，彼の影響力によって「省による政府」government by departments という性格を強め，1783年にフォックス＝ノース連立政権を分裂させようとした．フレデリック・ノースがチャールズ・フォックスに政権発足に関する会話で述べたと言われる一節は有名である．「省による政府があってはならないというなら，わたしも同意する．それは悪いシステムだ．一人が，あるいは内閣が全体を統治し，直接の指示をすべきだ．省による政府は私が導入しようとしたのではない」(Russell 1853: 38)．

　国王が個々の大臣に影響力を持つとするならば，日本であったように，一人の大臣が首相らに反対することで，内閣が機能しなくなることが英国でもあったか．それを防ぐために，英国の内閣では，ジョージ2世や3世が個々の大臣たちに別々に見解を尋ねた時，内閣の結束を維持するために，一人一人が内閣での見解に合意して国王に対しても一致した見解を述べることを打ち合わせて臨んだ (Pares 1953: 148-49)．上述のハーンも，ジョージ4世が「個々の意見」を尋ね，大臣たちは「相談のうえ，彼らの政策を守るために一つの答えを送り」，「国王が全員を解任するか否か以外の選択しか持てない」ようにしたと書いた (Hearn 1867: 193)．それでも，異論というのは起こりうるだろう．それでは，

---

10)　用語として英国には内閣の「総辞職」collective resignation があるが，1746年2月のペラム政権の例を指すことが多く，この時は，国王の介入に抗議しての一斉辞職であった．結局，国王が任命した後任は庶民院支持の展望がなく，たった48時間で辞職した．その後，国王が妥協して，ペラムは政権に舞い戻った．この1746年の総辞職は，後の様々な文献で取り上げられた (Turner 1932: 39; Pares 1953: 95; 松園 1999: 36)．首相が辞職する時に，全閣僚が入れ替わることが19世紀前半から多くなる (Todd 1869: 164-65) が，それに対して，この英語表現は使われない．ちなみに，2022年のスナク政権は半分近くの閣僚をトラス政権から受け継いだ．

少数の異論に対して，英国内閣は，どのように対応したか．英国の場合は，18世紀の段階で，多数決による解決が行われたと言われる．ハーンは，「政権の団体的性格の結果，多数意見は少数意見を拘束する．政権は一体であり，一つの声である」（同上：197）とも述べた．もちろん，ハーン自身も述べているが，18世紀には，閣内の対立は多かった．国王たちは，閣内の国王派の反対を促し，「ジョージ3世の下での国王の友人たちは意に沿わない政権に常に反対投票した」（同上：198）とハーンは述べた．この点に関しては，カナダの連邦議会事務官アルフィウス・トッドも，「通常の問題は投票によって決しうる」（Todd 1869：198）と書いた．そして，多数の意見が決まった場合，少数は従わなければならなくなった．ハーンは，以下のように明言した．

> 政策に対する意見に関して，ある大臣と他の閣僚が異なった時，もし何の妥協もなしえず，彼が内閣の多数に承認された方向性への責任を回避したいのであれば，彼は辞任しなければならない．もし彼が政権に留まるなら，彼は，どんな非難にも不服を述べることはできない．それが，個人的には反対したとしても，内閣において彼も参加し公的に承認した政策ならば（Hearn 1867：200-01）．

ここでハーンが示した考え方は，今日まで通用する英国内閣の連帯責任と基本的に同じである．先述のマーシャルの述べた三つの原則も基本的に，上記のハーンの理解と符合する．マーシャルにおいては，「全員一致」原則について述べられたが，それは少数の異論を聞いて，それに全体が引きずられるのではなく，多数決で決まった意見に他の閣僚は公的には異論を述べられない原則であった．もっとも，この原則は，不文のもので，拘束力のある成文によるものではなかった．

連帯責任との関係で，「内閣長」という見方が英国首相に当てはまるかも，簡単にみておきたい．先に見たように，日本の内閣総理大臣には，内閣長という意味があったが，英国の首相は，その意味に限定されなかった．日本では，省庁の再編は，国会の法律によって行わなければならないが，英国では，省庁の再編権限は歴史的に君主にあり，今日では1975年大臣法という法律により，女王の下にある枢密院令で決められることが規定された（上田 2013：36-7）．首相は省庁再編の必要性があると考える時，（そのための立法は必要なく）国王に助言して，省庁を整理改廃，新設する枢密院令を発する．つまり，英国首相は事実上内閣そのものを再編し，省庁を改廃・新設ができるので，内閣の議に拘

束される「内閣長」ではなかった．英国の首相を，「内閣総理大臣」とは呼べ
ないだろう．呼んできた事例は多々あるが，それは日本における理解である．
内閣総理大臣と首相の混用は，本書第3章で確認したように，『憲法義解』か
ら続いてきた．ただ，両者の存在論を正確に比較して同一であると結論を出し
たのではなく，細部の検討はともかく同一と考えてよいというビリーフであっ
た．やはり，ここでも制度はビリーフであり，認識論レベルの問題であった．

　最後に，第二次世界大戦前から21世紀初頭にかけての内閣の連帯責任の変化
を概括しておく．歴史学者アンソニー・セルダンによれば，英国内閣に関する
公式の記録は，1916年内閣府が作られて以後にしか存在していない．それより
以前の時期に関しては，政治家たちの日記や書簡や著作のみが史料になる．

　彼によれば，20世紀初頭の英国内閣は，疑いなく主要な決定機関であった．
戦争に関する防衛委員会という内閣内の一委員会は，内閣全体に諮ることなく
決定を行ってきたが，それも含めて他の大臣の求めに応じて内閣が最終的な決
定機関であった．1920年代になると，内務や経済発展など内閣府内に多くの委員
会ができ，そこにおいて決定を行ってきたが，それでも内閣は「ハブ」であっ
た．最終的な内閣での議論において，首相や外相の方針が覆されることもあっ
た．1939年からの第二次世界大戦中の内閣においては，帝国防衛委員会を始め
として多くの委員会が重要問題に関して議決するようになった．1960年代にな
ると，一層各内閣委員会での決定が多くなっていくが，保守党マクミラン政権
下で起こったように，時には閣議で首相方針が批判されることもあった．この
期間においては，内閣は決定機関というよりは，決定を承認する機関であった
と言われる．そして，サッチャー政権期になると，主要決定は首相とそのイ
ンナー・サークルに集中されるようになり，内閣は最高の議論機関であり，情
報共有機関となっていった．最終的に，ブレア政権に至ると，ほぼ完全に首相
が決定する機関となっていったと言われる（Seldon 2004: 97-137）．もっとも，
ここでセルダンが「決定機関」と述べているのは，法的な決定ではない．あく
までも政治的な決定であり，決定機関であるかないかも，政治的に決められて
きた．

　他の分析も紹介しておくと，ウィルソン政権期において様々な閣僚を務めた
リチャード・クロスマンは，1970年代の英国政治が内閣政府から，インナー・
キャビネット（首相の個人的に信頼する人々）に依拠した首相政府に変容したと論
じた．ピーター・ヘネシーも，核配備計画などは全く閣議に諮らず進められ，

閣議議題になった時にもウィルソン首相が批判意見に感謝を述べ，そのまま何も変化なく進められた (Hennessy 1986: 152)．また，R. A. W. ローズによれば，20世紀末の英国政治における意思決定は，内閣政府でも首相政府でもなく，コア・エグゼクティヴに移ったと論じられた．ここで言うコア・エグゼクティヴとは，首相，内閣だけでなく省の官僚たちも巻き込みながら，それぞれの分野の少人数で意思決定が行われることを想定している (Rhodes 1995: 11-12)．

　英国における首相，内閣，政党などの関係は，力関係によって今後も変化しうる．その限りで「内閣政府」も政治的選択肢の一つではあり続けるだろう．2022年10月には，リズ・トラスが 1 か月で首相を辞任した．彼女の減税政策がインフレ熱に油を注ぎ，ポンドが暴落したことが原因と言われる．その時には，内閣ではなく，1922年委員会という保守党平議員組織が引導を渡した (*The Times*, 'Graham Brady urged to tell Liz Truss her time is up', 20 October 2022)．この委員会は，1922年に当時のロイド・ジョージ連立政権からの保守党離脱を働きかけ，成功させた．その時以来，保守党平議員たちで構成されてきた．首相周辺の権力バランスは変わりうる．だから，法にはされてこなかった．

コラム 3　議会主権と国民主権

　主権 Sovereignty という言葉には議論がある．まず，英国の議会主権は，まさに君主，貴族院，庶民院の合意が法律となるという点で，議会が決定権限を持っている．逆に，国民主権という考え方では，後のフランス憲法学の議論が示唆的であるが，総体としての「国民」Nation は代表を選ぶだけで，決定には参加しない．フランスでは，それが200年以上問題となって，2008年憲法改正により国民発案で国民投票ができる条項が入った．しかし，日本の多くの人々は，決定に全く参加したことがないのに，日本国憲法前文の「主権は国民に存する」をデモクラシーだと理解している．憲法学者宮沢俊義は，この点を看破して「国民代表の概念は純然たるイデオロギーであって，法科学的概念としては成立しえない」(宮沢 1967: 222-23) と述べた．議会が決めるから英国では議会主権で，国民が決めないのに日本では国民主権である，という状態に疑問を持ってみよう．

第7章
英 国 議 会

1. 貴族院と庶民院

　議会 Parliament は，上院貴族院，下院庶民院，君主の三者で構成されている．英国における法律は，この議会によって作り出される．上下両院で可決された法案 Bill が国王（女王）の同意 Royal Assent によって法律となる．この要件が規定された法令はない．また，国王（女王）の同意が出されなかった一番新しい事例は，1708年のスコットランド民兵法案に関わって，当時のアン女王が民兵の武装蜂起を恐れて拒否権を行使した時であり，それ以後，君主が拒否権を行使した例はない．

　上院貴族院 House of Lords には定数がない（表7-1）．また，任期は終身である．1958年までは，貴族院議員は世襲貴族 hereditary peers かあるいは聖職者 Bishops だけであったが，1958年一代貴族法以降は，様々な職能における一代貴族 life peers が認められた．

　1999年に労働党ブレア政権が改革に成功し，1999年貴族院法を制定するまでは，1000名以上の世襲貴族院議員がいた．彼ら彼女らの多くは，特に問題意識を持つ限られた法案以外の議事や採決に加わらなかった．つまり，欠席者が非常に多くいた．もっとも，彼らには歳費はなく，交通や宿泊の手当てと，議会内での食事が無料であっただけであった（ただし，議長や各議員グループの責任者など貴族院の役職者には報酬があった）．1999年以降，世襲貴族院議員の総数は92名に固定化された．2名は貴族院の充て職者で，残り90名のうち，貴族院規則 Standing Orders 9 条によれば，75名は，それまでの世襲議員内政党勢力比に基づく議席（保守党42名，無党派28名，自民党3名，労働党2名）を世襲議員内の選挙で選ぶ．残り15名は，貴族院全体の選挙で選ばれる．

　1958年一代貴族法以来，一代貴族が増加してきた．彼ら彼女らは，引退した政治家たちが庶民院選挙での得票率に応じて任命されるほか，官僚，法律家，学者，企業家，市民活動家などが独立の任命委員会で任命される．

表 7 − 1　貴族院議員の党派および区分(2023年 3 月20日時点)

党およびグループ	一代貴族[1] life peers	世襲貴族議員[2] hereditary peers	主教 Bishops	総計
保守党	214	46	—	260
無党派	150	35	—	185
労働党	170	4	—	174
自民党	80	3	—	83
無所属	37	2	—	39
主教	0	0	25	25
民主統一党	6	0	—	6
緑の党	2	0	—	2
アルスター統一党	2	0	—	2
保守系無党派	1	0	—	1
社民無党派	1	0	—	1
議長	1	0	—	1
プライド・カムリ	1	0	—	1
総計	665	90	25	777

(注)　1)　法務貴族 Law Lords が含まれている.
　　　　2)　貴族院内で選挙された人々である.
(出所)　House of Lords web site. (https://members.parliament.uk/parti
　　　　es/lords).

　2005年憲法改革法により2009年に最高裁が設立されるまで，貴族院内に最高裁 Appellate Committee of the House of Lords があった. そこにいる裁判官たちは，Law Lords と呼ばれた. つまり，2009年に最高裁が設立されるまで，立法・司法・執行の機能が英国の議会にあった. もっとも，裁判自体は，事実上独立して行われ，裁判官以外の貴族院議員は同席しないという習律があった.
　下院庶民院：the House of Commons は，2023年現在，定数650議席で任期 5 年である. 選挙権・被選挙権年齢は，ともに18歳以上である. 選挙制度は，1885年議席配分法以来，一選挙区で有権者が一人の候補者に投票し，最多票を獲得した候補が当選となる小選挙区制がほぼ全面的に導入された.
　英国における選挙の歴史は古く，13世紀の中ごろには，非常に制限された資格ではあったが，選挙が行われたと言われる（シモン・ド・モンフォールの議会）. しかし，集会の挙手などによる投票が長く続き，完全な秘密投票制となったのは，1872年投票法以降であると言われる. 15世紀のころの選挙権は全人口の 3 ％程度の地主階級に限定されていた. 1832年第 1 次選挙法改正，1867年第 2 次改正，1884年第 3 次改正を経て，1918年に21歳以上の男性と資産を持つ30歳以上

英国議会庶民院. 左側に政権側が座り, 右側が野党席である.
（出所） Wikimedia Commons.

の女性による普通選挙制が認められ, 1928年には21歳以上の男女による普通選挙制となった（1969年以降, 投票参加年齢は18歳に引き下げられた）.

19世紀中ごろから20世紀初めまでは保守党対自由党による二大政党政治が展開され, 1900年に結党された労働党が, 労働組合運動の勃興のなかで頭角を現し, 自由党が支持票を奪われ, 第二次世界大戦後は保守党対労働党の二大政党政治が続いた（表7-2）.

ところで, 英国首相は, 1902年に第3代ソールズベリ侯爵が首相を辞任して以来, 首相に任命された政治家は, 基本的に庶民院議員であった. 本書第2章で先述したように, 庶民院議員から国王が首相を任命するということが, 1923年以降習律となってきた. その後, 唯一, アレック・ダグラス・ヒュームが首相に任命された時（1963年10月）に貴族院議員であったが, 彼も直後に貴族院を辞任し, 庶民院の補欠選挙に立候補・当選し, 翌月11月庶民院議員となった.

英国不文憲法においては, 上記のように, 庶民院で多数を占める政党から首相を選ぶ習律が形成されていると言われるが, そこにおいては, 国王（女王）の判断が働く可能性は, 戦後もあった. 例えば, 1957年にアンソニー・イーデンが病気を理由に突然辞職した際, 後継の首相としてラブ・バトラーとハロルド・マクミランの2名が候補者として有力と言われていた. 辞職したイーデン

表7-2　戦後英国の総選挙結果に見る政党得票率・議席の推移

	投票率	保守党		労働党		二大政党	自民党[1]		主要三党	その他[2]	
		得票率	議席	得票率	議席	得票率	得票率	議席	得票率	得票率	議席
1945年	73.3	39.8	213	48.3	393	88.1	9.1	12	97.2	2.7	20
1950年	84.0	43.5	299	46.1	315	89.6	9.1	9	98.7	1.3	2
1951年	82.5	48	321	48.8	295	96.8	2.5	6	99.3	0.7	3
1955年	76.8	49.7	345	46.4	277	96.1	2.7	6	98.8	1.1	2
1959年	78.7	49.4	365	43.8	258	93.2	5.9	6	99.1	1.0	1
1964年	77.1	43.4	304	44.1	317	87.5	11.2	9	98.7	1.3	0
1966年	75.8	41.9	253	47.9	363	89.8	8.5	12	98.3	1.6	2
1970年	72.0	46.4	330	43.0	288	89.4	7.5	6	96.9	3.1	6
1974年2月	78.1	37.8	297	37.1	301	74.9	19.3	14	94.2	5.8	23
1974年10月	72.8	35.8	277	39.2	319	75.0	18.3	13	93.3	6.7	26
1979年	76.0	43.9	339	37.0	269	80.9	13.8	11	94.7	5.3	16
1983年	72.7	42.4	397	27.6	209	70.0	25.4	23	95.4	4.6	21
1987年	75.3	42.3	376	30.8	229	73.1	22.6	22	95.7	4.3	23
1992年	77.7	41.9	336	34.4	271	76.3	17.8	20	94.1	5.8	24
1997年	71.5	30.7	165	43.2	418	73.9	16.8	46	90.7	9.3	30
2001年	59.4	31.7	166	40.7	412	72.4	18.3	52	90.7	9.3	29
2005年	61.2	32.4	198	35.2	356	67.6	22.0	62	89.6	10.4	31
2010年	65.1	36.1	307	29.0	258	65.1	23.0	57	88.1	11.8	28
2015年	66.2	36.9	331	30.4	232	67.3	7.9	8	75.2	24.7	79
2017年	68.8	42.5	318	40.0	262	82.5	7.4	12	89.9	10.3	58
2019年	67.3	43.6	365	32.2	203	75.8	11.5	11	87.3	12.7	71

（注）　1)　自民党の列は，1983，87年は Alliance. その前は自由党の数字である.
　　　　2)　1974年以降，北アイルランドの議席は地域政党に占められている. 2015年以後はスコットランドの
　　　　　　SNP の議席増加も，この列に反映されている.
（出所）　Ford et al.（2021: 606-07）.

はバトラーを推した. しかし，エリザベス女王は，保守党幹部たちの意向を踏まえ，マクミランに首相就任を求めた（ボグダナー 2003: 106）.

　また，過半数を持つ政党がない状態においては，女王の判断が問われた. そのような状態では，第一党に対する第二党・第三党連合が多数を取る場合もあり，国王（女王）には高度の政治判断が求められた. 1974年2月総選挙では，保守党が第二党に転落し，他方，労働党は第一党になりながらも過半数に届かない議席にとどまった. ヒースは自由党と連立交渉を行ったが，自由党は拒否し，彼は首相を辞任した. 女王は，この結果を受けて，労働党党首ウィルソンに首相就任を要請し，ウィルソン政権は，過半数を持たない少数政権としてスタートした（同上: 162-65）. 2010年総選挙では，労働党が第二党に転落したが，

保守党議席も過半数に届かなかった．自民党は，労働党と保守党両方と連立交渉を行った結果，保守党との連立を選び，ブラウンは首相を辞任し，女王は保守党党首キャメロンに首相就任を要請した（小堀 2012: 80）．このように，女王（国王）は，権限的には誰でも首相に任命できる自由度を持っているが，政党や政治家たちの決着を見極めて，首相就任を求める．そこには，女王自身が政争に巻き込まれないための高度の政治判断がある．しかしながら，それでもなお，政党や政治家において決着がつかない場合などは，国王が指導力を発揮して，政党間を仲裁して「挙国一致政権」を求めたことがあった．世界恐慌の危機の中，その判断は，実際にジョージ 5 世によって1931年に行われた．このように，19世紀中葉以後も，英国国王が実質的役割を果たした例はあった．

―― コラム4　『アースキン・メイ』――

「権利章典」（1689年）や1998年人権法などの成文法が憲法的役割も果たしているものの，英国の憲法は不文の部分も多い．議会主権，法の支配などのように全く法的文書が存在しないようなものがある．議会における運営や，二院の関係については，1911・1949年議会法が規定している部分もあるが，それらが規定していない部分，すなわち議会運営の圧倒的部分は，習律によって動いている．では，その習律を書き留めたものはないのか．それはある．議会に関しては，事実上憲法的役割を果たしているものとして，『アースキン・メイ』がある．正式名称は，『アースキン・メイ：議会先例』である．初代ファーンバラ男爵アースキン・メイは，19世紀の庶民院事務官であり，彼を記念して，後のこの先例集にも彼の名前が冠されるようになった．『アースキン・メイ』には，諸法案の取り扱い，君主の同意，ギロチンなどの諸手続きに関する庶民院の諸先例がまとめられ，貴族院との関係についての諸先例も書かれている．日本国憲法は，衆議院と参議院の関係を，59条，60条，61条などに明記しているが，英国不文憲法の場合，これらの諸先例を知ることが大切になる．この『アースキン・メイ』が一種の憲法であると言われるゆえんである．

2．上下両院の関係

二院の関係は，基本的に，習律によって決まっており，後の1911年議会法などの立法は，象徴的な意味を持つものの，今日においても二院の関係は，基本的に議会内の習律が規定していると言えるだろう．

英国議会では，統合基金法案 the Consolidated Fund Bill，歳出法案 the Appropriation Bill，歳入法案 the Finance Bill などの財政関係法案は，庶民院の議決のみで，貴族院は審議することもあるが，多くの場合では審議も省略され，採決されずに承認される．

　1678年庶民院決議は，「議会における陛下への支援は，庶民院の独占的な贈与である」と述べ，庶民院による先議権を述べたと同時に，貴族院によって改変されてはならないと述べた（マッケンジー 1977：71）．この庶民院決議は，今日も有効とされる．その後，1860年までに歳出，歳入に関する法案は貴族院によって拒否されない習律ができつつあった．しかし，1860年に貴族院は新聞紙税廃止法案を，伝統を破って否決し，庶民院はそれに対抗するために，様々な課税法案を単一の法案に統合した．貴族院は，それら全てを拒否して国家財政に甚大な打撃を与えるのか，それとも可決するのかという二者択一を迫られた．それはその時点では功を奏して，貴族院は歳入に関する法案を拒否しなくなった（同上：70-73）．

　それでもなお，貴族院は純粋な歳出入に関しては，庶民院の優越を受け入れるとしても，そこに政策的変更を付随させる手法に継続的に反対した．そうした手法はタッキング tacking と呼ばれた．こうした二院の対立は，1909年から11年にかけて「人民予算」と議会法をめぐる闘争に発展した．

　1909年自由党アスキス政権は，土地税などで大幅な増税を含む（後に「人民予算」と呼ばれた）歳入法案を提出した．当時は，後の第一次世界大戦につながるドイツの軍備拡大に対して，英国でもその対応が求められていた．また，19世紀の社会主義運動，労働運動の高揚の中，英国政府も福祉制度を整備しなければ，こうした運動の要求に対応できないことは明白であった．しかし，この法律が成立すると，多くの貴族に取って大幅な増税となることは明らかであった．貴族院は，これまでの習律を破って，この歳入法案を否決した．貴族院は，否決提案文書において，庶民院は解散して，信を問うべきだと書いた．その後，1910年1月に議会は解散され，自由党アスキス政権は，かろうじて総選挙に勝った．歳入法案は，その後，貴族院を通過した．

　しかし，アスキス政権は，将来的に貴族院の反発を抑えるための立法を提出した．それが議会法と呼ばれるものであった．議会法の内容を要約すると，以下の通りとなる．

　1条　金銭法案については，庶民院が可決後，貴族院が取る態度にかかわらず，

庶民院議決案が 1 か月で成立する．何が，金銭法案であるのかは，庶民院
議長が決定する．ただし，金銭法案とは，新税，増減税，国債，歳出など，
（地方を除く）国の財政全般の「諸規定のみ」に関するものと規定された．

2 条　その他の公法案（ただし，議会の任期を 5 年以上に拡大する法案を除く）に
ついては，3 会期連続して下院庶民院で可決され，会期終了 1 か月前に上
院貴族院に送られ，貴族院がそれぞれの会期において否決した場合，貴族
院の 3 回目の否決にかかわらず，法案は，国王の同意を得て成立すること
ができる（ただし，この規定は，最初の下院第二読会の日と，3 会期目の可決の
間に，2 年以上が経過していなければならない）ことになった．

6 条　「この法における何物も，庶民院の現行の諸権利と特権を減少させたり，
制限したりしない」．

7 条　議会の任期を 5 年とした．

　貴族院は，上記の議会法に抵抗した．しかし，結局，自由党アスキス政権が
1910年12月に 2 度目の総選挙を行った後，国王に貴族院議員の大幅な増員（す
なわち自由党所属）の了解を取り付けた．それにより，貴族院があきらめ，法案
は両院で可決された．これが，今日でも英国議会史上で記念碑的意味を持つ1911
年議会法である．この1911年議会法は，戦後に労働党アトリー政権が修正を加
え，金銭法案以外の公法案は 1 年を開けて 2 回目の庶民院可決があれば，貴族
院の態度にかかわらず，国王の同意を得て成立するという内容となった．貴族
院の抵抗のため，この修正自体に議会法 2 条が使われ，1949年議会法として成
立した．

　日本の議論では，この1911年・1949年議会法の 1 条（金銭法案）と 2 条（他の
公法案）しか重視されない傾向があるが，6 条の庶民院の財政的特権に関する
規定も重要である．なぜならば，第一に，議会法の 1 条は金銭法案以外の財政
関係法案に対しては，効力を発揮できない．第二に，2 条の規定に依拠して，1
年を空けての庶民院再可決で成立させることもできるが，財政関係法案を 1 年
空ければ，損失が大きすぎるからである．実際，1949年法 2 条を使っての立法
は，1991年戦争犯罪法，1999年欧州議会選挙法，2000年性犯罪法，2004年狩猟
法のみでいずれも財政とは関係ない法案であった．

　1 条に規定された金銭法案は，1911年の議会法成立過程において貴族院がそ
の拡大使用可能性を批判し続け，実際，後には下院議長が限定的な法案にしか
適用を宣言しなかった．その結果，数字とその項目以外の内容がない統合基金

法案や歳出法案は必ず金銭法案認定を受けたものの，純粋に金銭的ではなく，政策的な変更を入れた歳入法案は，多くの年度で金銭法案認定から外された．金銭法案以外は，貴族院が否決したり修正したりすることができた．しかしながら，その後の100年以上の貴族院議事録を見る限りでは，全ての歳入法案を貴族院は採決せずに承認してきた．つまり，1911年議会法 1 条の規定ではなく，17世紀から形成されてきた庶民院の財政的特権によって，財政関係法案における庶民院の優越が確保されてきた (小堀 2022)．

　なお，こうした二院の関係に関しては，『アースキン・メイ』が詳しい．2011年に出版された24版では「庶民院は，最も早い時期から，歴史的に『支援と供給法案』と呼ばれる法案との関係で，優越した諸権利――財政的特権――を主張してきた」(Jack 2011: 713) と述べて，金銭法案の範囲を超える『支援 (歳入) と供給 (歳出) 法案』は，庶民院の財政的特権と呼ばれる習律によって，貴族院での承認が維持されてきたと説明した．

　議会法 1 条に関して，貴族院研究に多くの著作がある政治学者メグ・ラッセルによれば，「金銭法案の狭い定義のため，(時として，予算を執行する年間の歳入法案を含む) 多くの大蔵省の法案は，その基準を満たさないが，習律が財政事項の貴族院の取り扱いを統制する．今日においては，貴族院の同意なしに金銭法案を通過させる議会法の使用は必要となってこなかった」(Russell 2013: 82傍点は筆者による)．

　1911年・1949年議会法 1 条と 2 条によって，英国議会の二院の関係が実践的に規定されているという日本的理解は，英国ではもはや存在していない．新税・増減税を含む様々な政策提案が入った歳入法案に関しては，金銭法案認定を受けられることは稀であるが，英国貴族院は17世紀以来作られてきた習律にしたがって，同法案を採決せずに承認してきた (英国では，日本のように消費税法や所得税法のように個別法律が税制を規制しているのではなく，毎年の歳入法が全ての税制変更を網羅しており，個別税制の法案は例外的にしか提案されない)．この点で，「予算は通るが，法案は通らない」という「ねじれ」は，この100年以上英国では問題とはならなかった (これらに関する詳しいエビデンスのまとめに関しては，巻末の引用文献の小堀 (2022) の論文を参照してほしい)．

　また，英国議会の二院の関係については，これまでソールズベリ・アディソン慣行に関しても，日本では様々な捉え方があった．ソールズベリ・アディソン慣行とは，戦後の英国政治において，保守党側の第 5 代ソールズベリ侯爵と

労働党アディソン貴族院議員との間において，マニフェスト事項に関わる法案は貴族院において成立を妨げないとする合意ができて以来，存在してきた習律であった．しかし，不文の習律であり，しかも保守党と労働党という二大政党の間の合意であったため，その内容や解釈に関して，両党の政治家たちの間でも様々な捉え方があった．また，貴族院議員において多数いる無党派議員や自由民主党など二大政党以外の議員にとっては，関係のないものと理解された．

　実際に，労働党政権下での ID カード法案は，2005年総選挙前の議会にも提出され，マニフェストで公約されていたにもかかわらず，選挙後同法案は，修正案採決も含め，貴族院で政府提案が12回敗北し，政権は2006年の成立時までにかなりの修正を甘受した．当時の労働党ブレア政権は，貴族院による政府案の修正をソールズベリ・アディソン慣行に反していると批判したが，貴族院の保守党議員たちは，法案の内容はマニフェストとは異なるので，その慣行にとらわれる必要はないと反論した．同政権によるウェールズ統治法案もマニフェストに概要が記載されていたが，政権は法案の成立までに，修正案採決を含め6回敗北した（小堀 2013）．

　このように，ソールズベリ・アディソン慣行は，マニフェストに記載された政策が法案となった場合に，政府提案に対する貴族院の賛同が確実に約束されるものではなかった．こうした慣行をめぐる論争を経て，議会では2006年の両院合同委員会において，両院は，①マニフェスト記載事項法案は第二読会（第一読会は法案の配布指示だけなので事実上の第1回目審議）を受けられる，②法案中のマニフェスト記載事項は破壊的修正を受けない，③マニフェスト記載事項法案の審議に関しては，貴族院が望む修正を考える時間が，合理的な限りにおいて与えられ，修正して庶民院に送付することができる，と合意された(Joint Committee on Convention 2006: 32)．つまり，この慣行において貴族院の修正は許されており，庶民院で可決された政府提案法案は，無修正で成立することを約束されたものではなかった．

　さらに，こうしたソールズベリ・アディソン慣行をめぐる環境は，1999年以来の貴族院の役割の変化のなかで理解されなければならない．1999年までは，先述したように，貴族院には多くの世襲貴族院議員がおり，彼らの多くはめったに登院しなかったが，自分たちの気に入らない法案が通過しそうになる時だけ押し寄せて，政府提出法案（多くの場合は労働党政府提出法案）を否決した．1997年に労働党としては17年ぶりに政権交代したブレア政権は，世襲貴族院議員の

表 7‐3 英国貴族院記名採決における政府敗北数

政権政党	年度	政府敗北数	政権政党	年度	政府敗北数
労働党	2001–02	56	保守・自民連立	2012–13	27
労働党	2002–03	88	保守・自民連立	2013–14	14
労働党	2003–04	64	保守・自民連立	2014–15	11
労働党	2004–05	37	保守党	2015–16	60
労働党	2005–06	62	保守党	2016–17	38
労働党	2006–07	45	保守党	2017–19	69
労働党	2007–08	29	保守党	2019–19	1
労働党	2008–09	25	保守党	2019–21	114
労働党	2009–10	14	保守党	2021–22	128
保守・自民連立	2010–12	48			

(注) 1) 2010–12は3年にまたがる年度となった.
2) 2019年は解散のため短期であった.
(出所) House of Lords. 2023. 'Government defeats in the House of Lords', House of Lords web site, (https://www.parliament.uk/about/faqs/house-of-lords-faqs/lords-govtdefeats/).

大幅削減を企図し，1999年これに成功した．それによって，先述の通り，世襲貴族院議員は92名しか残らず，数にして約10分の1に減じられた．しかし，皮肉なことに，これによって，貴族院の地位が高まることになった．世襲貴族院議員92名を除けば，一代貴族院議員たちは，元庶民院議員であったり，各分野の専門家たちであったりした．事実上，選挙とは異なった形で社会を代表しており，彼らの専門的見地から行う発言や，彼らが行う法案修正は，庶民院の政党とは違った形で支持を集めることもあった．

　現在の貴族院の構成は，どの政党も過半数を握っておらず，また，この構成は，ブレアが首相時代に貴族院改革として強調してきたことでもあった．このなかで，政府提出法案は，たびたび無党派の専門家による修正提案を受けることも多く，また，そうした修正提案はたびたび貴族院において可決され，政府が修正を甘受することも多かった．その結果，政治学者にして貴族院議員のジュリア・スミスによれば，「法案修正は，貴族院の通常の仕事の一部である」(Smith 2019: 2152) と述べられ，ラッセルは，「1999年以来，ウェストミンスターにおける二院制は復活した」(Russell 2013: 292) と述べた．

　この約20年の貴族院での政府敗北件数は，表7‐3のとおりである．ほとんどが，委員会報告段階の修正案採決での敗北・第三読会での敗北である．貴族院で行った修正は庶民院で元に戻される場合もあるが，庶民院が修正を受け容

れる場合もかなりある．表 7 - 3 で示した数の政府案敗北が起こってきたことから見れば，貴族院における法案修正力は軽視できない力を持っていると言ってよいであろう．日本との比較で言えば，参議院の抵抗力は，審議未了廃案をかち取る方に表れていて，法案修正はほとんどない．日英の第二院は，それぞれ違った手段で存在感を示していると言える．

コラム 5　党首討論

　英国では，20世紀前半から常に庶民院から首相が任命される習律の下において，首相や閣僚が反対党の議員からの質問に直接回答して討論するようになった．これを英語では Question Time と呼ぶ．英国でのこの討論は必ずしも党首間だけではなく，首相や閣僚たちは与野党の平議員たちの質問に答える．ブレア政権以降，首相の討論は，会期中の水曜日に30分間に限って行われるが，テレビでの放映も多く，花形的役割を果たしている．なお，日本でも1999年から，この英国の討論をまねて「党首討論」を行うようになったが，近年開催回数が減少し，2017年，2020年，2022年は一度も開催されなかった．もともと日本では衆参の予算委員会が幅広い問題の集中質疑の場となってきた歴史があり，党首討論が今後も継続されるかどうかは注視しておく必要がある．

3．各院の議事運営について

　英国の議会では，上下各院において，第一読会（法案の印刷・配布指示），第二読会・採決（最初の討論を行い，この後の段階で修正を検討するか，否決するかを決定する），委員会段階（法案の各条ごとの検討と修正審議），委員会における報告段階（法案全体の修正審議と議決），第三読会（最終的院全体採決）という段階を踏む．報告段階で修正などがあった場合でも同一内容の法案が上下両院で可決されなければならない．英国の貴族院では，政権党が過半数を占めている状態は近年ない．そのため，ある法案が一年の会期のうちに何度も上下両院を行き来する「ピンポン」が行われる．貴族院での政府法案の帰趨は，4分の1程度いる無党派議員が握ることが近年多くなっている．政府は，採決敗北で学びながら彼らとの妥協点を探って法案を通していく．

　庶民院の審議において，法案成立に関するスケジュールがきつくなってくると，政権側は，ギロチン（討論時間短縮動議）を提出する場合がある．すなわち，日本流に言えば，強行採決である．しかし，混乱は起こらない．もっとも，ギ

ロチンに失敗した場合の効果は同じで，他党の協力的態度は失われ，その後の一切の議事は滞る．なお，貴族院では，ギロチンは行わない習律となっている．したがって，フィリバスター（長時間演説などによる議事妨害）は，庶民院にもあるが，貴族院で行われた場合，止める手段がない．

　庶民院，貴族院両方に，様々な課題に関して継続的に調査・審議する特別委員会 select committee がある．この特別委員会は，上記の法案審議の常任委員会とは異なり，法案審議は行わない．論争的な法案の場合には，特別委員会や上下両院合同委員会が政府から要請を受け，法案の提出前検討を行うことがあり，勧告を発表する．政府は，基本的にその勧告に対して回答する．しかし，その勧告に拘束力はなく，政府法案に勧告内容を反映させるか否かは政府の裁量である．

　特別委員会の種類は，庶民院では，ビジネス・産業，環境，教育，防衛，外交などの各省に対応した委員会があるほか，公会計委員会や行政・憲法委員会など，省とは異なる独立した争点に対応した委員会もある．貴族院でも，経済問題，憲法問題，ヨーロッパ問題などの特別委員会がある．庶民院，貴族院の合同委員会もある．これらの特別委員会は，民間や学術分野の参考人を招き，様々な問題について審議し，報告書をまとめ，発表する．こうした報告書は，時々の課題に関する専門家や実践家の見解を聞いて作られるため，社会的に影響力も強く，学術価値も高いものが多い．

　英国議会を理解するうえで，最後に，議会開会式について説明しておくことは，重要であろう．議会開会式はまず，国王（女王）が貴族院の玉座に着席することで始まる．それを合図に，貴族院使者（ブラック・ロッドという官職）が庶民院に歩いて行き，庶民院ドアは一度閉ざされる．それを大きく3回ノックする．この儀式は，ピューリタン革命時のチャールズ1世の庶民院への来訪を再現している．貴族院使者は庶民院議員たちに，国王（女王）がこれより貴族院で演説するので，貴族院に来るようにと告げる．庶民院議員たちが貴族院に集まったところで，国王（女王）は，政権が書いた施政方針演説原稿を読み上げる．

　この国王（女王）演説が終わると，数日間演説の内容を議会で審議し，庶民院は採決を行う．この際に，少数政権などの場合は，政権不信任決議案提出が行われ，議決される場合もある．不信任議決が行われたと判断できる場合は，習律に従って，解散総選挙を行うか，総辞職して，庶民院内から次の首相が現れ，国王（女王）に任命される．庶民院での不信任議決によって総辞職ないし

は議会解散を行うということについては，2011年固定任期議会法まで英国において成文法規定はなかった．すべて習律によるものであった．2011年法が2022年に廃止されて以降，どうなるかについては，注視しておく必要がある．

4．2011年固定任期議会法の制定と廃止

　本書第6章で詳しく触れてきた英国首相の解散権行使であるが，2011年の立法で基本的に一度廃止された．もっとも，その後の保守党ジョンソン政権は，この2011年の立法を廃止することをマニフェストでも公約し，2022年に固定任期議会法は廃止され，旧来の国王大権による議会解散が法的に復活した．

　首相解散権の制限については，以前から議論はあったが，転機は2010年総選挙後の保守党・自民党連立政権が発足したことだった．この時，自民党は，連立しても保守党支持率が上がった後に，キャメロン首相が解散総選挙の助言を女王に行うことを危惧していた．そこで，自民党は，以前から問題視していた首相解散権の行使を，政権不信任案の庶民院可決時に限定し，それ以外では特別多数での議会解散決議が成立した時のみに議会解散を限定する要求をした．保守党側では，ジョージ・オズボーン（後の蔵相）が，前労働党政権時代の財政赤字解消のために緊縮政策を実行する予定であったが，それには国民の不満増大が予想され，むしろ早期総選挙の観測を封印し，5年後に総選挙を行うことを確定させることに前向きであった．

　そうした保守党・自民党両党の思惑の中で成立したのが，2011年固定任期議会法であった．第一に，固定任期議会法は，次の総選挙を2015年5月7日と定め，その後の総選挙も，5年ごとの5月に行われるとした．第二に，同法は，首相解散権を原則的に廃止した．議会解散は，空席も含めた下院議員総数3分の2以上の解散決議が所定の形式で可決された場合には即座に認められる．それ以外には，政権が単純過半数によって所定の形式の決議案で不信任される場合である．この場合，不信任から14日目までに下院での信任投票で信任を得た政権が誕生しない場合は，下院は解散され，総選挙となる．すなわち，首相は意図して14日間新政権を作らないことによって，事実上下院の解散を選ぶことができる．

　しかし，この3分の2以上賛成がないと解散ができないというハードルは，2016年国民投票でEU「離脱」が多数（約52%）を占めて，政治的な方向が決定

づけられて以後，様々な意味を持つことになった．2017年4月テリーザ・メイ首相は，6月に総選挙を行いたいとして解散決議案を提出した．これに労働党をはじめ野党各党は積極的な態度を示し，決議案は3分の2を大きく超える賛成で可決され，議会は解散された．しかし，その後の総選挙でメイ政権は過半数を割り込み，予算と政権信任のみの合意を（北アイルランド）民主統一党から得て，少数政権になってしまった．その結果，離脱条件について EU と合意した離脱協定案が，2019年に庶民院で3度否決された．労働党は，メイ政権不信任案を庶民院に提出し，これが可決されれば議会解散・総選挙が可能であったはずだが，メイ保守党と民主統一党は一致して政権不信任案を否決した．

　つまり，国の将来に重大な影響をもたらす EU 離脱協定案の可決も，民意を問う選挙もできないという袋小路に入ってしまった．結局，進退窮まったメイ首相は2019年5月に辞任表明し，保守党党首選挙が行われ，ボリス・ジョンソンが7月に首相となった．しかし，ジョンソンもまた，EU 離脱協定案可決に失敗し，それでは信を問おうと提出した解散決議案は3分の2以上の多数が取れず，否決された．そこで，ジョンソン政権は，2011年固定任期議会法とは異なる早期総選挙法案 Early Parliamentary General Election Bill を提出した．この法案は，2019年12月12日に総選挙を行うことが規定されており，この法案が可決され，女王も承認したことによって，法律となった．議会は解散され，12月12日に総選挙投票が行われ，ジョンソン保守党は過半数を大幅に上回る議席を確保し，後に，EU 離脱協定案は可決された．

　このように，2019年12月総選挙は，2011年固定任期議会法によらず，新立法によって行われた．先述の議会主権という考え方では，後の議会は，以前の議会にも立法にも拘束されず，新しい立法を行うことができる．したがって，2011年固定任期議会法と矛盾する早期総選挙法が成立した．ただ，それで2011年固定任期議会法が廃止になるわけではない．前法が憲法的法律である場合には，後法が廃止を明言していない限り（express repeal という考え方），黙示的に廃止されたとは見られない（Bradley et al. 2022: 72）．

　この2011年固定任期議会法は，2022年議会解散招集法 the Dissolution and Calling of Parliament Act 2022によって廃止された．その1条で，固定任期議会法の廃止が規定され，2条では，次のように書かれた．「2011年固定任期議会法が制定されなかったかのように，同法の施行前と同じく，議会解散と新議会招集に関する権限が，女王陛下の大権によって行使可能となる」．ただ，2011

年法以前にはなかった制定法上の規定が加わった．３条で，この２条に定められた権限や，それに関する諸決定に対しては，いかなる裁判所も法廷も，問い直すことができないと規定された．これが，後に見るジーナ・ミラーたちが提起したような訴訟の可能性を将来的に完全に排除することを目的とした規定であることは，明白であった．ただ，英国の歴史においては，1689年権利章典で院内の発言や手続きに関して，1911年議会法で下院議長の行為に関して，院外の訴訟で責任を問えないことが規定された先例があった．

コラム6　Act と law

　日本で英語学習をすると，法を表す英単語は，law であると教わるであろう．しかし，有名な1911年議会法は the Parliament Act 1911と呼ばれ，2011年固定任期議会法は the Fixed-term Parliaments Act 2011と呼ばれた．いずれも，law という表現はされない．これは，英国議会で制定された法律は，Act of Parliament と呼ばれることから由来している．つまり，直訳すれば，法律とは「議会の行為」である．したがって，議会で制定された法律の固有名詞には，全て law ではなく，Act が使われる．また，これは，英国の場合だけではなく，米国，豪州など英語圏諸国での用法である．では，law という単語は，どういう時に使われるのであろうか．端的な例は，労働法とか，国際法などのように，法の分野を表す場合には，law が使われる．例えば，The Labor Standards Act is one of the Acts in labor law. のように使われる．すなわち，「労働基準法は，労働法の諸法律の一つである」．労働基準法は国会で制定された法律の固有名詞であるが，労働法は，法の種類でしかない．したがって，このような用法となる．ちなみに，Act が議会制定法の固有名詞に使われるのに対して，law という言葉は，Act を含む様々な法，statutory instrument, bylaw, ordinance など法律以外の命令や条例を含んで使われる．

第8章

権限委譲，レファレンダム，EU離脱，司法審査

1. 権限委譲

　今日，英国議会は，国の外交，安全保障，経済，金融に関して立法しているが，スコットランド，ウェールズ，北アイルランドには，各々の福祉や教育，医療などに関して，国の権限が大幅に委譲されている．その経緯について，以下見ていく．

　1960年代，スコットランドやウェールズで，自治議会・政府を求める声が高まった．独立論は少数派であったが，地元の労働党などでは，中央政府は十分にスコットランドやウェールズに対応していないという批判があった．同時に，もともと労働党の中には，社会主義は中央集権的に達成されるのであって，権限委譲 devolution は必要ないという反対者もいた．北アイルランドでは，多数派のプロテスタントがカトリックを弾圧し，カトリックの人々は当時の米国の公民権運動に刺激を受けて，平等な扱いを求めて抗議運動が強まった．

　1979年3月，スコットランド，ウェールズで自治議会・自治政府設置の住民投票が行われた．ウェールズは，賛成が過半数を下回り，反対多数であった．スコットランドは賛成が51.6％であったが，この住民投票の実施を求めた1978年スコットランド法の規定により，有権者比40％を賛成票が上回らなかったため，議会に（既に成立していた）1978年スコットランド法の廃止提案がされることになった．権限委譲を提案していた労働党政権は，この廃止提案を否決することもできたが，その前に保守党提案の政権不信任案が可決され，総選挙となった．総選挙では保守党が勝利し，サッチャー政権はこの1978年スコットランド法を廃止した．

　そもそも，英国は議会で何事でも決められるので，権限委譲の実施のために住民投票を行う必要はなかった．この二つの住民投票はむしろ反対派によって要求された．しかも，有権者比40％ハードルを求めたのは，スコットランド出身でロンドンの選挙区選出の労働党下院議員ジョージ・カニンガムであった．

彼によれば，スコットランドが本当に望むのであれば，過去平均で投票率80％
であったので40％の支持は得なければならないだろうという理屈であった．結
局，労働党内の反対派と野党保守党の賛成でこの提案は法案修正として可決さ
れ，上記のような結果となった．この時，スコットランド・ウェールズどちら
の権限委譲も実施されなかった．

　1997年，スコットランドでは，（法律を制定できる）自治議会・政府設置と一定
範囲の独自課税権に関して，住民投票が行われ，両方とも過半数を超えた（こ
の時は，有権者比のハードルはなかった）．ウェールズでは，法律に反しない条例を
制定できる自治議会・政府に関して，住民投票が行われたが，ギリギリの過半
数であった．しかし，ブレア政権は，両地域で自治議会・政府の設置を進め，
議会で法律を制定した．その結果，スコットランドは，外交，金融や，中央か
らの予算配分などを除いて，他の機能は全てエディンバラ議会で選出された自
治政府の下におかれた．中央政府の税率を軸に3％増減税できる権限もスコッ
トランド議会に与えられた．ウェールズでも条例制定権を持った議会と自治政
府が設置された．

　2011年ウェールズの住民投票によって，ウェールズ議会も法律の制定権をス
コットランドと同等に得ることになった．その後，2014年・2017年の改革で，
課税権もスコットランドと同程度に認められることになった．スコットランド
議会で政権を獲得したSNP（スコットランド国民党）は，独立を求める住民投票
を要求し，英国政府と協議の結果，2014年に独立提案に対する住民投票が行わ
れた．しかし，独立提案は，反対55％で否決された．

　こうしたスコットランドやウェールズ，北アイルランドへの権限委譲は，国
の権限を委譲している点で，日本の地方自治（国の法令の範囲での自治）とは性格
が異なる．しかし，連邦制とも異なると言われる．スコットランドに権限を委
譲した1998年スコットランド法は，その28条7項でこの法は「スコットランド
に対する立法を行うUK議会の権力に影響を与えない」と規定された．すなわ
ち，スコットランド議会を改廃する権限を，依然としてUK議会は持っている
のである．この点は，後にみるように，州から構成され州を廃止することが想
定されていない合衆国などの連邦制とは明らかに異なる．スコットランド議会
のある法案が法違反であるとして英国法務官が訴えた事件で，2018年の英国最
高裁判決は，このスコットランド法の解釈に関わって，以下のように述べた．

スコットランド議会への立法権の委譲にもかかわらず，UK 議会が主権を持ち，スコットランドに対する UK 議会の立法権力は減じられていない．それは，権限委譲の本質を反映している．連邦制とは対照的に，権限委譲された事項か中央政府に留保された事項かにかかわらず，権限委譲システムは，国家中央の立法権限を維持している（*The UK Withdrawal From the European Union*（*Legal Continuity*）（*Scotland*）*Bill*〔2018〕UKSC64：41）．

　なお，北アイルランドでは，1921年から1972年まで議会があった．しかし，1960年代のプロテスタント（英国系）とカトリック（アイルランド系）の対立が双方の武装やテロにより過激化したことから，1972年に議会が廃止され英国の直接統治となった．1998年の「聖金曜日」合意とその後の立法後に，数十年ぶりに議会 Assembly が復活した．この議会は比例代表で選ばれ，自治政府の構成も多数党ではなく，プロテスタントとカトリックの権力分有政権となった．しかし，1998年の開設以後，IRA の武装解除や政権の崩壊などをめぐって，英国政府によって度々停止されてきた．この事実を見ても，英国（the United Kingdom）が連邦国家ではないことは明白である．

２．英国におけるレファレンダム

（１）ダイシーのレファレンダム論

　レファレンダム（国民投票・住民投票）の必要性に関する最も古い主張の例は，19世紀末から20世紀初頭におけるアイルランド自治との関係で論じられた．当時は，アイルランド自治に積極的な自由党がたびたび政権を得て，その自由党党首のグラッドストンは1886年に，アイルランド自治法案を議会に提出した．この法案では，アイルランド議会 Assembly に限定的な立法権を委譲しようとした．しかし，その自治が分離独立につながるのではないかという懸念は大きく，当時のヴィクトリア女王も舞台裏で自治法案否決を求めて暗躍した（君塚 2010: 197-201）．結局，この時の動きは自由党の分裂でとん挫した．しかし，アイルランド自治法案は1912年にも自由党政権下で提起された．これら一連の過程を見て，ダイシーは，アイルランド自治法案を止めるためには，総選挙や貴族院だけでは足りないとして，「庶民院と貴族院が可決した法案を，有権者の投票の前に提出し，その問題に関する有権者の過半数の承認あるいは是認を受

表8-1　UKにおけるレファレンダム（市・町などでの単位を除く）

投票日	Yes%	No%	投票率	争点	実施単位
1973年3月8日	98.9	1.1	58.6	北アイルランドへの帰属	北アイルランド
1975年6月5日	67.2	32.8	64.6	EC残留	全英
1979年3月1日	51.6	48.4	63.7	スコットランド議会・自治政府設置	スコットランド
1979年3月1日	20.3	79.7	59.0	ウェールズ議会・自治政府設置	ウェールズ
1997年9月11日	74.3	25.7	60.2	スコットランド議会・自治政府設置	スコットランド
	63.5	36.5	60.2	スコットランドの一部の独自課税権	スコットランド
1997年9月18日	50.3	49.7	50.2	ウェールズ議会・自治政府設置	ウェールズ
1998年5月22日	71.1	28.9	81.1	聖金曜日合意	北アイルランド
2004年11月4日	22.1	77.9	47.7	イングランド北部地域議会設置・自治政府設置	イングランド北部各州
2011年3月3日	63.5	36.5	35.6	ウェールズ議会・自治政府権限拡大	ウェールズ
2011年5月5日	32.1	67.9	42.2	下院選挙制度改革	全英
2014年9月18日	44.7	55.3	84.6	スコットランド独立	スコットランド
2016年6月23日	51.9	48.1	72.2	EU離脱	全英

けるまで法律にすべきではない」（Dicey 1982［引用部分は第8版序文1914年］: cix）
と述べた．このように，議会では問題が解決できない時に，レファレンダムという方法が考えられるようになった．

（2）英国におけるレファレンダムの歴史

　全国的レファレンダムに限定しなければ，1973年北アイルランドで行われたレファレンダム（住民投票）が，英国での最初の事例となった．先述の北アイルランドでの対立に対して，ヒース政権は決着をつけるために，英国帰属かアイルランド帰属かを問うレファレンダムを実施した．しかし，相対的少数であるため，結果が見えていたカトリック系住民は反発し，大多数が棄権した．結果は，圧倒的多数が英国帰属を選んだ．

　初の国民投票としては，後述するように，1975年にはEC残留か否かを問うレファレンダムが行われた．その後は，先述したように，権限委譲運動が高まったスコットランドやウェールズの民意を確かめるために，レファレンダムが行われてきた．2011年には選挙制度改革をめぐり，2016年にはEU残留・離脱をめぐりレファレンダム（国民投票）が行われた．

（3）議会や政党が決められない時に，レファレンダムが行われてきた

　議会は何でも決めることができるという議会主義の原則において，事実上決定的な役割を果たすのが，政党である．しかし，その政党が分裂状態にあり，決定が行いえないという場合には，議会での決定も困難になる．

　レファレンダムは，政党が分裂状態にある時，すなわち政党が決められない時に，使われた．1975年のEC問題のレファレンダムがそうであった．この時は，労働党内に多くの脱退派議員がいて，労働党傘下の労働組合にも脱退意見が多かった．労働党は，党として決められない状態で，それを国民投票に問い，労働党ウィルソン政権は内閣の連帯責任を停止して，閣僚は各々EC加盟維持に賛成あるいは反対で運動を行った（Qvortrup 2005: 102-03）．2016年のレファレンダム（国民投票）も，同じことが言える．当時は，保守党内に多くのEU離脱派議員がいて，党首で首相のキャメロンは残留支持ながらも，党として決定できず国民投票で決することになった．キャメロン政権も内閣の連帯責任を停止し，閣僚たちは各々が残留・離脱運動を行った．

　日本の憲法学では，英国総選挙がレファレンダムの代用であるかのように説明されることが多い（深瀬 1962: 173；長谷部 1984: 259）．しかし，それもフランス憲法学者のカレ・ド・マルベールの1928年の叙述に沿っているだけで実際に英国の政治や憲法の考え方自体が考察されておらず，英国の歴史・現実には合致していなかった．2019年総選挙は事実上の2度目の離脱レファレンダムだったということもできない．なぜなら，保守党は離脱貫徹を前面に押し出したが，労働党は医療防衛を第一争点として押し出し，党内で意見が分かれる離脱を後景に追いやろうとした（小堀 2023: 212）からである．つまり，2019年総選挙をダメ押し離脱「レファレンダム」と見ることは，それは保守党視点からの「解釈」として言えるのみであった．

　このように，党が分裂していてはできない総選挙と，党が分裂しても行えるレファレンダムとでは，性格は大きく異なる．

3．英国レファレンダムの特徴

（1）場当たり的で，その都度，議会が立法

　英国におけるレファレンダムの特徴は，それを行う統一的かつ常設の仕組みはほとんど存在せず，問題が起こる度ごとに議会が立法を行ってきたという点

である．「政党，選挙およびレファレンダム法」という法律はあるが，これは
実施方法やレファレンダムの際の費用に関する報告などについて定められてい
るだけで，そこでは，どのような時にレファレンダムが行われるのかというこ
とは規定されていない．

　事前に，レファレンダムが必要な場合を規定しているのは，2000年地方自治
法で首長直接選挙制を導入する際のレファレンダムについて規定されたのが，
初めてであった．

　伝統的には，英国はレファレンダムには前向きではなかった．1945年には，
チャーチルが総選挙の延期をレファレンダムで諮ってはどうかと提案したが，
副首相であったクレメント・アトリーらに，その方法はナチスが多用した方法
だと反対された．また，マーストリヒト条約の批准をめぐって，レファレンダ
ムの実施を迫る下院議員の質問に対しては，1992年に，メイジャー首相は次の
ように答えた．

　　デンマーク人は，彼らの憲法の中で，レファレンダムに対する規定があり，
　それで運用している．レファレンダムに対する規定は，フランス憲法において
　も長い間存在してきた．正確に思い起こすならば，フランス憲法の規定の一つ
　は，もし問題をレファレンダムという形で人々に問うならば，レファレンダム
　の結果は，フランス国会の意思を乗り越えることができる，というものである．
　そういうことは，私たちの国で，これまで受け入れられてきた憲法的措置では
　ないし，下院にとっても，この国の良い統治の利益にとっても，一般的に受け
　入れられるものであると信じることはできない（英国庶民院議事録 HC Deb, 03
　June 1992 Vol 208 Col. 833）．

（2）法的拘束力を持たない諮問型が多数

　このように，メイジャー政権までは，レファレンダムの決定が，議会の権限
を超えることは，受け入れられてこなかった．

　したがって，英国におけるレファレンダムは，法的拘束力を持ったものは多
くなかった．1973年北アイルランド・レファレンダムでは，そこにおいて英国
への帰属の意思がはっきりと示されたことを受けて，当時のヒース政権は1973
年北アイルランド議会法，1973年北アイルランド憲法法の立法に動いた．1975
年EC レファレンダム（国民投票）でも，投票結果に政府が拘束される必要は，
法的にはなかった．これまで英国で行われてきたレファレンダムにおいて，有

効票の過半数以上の意思に反して首相が動いたことはなかったが、これも首相が政治判断として多数に従ったに過ぎず、レファレンダムの法的拘束力は明文上存在してこなかった。

　ただ、先述の1979年スコットランドの例は、有権者比40％を超えた過半数を拘束力のあるラインであったと見ることもできる。後には、2011年選挙制度改革で、新選挙制度案に賛成が過半数を超えた場合、結果が法的拘束力を持ち、改革案が成立するという内容の法律で、国民投票が行われた(結果は否決であった)。

（3）憲法的争点におけるレファレンダム

　先に見たように、メイジャー政権の段階では、憲法的争点に関するレファレンダムという考え方は、未確立であった。しかし、ブレアは野党党首時代から、メイジャー首相にユーロ参加問題でのレファレンダムを強く要求し、1997年総選挙マニフェストで公約した。また、労働党だけでなく、保守党、自民党も、同様に公約した。さらに、労働党は、スコットランド・ウェールズの権限委譲問題もレファレンダムで決めることを公約した。

　このような環境の中、これら「憲法的」と見られる争点に関して、レファレンダムなしで決定することが次第に困難になってきていた。つまり、当初は、議会が持て余し、決定できない争点を、場当たり的にレファレンダムに投げてきていたものが、次第に、「憲法的」争点は、レファレンダムで問わなければならないという環境になってきた。

　このような経緯の中、当時のブレア首相もたびたび、憲法的改革の際にはレファレンダムを行うという意向を表明するようになった。例えば、2003年には、EU憲法問題をめぐって、より明確に以下のように述べた。

> 　政府の憲法的措置を根本的に変える提案がある事情においては、レファレンダムがあるべきである。EU憲法問題は、その場合ではない(HC Deb, 18 June 2003, Vol. 407 : Col. 350)。

　ここで、ブレアは、EU憲法ができることによって、英国の憲法自体は影響を受けないので、英国でのレファレンダムは批准には必要ないという見解を述べているが、もし、何らかの憲法的な変化がある場合には、レファレンダムが行われなければならないという点も認めていた。結局、EU憲法条約はフランスとオランダで国民投票により否決され、断念されたので、英国がこの問題で

国民投票をすることはなかった．

　他方，明らかな憲法的改革が行われる場合においても，必ずしもレファレンダムが行われないケースがある．例えば，1998年人権法の制定がそれである．同法は，欧州人権条約の内容を英国の法律として導入した点において，重要な憲法的変更であった．しかし，この場合，レファレンダムを求める有力な勢力や世論がなかったため，レファレンダムがアジェンダに上ることはなかった．また，2011年固定任期議会法で，首相による解散要請権限が原則的に廃止された時にも，レファレンダムは行われなかった．

　貴族院憲法問題特別委員会は，次のように述べた．「根本的な憲法的争点を構成するものを定義することには，困難さがある．ある種の憲法的争点は，その根本的重要性が明らかであるが，そうでないものもある．争点の重要性が政治判断の問題である場合には，そこにはグレー・ゾーンがある」(House of Lords Select Committee on the Constitution, 2010: 27)．

4．EU（欧州連合）問題と議会主権

（1）加盟とその前後

　1952年，二度の大戦が独仏間の領土問題も絡んだことの反省から，欧州石炭鉄鋼共同体が設立された．1958年 EEC（欧州経済共同体）が設立され，これらが，EURATOM（欧州原子力共同体）とともに，1967年に EC（欧州共同体）に統合された．

　帝国を維持する負担から植民地独立で解放されつつあった英国であったが，同時に欧州の一国として貿易・経済を他の欧州諸国に依存することになった．そのなかで，英国は EC，特に共通市場への参加を進めようとした．1961年保守党マクミラン政権，1967年労働党ウィルソン政権が EC に加盟申請した．しかし，当時は，フランスのド・ゴールが，英国の EC 参加は米国の利害が欧州に影響すると述べて反対した．このド・ゴールの反対は，拒否権行使となり，1960年代 2 度の加盟申請は挫折した（力久 1996: 60-130）．

　しかし，ド・ゴールの死去後，英国は EC への加盟に成功する．1972年に英国議会は EC 法を制定し，1973年，英国は EC に加盟した．しかし，労働党では（執行部の多くは加盟賛成），労組を中心に脱退論が高まった．また，保守党内でも少数派であったが，脱退論が高まった．1974年 2 月総選挙で，ヒース保守

党が過半数を割り込み，労働党ウィルソン政権が少数政権として発足した．このウィルソン政権は10月の総選挙で，EC加盟について事実上国民投票を公約した．

　1975年ウィルソン政権が，国民投票を実施した．これが英国初の国民投票であった．結果は，67％が加盟維持を支持，反対は33％であった．ウィルソン首相は賛成で運動し，結果を受けて，EC加盟問題で民意を得て，この問題は決着したと表明した．

　しかし，この英国のEC加盟（具体的には1972年EC法）は，先述の議会主権との関係で，後に大きな論争を巻き起こすことになった．発端となったのは，スペインの漁業会社ファクターテイム対運輸大臣事件に関する諸判決であった．EC条約は大原則としてEC法の適用範囲においては国籍差別を禁じている．またEC諸国民にEC域内で国籍差別なく，営業や操業ができる自由を認めている．他方，英国の1988年の制定法は，英国籍漁船の登録資格者を英国人か，または英国人が75％以上株式を保有する会社かに限定していた．これにより，ファクターテイム社は操業ができなくなり，英国運輸大臣を訴えたわけである．この事件の争点は，EC法が優位するのか，英国内法が優位するのかであった．英国の議会主権の考え方からすると，議会は過去の法律に制約されることなく，決定できるので，1972年EC法より後の1988年法が適用されることになるはずであった．しかし，1991年英国最高裁（当時の貴族院上訴委員会）は，1972年EC法を1988年法に優先して適用すると判示した（中村 2020: 76）．

　これは，議会主権が部分的ではあれ，打ち破られた例として英国憲法学で活発な議論をもたらした．1972年EC法が英国の憲法の一つを構成していたから，議会主権が及ばなかったのか，（後の議会は過去に制約されないという）議会主権が今後も別の過去の法律に制約されるのか，不文憲法のなかでも最上位と見られてきた議会主権の敗退例に議論は集まった．

　しかし，いかに1972年EC法が憲法的な法律であったとしても，結局，2017年にその法律は議会によって廃止された．

（2）2016年国民投票

　先述の通り，国民投票では各々の政党政治家が政党に縛られずに独自の運動を展開した．キャメロン首相は，強力に残留を呼びかけた．保守党有力政治家であったボリス・ジョンソンや，UKIP（UK独立党）のナイジェル・ファラー

ジは離脱運動をけん引した．労働党は，党首のジェレミー・コービンが残留支持を表明するも，当初から，彼の態度は疑われていた．1975年には左派の一員として「離脱」を支持し，2015年に労働党党首となる以前にはネオ・リベラル的なEUへの反対論を論じていた．結局，保守的なイングランド南部で残留派が苦しくなるのは目に見えていたが，労働党が強かったイングランド北部で離脱に惨敗したことが，全体としての残留派の敗北の原因とみられる．コービンの「不熱心な」残留支持が批判された．2010-15年まで保守党とともに連立政権の一角を担った自民党は，元来ヨーロッパ統合支持政党であったので，熱心に残留に向け運動した（近藤 2017: 212-14）．

　1975年とは違った争点は，移民・難民問題であった．英国は，EU内のどこかの住民にさえなれば，自由にヨーロッパ中を移動できるシェンゲン協定には入っていなかったが，EUにいるために移民が多いという認識を十分に払しょくできていなかった．

　結局，英国主要政党の指導部の多くが，「残留」支持で動いたにもかかわらず，「残留」が勝ったのはロンドン，スコットランド，北アイルランドのみで，他の地域ではごく一部の都市部を残して，ほぼ全てで「離脱」が勝った（表8-2）．

（3）EUレファレンダム後の混乱

　2016年EUレファレンダムも，50％を超えたら可決などという規定は，法的にはなかった．また，運動の過程では，根拠のない情報が蔓延し，残留派であった労働党議員ジョー・コックスが暗殺されるなど，英国政治にかつてない暗澹たる雰囲気をもたらした．それでも，政治的には国民は決断を下したと受け止められた．

　キャメロン首相は，残留で運動して敗北した責任を取り，辞任した．その次の首相・保守党党首には，テリーザ・メイが就任した．しかし，彼女も，積極的に運動しなかったものの，国民投票への態度は「残留」であった．メイ首相は，まず2017年にリスボン条約50条に基づき，離脱決定の「通知」を政府として行おうとした．

　なお，英国とEUの間では，既に多くの条約で関係が形成されており，それらがなくなると，原則的にはWTOのルールで動くことになる．これは，欧州の歴史ある国でありながら，その扱いは新独立国のごとく扱われ，一切の貿易や検疫上の優遇措置もなく，物資の出入国は非常に困難化し，関税も高騰する

表8-2　EU国民投票（2016年）の賛否（%）

	残留	離脱
イングランド	47	53
内ロンドン	60	40
スコットランド	62	38
ウェールズ	47	53
北アイルランド	56	44
全体	48	52
男性	48	52
女性	48	52
18-24歳	73	27
25-34歳	62	38
35-44歳	52	48
45-54歳	44	56
55-64歳	43	57
65歳以上	40	60
管理職・行政職・専門職	57	43
事務職・下層管理職	49	51
熟練肉体労働者	36	64
非熟練労働者・非正規労働者，その他貧困層	36	64
保守党支持者	42	58
労働党支持者	63	37
自民党支持者	70	30
UK独立党支持者	4	96

（出所）　近藤康史（2017: 215）に，地域別票分布を加えた．

ことが予想された．また，外国企業などの撤退も予想された．

（4）ミラー第一事件と最高裁判決

　企業家ジーナ・ミラーや美容師ドス・サントスらが，議会の承認なしに政府はリスボン条約50条に基づく，離脱決定の「通知」を発することはできないと提訴した．高等法院は，裁判所は政策の是非論ではなく，「純粋な法律問題を扱うのみである」と強調したが，「全関係者は，本件が裁判所による司法判断に適合していることに合意している」（*R（Miller）v Secretary of State for Exiting the EU* [2016] EWHC 2768（Admin）: para. 5）と述べた．さらに，結論部分では，「訴訟の実質的メリット」（同上: para. 110）を認めた．日本の長沼ナイキ事件のような「訴えの利益」の確認は行われなかった．また，高等法院は，君主大権の

2016年11月3日，英国高等法院に現れた原告ジーナ・ミラー.
（出所） Jane Camphell/Shutterstock.

下で国務大臣がリスボン条約50条に基づく「通知」をする権限はないと判示
した[1].

2017年1月，英国最高裁は「君主大権は，『通知』を与えることを正当化す
るために，大臣たちによって発動されえない．大臣たちは，その道を取る前に
第一次立法の権威を必要とする」（*R（Miller）v Secretary of State for Exiting the EU*
［2017］UKSC 5：para. 101）と判示した．

メイ政権は最高裁判決を受けて，2017年3月にEU離脱告知法を議会で制定
し，EU離脱通知を行った．その後，メイ政権は，2年後の諸条約の適用停止
までに，新たなEUとの経済・貿易関係構築に関して離脱協定をまとめようと
した．その離脱協定の基本は，まず，EU議会議員や職員などの年金支払いそ
の他での既に決められた費用をEUに支払うことを認めることであった．これ
により，保守党議員の反発を買い，採決における造反議員が出てくることが予
想された．

そこで，彼女は，2017年4月に議会を解散し，6月に総選挙を行う提案を発

---

1) 英国においても，原告は訴えに関する「十分な利益」sufficient interest（1981年上級
裁判所法 Senior Courts Act 31条3）が必要と言われるが，他方，「憲法問題に関する
誠実な関心」をもつ一市民の訴えの利益を認めたこともあった（Turpin & Tomkins
2007：693；*R v Secretary of State for Foreign Affairs, ex p Rees-Mogg*［1994］QB 552.）.

表した. 彼女は, 当時, 労働党の支持率が低迷していたことを見て, 過半数を増やすチャンスがあると考えた. もちろん, 固定任期議会法に基づき, 3分の2以上の庶民院議員の賛成を求める必要があったが, 労働党や自民党も賛成し, 議会は解散された. ただ, 先述の通り, メイ保守党はこの選挙でかえって過半数議席を割り込み, 民主統一党と協定を結んで少数政権を維持することとなった.

メイ政権とEUとの離脱協定案は, 小さな変化はあったが, 一貫して, 北アイルランドには国境管理を設けない, 北アイルランドはEUのルールに従い, 貿易を続け, 国境管理を事実上ブリテン島に限定するというものであった. これを, 離脱強硬派は, 離脱しない離脱案であると批判し, 民主統一党は北アイルランドを英国から切り離し, 事実上海上に国境線を引くものであると反対した (民主統一党は, アイルランド共和国との陸上国境管理にも, 再びテロの危険が増すと反対した). 労働党や自民党は, もともと残留派が多く, 離脱協定そのものに反対していたし, 2度目の国民投票を求めていた.

その結果, 離脱協定案は, 先述の通り, メイ政権の下で3度庶民院において否決され, メイ首相は辞任した. その後にボリス・ジョンソンが首相に就任したが, 庶民院を開いても否決しか予想のできないジョンソン政権は, 議会を異例の長期閉会にして, 離脱期限の延長も求めず, 離脱協定案なしの離脱を目指した. しかし, その閉会自体が違法であると, 再びジーナ・ミラーは提訴した.

(5) ミラー第二事件判決

ミラーは, この訴訟では高等法院で敗訴した. いわゆる「統治行為」political question として, 裁判所が判決を出せる範囲外にあるとされた. 他方, 下院議員ジョアンナ・チェリーが原告となったスコットランドの上級民事裁判所内院では, 閉会助言が議会の立法を妨害する手段として用いられた点で, 「違法」とされた (*Cherry v Advocate General for Scotland* [2019] CSTH 49 : para. 54-60). 判決では, 首相の閉会助言に基づき, 枢密院で閉会が決定された直後に, 閣僚たちに閉会が通知されたことが明らかになった. 内閣は決定に参加していなかったわけであるが, 手続き上問題視はされず, 裁判の争点にはならなかった (同上: para. 13). ミラーとスコットランド法務官 (英国政府) の両方が, 上告した.

2019年9月24日最高裁は, ジョンソン首相の女王への5週間に及ぶ閉会「助言は違法であった. 首相の権限外でその助言は与えられた. すなわち, 閉会は無効 null and of no effect である」(*R (Miller) v Prime Minister* [2019] UKSC 41 : para.

69) と 11 人の全員一致で判示した．最高裁長官のブレンダ・ヘイルによれば，
「政府は庶民院に対して説明責任がある」(同上：para. 55) のに，首相の「助言
は，議会が憲法上の役割を実行することを妨害した」(同上：para. 56) と違法・
無効の理由が述べられた．したがって，「議会は閉会されていないということに
なる」(同上：para. 70) ので，今後の方針は議会自身が決められると付け加えた．

　この判決は，それまで一度も判決によって判断されてこなかった首相の閉会
助言を「違法」と判示した．この点で，この案件が習律から憲法律へと移動し
たとみることもできる．ジェニングスが指摘した (本書第 2 章を参照) ように，
両者の境界線は移動するものであり，予め論理で線を引けるものではない．

　この結果，ジョンソン首相は議会を再開し，その後，12 月に解散総選挙を行っ
て，庶民院の過半数を得た．

─── コラム 7　成文化された場合でも，「権限」は書かない，英国不文法 ───

　英国内外で，英国成文憲法を求める声は多い（例えば，Bogdanor 2019）．しかし，成文化したとしても権限は書かないという過去の例からして，成文化されたとしても，肝心なことは書かない憲法になるかもしれない．英国に関する近年の例は，2005年憲法改革法である．この法律は，最高裁判所を設置した法律である．しかし，合衆国憲法が，3 条 1 節で司法権力を明瞭に規定したのとは全く異なり，同じ英語圏の国でありながら，2005年憲法改革法では，権限に関することは基本的に書かれなかった．法律に関する総論的な規定は 1 条に書かれた．そこでは，「この法律は，法の支配という現行の憲法原則，あるいは，その原則との関係での大法官の現行の憲法的役割に，敵対的な影響を及ぼさない」と書かれるにとどまった．つまり，当時の状況を変えないということしか書かれなかった．

　英国では国王権力に対する法的規制は一切書かない不文の原則がある．詳しくは本書第 6 部に譲るが，これはオーストラリア憲法案の英国での可決寸前に明らかになった．その憲法案においては，憲法が国王を「拘束する」ことが明文で書かれ，その案を各州のレファレンダムで可決して，英国議会の可決を求めた．しかし，1900年，当時の英国植民地担当相ジョセフ・チェンバレンと法務官僚たちが，国王を拘束する条文を書かない習律を持ち出して，数か所の変更を要求し，オーストラリア代表団は本国からの了解も得る時間もなく，渋々書き直した．それが英国議会で可決され，オーストラリア憲法となった．君主を規制する条文を起草しないという不文の掟が明示された瞬間だった．その掟は，オーストラリアの法律家によっても予期されていなかった．それは，習律というよりも，「用法」usage と呼ぶ方が相応しいだろう．仮に英国成文憲法が起草されたとしても，権力に対する規制を何も書かないという「用法」で書かれる可能性もある．

第4部

米国の政治制度

ゲティスバーグで演説を行うリンカーン大統領. 彼は，米国政治制度の根幹をなす憲法の意味を変えた.
（出所）　Wikimedia Commons

第9章

米国の成り立ちと合衆国憲法，連邦議会

1．米国の歴史

　1492年コロンブスがアメリカ大陸を発見した時，そこはインドであると考えられ，カリブ海の諸島に「西インド諸島」という名称がつけられた．その後，アメリカ大陸には，欧州諸国から移民が続々と増え，北アメリカ大陸の東部には，多くの英国系移民たちが植民するようになった．彼らには議会の議席が与えらなかった．にもかかわらず，課税がなされたことに不満が増大した．それが有名なボストン茶会事件（1773年）に発展する．その後，1774年に第1回大陸会議を開催し，英国議会や政府の横暴を非難する「宣言と決議」を採択した．次いで，第2回大陸会議が1775年5月から1781年3月まで開催された．そこにおいて1776年7月4日に，13の「邦」がアメリカ合衆国として独立宣言を行った．次いで，1777年11月15日に，それらの「邦」は連合規約 Articles of Confederation を批准し，1781年3月1日に批准が完了した[1]．独立戦争では，英国軍を打ち破り，フランスの仲介を得て，1783年にパリ条約を締結し，英国も独立を承認した．

　しかし，独立後も，行政府の不安定さは解消されなかった．連合規約では，合衆国議会の決定権しか認められておらず，外交や軍事に関する政策は全て合衆国議会に承認されなければならなかった．これによって，英仏西などとの外

1）　米国研究の多くの日本語文献が，後に合衆国となる13の植民地を「邦」と記し，合衆国憲法が1787年憲法制定会議で議決された以後から，「州」と記してきた．有賀貞（1968：37）は，「わが国アメリカ史家の慣行に従い，合衆国憲法発効以前のステイト State を「邦」と訳し，以後のステイト「州」と区別して表記する」と述べた．この起源は，戦前から米国史研究の第一人者として有名であった東京帝国大学教授高木八尺にあると思われる．高木（1931：311-312）は，1787年合衆国憲法制定を機に13邦が13州へと転換したと述べた．合衆国建国時の13州は，独立宣言から今日まで，英語においては一貫して States と記されてきた．したがって，この考え方は日本における，一つの解釈である．そのことを明らかにしたうえで，本書もその方法を踏襲する．

交貿易関係で，多大な困難が生み出された．

　その結果，大統領に執行権力を認めることなどを規定した合衆国憲法案が1787年9月17日に憲法制定会議 Convention で合意された．その後，各邦での批准が始まり，1788年6月にニュー・ハンプシャーで批准された．これにより，憲法案7条に規定された9邦の批准が充たされ，合衆国憲法が成立・発効した（最後のロード・アイランドが批准したのは1790年であった）．89年には，その憲法に基づき，初代大統領ジョージ・ワシントンが選出された．しかし，この時点では，合衆国憲法には人権規定がほとんど存在しなかった．人権規定は，1787年の時点でも議論にはなったがまとまらなかった．その過程で，連邦が強力になることへの懸念が反フェデラリストから高まり，第1回連邦議会において，言論，出版，報道の自由や裁判を受ける権利などに関する修正1条から10条が，1791年，憲法に追加された．

　1823年には，モンロー大統領が，ヨーロッパとの相互不干渉方針を述べた一般教書を発表し，この考え方は，後にモンロー主義と呼ばれるようになった（久保 2018: 29）．その後，合衆国は西方へと領土を拡大し，1846年英国との間でオレゴン条約を締結し，オレゴンを併合し，ついに合衆国領土は太平洋に達することになった．

　その後，合衆国は，奴隷の扱いなどをめぐって，南北戦争に突入する．北部の諸州では，既に当時において工業化の進展などによって奴隷に頼らない経済の仕組みに移行しつつあり，さらに，人道的な見地から奴隷解放を支持する世論が強かった．それに対して，南部では，労働力としての奴隷への依存は経済の根幹をなしていた．奴隷解放に積極的であったエイブラハム・リンカーンの大統領当選（1860年）の後，1861年に南部7州は合衆国から分離し，アメリカ連合国の結成を宣言した．この年に大統領に就任したリンカーンは，南部7州の分離を認めようとはしなかった．南部7州はサウス・カロライナ州で戦闘に踏み切り，北部との間での戦争に突入した．この南北戦争は，1865年まで続き，その間の1863年にリンカーン大統領は奴隷解放宣言を行った．結局，戦争は北部が優勢の中，1865年1月に奴隷制禁止が盛り込まれた修正13条が連邦議会で可決され（批准は12月），戦争も4月9日に南軍の降伏で終わった．しかし，リンカーンは，その直後の4月14日，ワシントン D. C. において暗殺された．

　合衆国が国際政治のメイン・アクターとして登場するのは，1898年の米西戦争以降であると言われる．米西戦争では，海外領土をめぐってスペインと戦争

になったが，その主戦場は北アメリカではなく，フィリピンやグアム周辺とカリブ海であった．その後，1914年から18年までの第一次世界大戦では，当初中立を守っていたが，ドイツによる無制限潜水艦作戦の結果，合衆国籍の船舶も攻撃されたことを受け，英仏露三国協商側に立って1917年に参戦し，協商国側の戦勝に貢献した．この第一次世界大戦の休戦の間に行われたヴェルサイユ条約締結時に，ウッドロー・ウィルソン大統領は国際連盟の設立を訴え，国際連盟は設立されたが，合衆国自体は憲法が定める条約締結批准ラインの連邦議会上院3分の2以上の賛成が得られず，国際連盟に参加しなかった．この時の米国の態度は，上記のモンロー教書以来の欧州への不干渉原則の影響が残ったものとして語られることが多い．

　第二次世界大戦中から国際連合結成の動きは始まっていたが，ここでは，合衆国をはじめとする戦勝五大国は，安全保障理事会における「拒否権」をもつことを明確化することで，国際連盟時のような大国の不参加という事態を避けようとした．結局，米英中ソ仏が安全保障理事会の常任理事国となる国連憲章案が1945年6月までに固められた．その年の10月，国際連合が結成された．

2．合衆国憲法の制定過程と思想

（1）連 合 規 約
　1777年11月に採択された連合規約の正式名称は，「連合規約と永遠の連合」であった．この「永遠の連合」という言葉が，後の南北戦争においては重要な意味を持った．1783年に，フランスの仲介で英国との間でパリ条約が締結され，合衆国の独立は国際的にも認められることとなった．連合規約は，合衆国議会の議長を置きはしたが，議長には行政上の権限は乏しく，議決は常に13邦のうち9邦の賛成がなければならず，規約の改正は13邦で一致しなければならなかった．独立のための戦争のほかは，なるべく政府の権限を与えず，それは政府というよりも一種の「同盟」に近かったと言われた（Milkis & Nelson 2023：5）．当時の合衆国を構成した諸邦は，既に多くの邦が邦憲法を持ち，何よりも邦の自由を拘束する強い政府を恐れた．合衆国議会のほかに，政府の権力機関を置いておらず，また，各邦の意見は乱れることが多かった．連邦政府には，通商規制，課税の諸権限が確立されていなかった（樋口範雄 2011：8-9）．

　さらに，各邦は，互いの利益をめぐってたびたび争い，合衆国はそれを充分

に調停できなかった．また，各邦と連邦も多くの負債を抱え，利子の支払いに窮することもあった．連邦の財政もまだ十分に確立されていなかった．こうしたなか，ジェイムス・マディソンやアレグザンダー・ハミルトンらが，連合規約見直しのために，各邦の代表からなるフィラデルフィア会議を呼び掛けた．

（2）1787年合衆国憲法制定，それに至る過程

　1787年5月から始まった（後に憲法制定会議と呼ばれる）会議において連合規約を改めるのに際して，骨子として提出されたプランは，いくつかあったが，なかでも最も大きな影響を持ち，その後の憲法の骨格を作ったのは，「ヴァージニア・プラン」であった．このプランは，様々な人々の手が入ったが，マディソンが実質的な執筆者であったと言われている．マディソンは，ヴァージニア議会の下院議員として頭角を現し，この憲法制定議会に参加し，上記ヴァージニア・プランなどを起草し，重要な役割を果たした．マディソンは，後に，国務長官や第4代大統領を務めた．

　ヴァージニア・プランでは，各邦の富や人口に応じて民衆によって選出される下院と，諸州の候補者リストのなかから下院によって選出される上院とが提案された．この上下両院議会は，法律の可決，外交政策の指揮，公務員の任命を役目としていた．行政に関しては，ただ「国の執政」national executive が書かれているだけで，それ以上詳細な規定はなされていなかった．司法府は，「一つないしは複数の最高裁」が立法府によって選ばれることを提案し，その司法府は国家公務員の弾劾も権限に入れていた．ヴァージニア・プランでは，総じて，連邦 federal ではなく，ナショナルな権力機関について述べられていた（Milkis & Nelson 2023: 13）．その他，連合規約の下で各州が1票を持つ一院制議会が政府を選出するという「ニュー・ジャージー・プラン」や，君主の存在はないものの英国の統治システムを強く意識したハミルトンのプランも提出された[2]．

　これらの案を議論した結果，会議は，次第に連合規約の改正ではなく，新しい憲法制定が必要であるという方向に向かっていった．その議論の中で，人口の多い州と少ない州との妥協，いわゆるコネティカットの妥協と呼ばれる，ロ

2）　ハミルトンは，独立戦争などで活躍し，ジョージ・ワシントン将軍の副官となった．憲法制定議会では，ニュー・ヨークの代表として参加した．彼は，初代の財務長官となり，第一合衆国銀行の設立に尽力した．

ジャー・シャーマンの提案を議決した．この案では，人口比例で各州に割り当てられた議席からなる下院と，各州から 1 名を選出する上院とからなる連邦議会を設置することが提案された．最終的には，各州 2 名の上院議員を選出することで合意がなされた．各州 2 名の上院議員を選出するとなると，その総数は偶数となり，票が二分され，過半数評決が得られない恐れがあったが，合衆国副大統領が上院議長となり，評決で可否同数となる時のみ票を投ずるということになった．

その後，連邦議会の持つ諸権限の列挙，大統領選出方法，連邦議会可決法案に対する大統領拒否権，連邦議会による拒否権の撤回，大統領ら公務員の弾劾手続き，大統領や連邦議員の資格，憲法改正方法などについて，会議は合意した．しかし，他方で，憲法案が大きく連邦の権限を拡大しようとしていたことに対して懸念を持つ代表たちもいた．ヴァージニアのジョージ・メイソン，マサチューセッツのエルブリッジ・ゲリーらは，この憲法案には，一連の人権に関する「権利章典」Bill of Rights が必要だと考えたが，この時点では他の賛同を得られなかった．

ここでは，最後に大統領についてやや詳しく見ておく．上記のような合衆国憲法起草過程においては，結果として「大統領」President of the United States of America 創設が合意された．しかし，当初は，それを個人が担うのか，委員会とするのかなど，必ずしも明確ではなかった．

憲法制定会議において，1 名の大統領を提案したのは，ペンシルヴェニア代表の一人であったジェイムス・ウィルソンであった．彼の提案は，当初，その大統領は国王になるかもしれないという強い反対にあった．反対論者は，数名の委員会に執行権力を任せ，それを連邦議会が自由にコントロールするべきだと論じ，もし，そうすれば，1 名が亡くなっても他で対応できるとも論じた．しかし，連合規約の下で集団的決定に時間がかかった当時の経験もあった．各邦で起こる暴動などに対して対応する際に，委員会での議論がまとまらなければ手を打てない．そうした懸念から，1 名の大統領を選ぶことに支持が最終的に集まった (Milkis & Nelson 2023: 32)．

その 1 名の選び方に関しては，民衆による直接選挙は支持されなかった．ウィルソンは直接選挙を提案したが，ほとんど支持を得られなかった．大統領選挙は，各邦の連邦議会上下両院議員数と同数の選挙人団 Electoral College により，投票が行われることが決まった．選挙人は，各州の議会が定める方法によ

り，決められることになった．

　選挙人団という方式がとられ，直接選挙が排された理由は，まず，この時代には候補者を直接民衆が検討する機会がないことが懸念されたからであった．次に，民衆の直接選挙とすると，常に人口の多い北部の候補が勝利することが懸念された．選挙人団による選挙も，州を代表する選挙とならないようにするために，選挙人は，2名の候補に投票し，そのうち，少なくとも1名は選挙人と同一の州の住民であってはならない，と合意された（憲法2条1節3項）．

　この時，上院や下院が大統領を選ぶ案も検討されたが，むしろ議会が大統領と癒着してしまうことが懸念され，上下院議員と連邦官吏は選挙人になれないことが憲法上明記された（憲法2条1節2項）．この選挙人選挙の過半数を得た候補者が大統領として選出される仕組みとなり，2位の候補者が副大統領に選出されることに決まった．もし，過半数を得る候補者がいない場合には，下院が投票し，過半数獲得者を大統領に選出するが，その際には各州が1票を持つこととなった．憲法起草時においては，ヴァージニア代表の一人メイソンが「20回に19回」は過半数者が現れないだろうと述べたように，この下院による決定は，（実際には今日まであまり使われてこなかったが）当時はかなり使われるであろうやり方とみなされていた（同上: 36）．1787年の合衆国憲法には，大統領を選ぶ各州の選挙人にしか規定がなかったことには注意する必要がある．合衆国憲法自体においては，この選挙人を民衆が投票で選ぶことは書かれていない．選挙人の選出方法は各州に委ねられ，当初は州議会が選出する州もあったが，その後徐々に州での選挙の勝者がその州の全選挙人を総取りする形が主流となった（梅川健 2018a: 34）．

　大統領任期については，4年とし，再選に制限は付けられなかった．弾劾に関しては，先述の通り，訴追権限を連邦議会下院に与え，裁判権限を上院に与え，その裁判長は最高裁から選ばれることとなった（1条2節5項・3節6項）．弾劾の根拠としては，反逆罪と収賄罪が当初から合意を集めたが，それだけでは狭く，大統領が横暴に走った時に止められないという考え方から，「行政の失敗」全般に拡大しようという議論もあった．しかし，それでは単なる不人気までを弾劾の理由にしてしまう事態になるので，やはり制限が必要だということになり，「その他の重大な罪または軽罪」（2条4節）という表現に落ち着いた（Milkis & Nelson 2023: 22）．

　合衆国大統領に対する弾劾に関しては，合衆国憲法制定以後長い間訴追の

ケースはなかった．しかし，1868年に，アンドリュー・ジョンソン大統領が，
役職任期法に違反したとして，弾劾訴追された．この役職任期法においては，
政府の役職者の解任は連邦上院の承認なしには認められなかった（なお，この法
律は1887年に廃止されている）．ジョンソン大統領は，にもかかわらず，陸軍長官
を罷免し，後任を任命した．この件で，連邦下院から弾劾訴追された．しかし，
上院の裁判では有罪票が 3 分の 2 に届かず，ジョンソン大統領は1868年に無罪
とされた．その後，1974年に，連邦下院司法委員会が，ウォーターゲイト事件
に関与したとしてニクソン大統領の弾劾を勧告し，ニクソンは下院本会議での
弾劾訴追議決を待たずに辞任した．1999年には，ビル・クリントン大統領が自
らの不倫事件に絡んで偽証や司法妨害を行ったとして，連邦下院からの弾劾訴
追を受けたが，上院の裁判では無罪となった．さらに，2019年と21年に，ト
ランプ大統領は 2 度の弾劾訴追を受けた．最初は，職権の濫用と議会妨害を理由
に，2 度目は，連邦議会議事堂乱入に至った「反乱の扇動」を理由に連邦下院
から弾劾訴追された．2 度目弾劾裁判では，上院共和党からも有罪投票があり，
過半数は超えたが，3 分の 2 に至らず，無罪となった．

　拒否権については，それが国王をイメージするという反対もあったが，連邦
議会両院による 3 分の 2 で覆すことができるという所で落ち着いた（1 条 7 節
2 項）．武力行使については，緊急事態がこの時代多くあったため，即応性を
重視して，大統領が州の民兵団も含めた合衆国軍の「最高司令官」（2 条 2 節 1
項）とされた．ただ，あまりにも強大な権限を与えすぎないために，「宣戦布
告」の権限は連邦議会に属することになった（1 条 8 節11項）．条約締結に関し
ては，大統領に権限を持たせるべきという意見と，連邦議会上院に権限を持た
せるべきという意見とが対立した．最終的には，「大統領は，上院の助言と承
認を得て，条約を締結する権限を有する」，ただし，上院出席議員の 3 分の 2
以上の賛成が必要ということとなった（2 条 2 節 2 項）．

　1787年 5 月から始まった憲法制定会議は，9 月17日に，「権利章典」の欠如
などに不満を持った数名の代表を除く，各州代表たちの多くが，合衆国憲法案
に署名し解散した．その後，各州では，批准に向けた議論が始まった．しかし，
合衆国憲法案に表された強い連邦政府構想に対する反論が，ニュー・ヨークの
新聞紙上において，多く掲載されるようになった．これらの動きは，後に「ア
ンチ・フェデラリスト」と呼ばれるようになった．こうした動きに対して，憲
法案起草者の一人であるハミルトンも新聞紙上で反論を始め，そこにジョン・

ジェイやマディソンたちも加わった．彼らの論文は，後に『ザ・フェデラリスト・ペーパー』として出版され，法的にも政治的にも重要な論文集となった．

　なかでも，マディソンの論文は，合衆国憲法の権力分立論の問題意識を鮮明に浮かび上がらせた．『ザ・フェデラリスト』51篇において，マディソンは，権力分立の問題意識について「野望には，野望をもって対抗させねばならない」と述べた．彼によれば，「もし，天使が人間を統治するというならば，政府に対する外部からのものであれ，内部からのものであれ，抑制など必要とはしないであろう．しかし，人間が人間の上に立って政治を行うという政府を組織するにあたっては，最大の難点は次の点にある．すなわち，まず政府をして被治者を抑制しうるものとしなければならないし，次に政府自体が政府自身を抑制せざるを得ないようにしなければならないのである」(マディソン 1999: 238).

　こうした権力分立論は，英国のジョン・ロックやフランスのモンテスキューが有名である．しかし，マディソンによれば，「モンテスキューが真に言おうとしたことは」，「ある部門の全権力が，他の部門の全権力を所有するものと同じ手によって行使される場合には，自由なる憲法の基本原理は覆される，ということ以上には出ないのである」(同上: 215-16). モンテスキューの三権分立論は，彼による英国政治の描写であり，英国の政治家や学者たちは，先述したように，英国の政体を「混合政体」と認識していた．モンテスキューの『法の精神』においては，三権分立は専ら立法・司法・行政が排他的に分立するようにも読めるが，マディソンによっては，そうした排他的な分立に留まらない抑制と均衡 check and balance の原理が合衆国憲法に組み込まれた．それに関して，マディソンによれば，立法・司法・行政という「三部門が相互に憲法上の抑制権を行使しうるように，互いに関連，混合していなければ，自由な政府にとって不可欠のものとして要求されている権力分立の公理は，実際には正しく維持することができない」(同上: 225). 英語圏においては，合衆国の政治制度に関しては権力分立 separation of powers が使われ，三権分立 separation of three powers という表現はモンテスキューの表現に対して使われることが圧倒的に多い．用語的には，両者は区別されていると言ってよいだろう．

　このような抑制と均衡の論理は，連邦議会という立法府内にも見られる．マディソンによれば，『ザ・フェデラリスト』51篇において「共和国政府にあっては，立法部の権能は必然的に優位に立つことになる．そこで，この不都合を修正するために，立法議会を二つの議院に分割することが必要である．そして，

異なった選挙方法や，異なった運営原理を持って，この両院をして，その〈立法機関としての〉共通の機能や，ともに社会に依存しているという性格の許す限り，できるだけ相互に関係のないようにしておく必要がある」(マディソン 1999: 239) と述べられた．この結果，合衆国においては，連邦議会上下両院の多数党が異なり，時には大統領与党とも異なることによって，権力の集中と暴走に対するチェックの仕組みが内在されていると言える．他にも，合衆国憲法においては，後にみるように，軍の司令官 (大統領) と宣戦布告 (連邦議会)，大統領弾劾訴追 (連邦下院) と裁判 (連邦上院・最高裁判事) のように，単に三権分立に留まらない抑制と均衡のシステムが存在してきた[3]．

　もっとも，合衆国における「権力分立」自体は，こうしたマディソンの考え方からだけなるものではなく，その後の連邦政治の発展の中で変化していった．近年の研究では，マディソンの考え方自体が憲法制定会議の時にも権力分立支持というより，立法権への対抗に重点を置いていたことや，そうした考え方自体が後には変化し，より州の権利を擁護するようになったことも明らかにされてきた (上村 2021: 329–73)．

　その他，大統領は行政各部門に意見を文書で求めることができ (2条2節1項)，「大統領は，随時，連邦議会に対し，連邦の状況に関する情報を提供し，自ら必要かつ適切と考える施策について審議するよう勧告するものとする」(2条3節) とされた．恩赦の権限，連邦議会招集の権限なども大統領に与えられた．

コラム8　条 Article，節 Section，項 Clause について

　合衆国憲法は7つの条 Article の下に，番号が振られた節 Section があり，その下に明示的に番号は振られていないが，項 Clause がある．本書で，「憲法2条1節3項」のような表記がみられる場合は，the US Constitution の Article 2，Section 1，Clause 3 を指している．なお，この合衆国憲法の Article，Section，Clause には様々な翻訳例がある．Article を「章」「篇」と訳している例もある．それらも間違いではない．ただ，用例としては Article を条と訳しているケースが多いこと，日本国憲法などの場合でも9条は Article 9 として英語圏でも定着していることから，上記のように Article を条と訳した．

---

3) アメリカ憲法を専門とする松井茂記によれば，「権力の共有」の上での権力分立であると述べられた (松井 2018: 37)．

3．合衆国議会

　合衆国憲法では，1条1節に「この憲法によって付与される立法権力は，すべて合衆国連邦議会に属する．連邦議会は，上院および下院で構成される」と規定された．

　合衆国議会下院は，英語では House of Representatives で日本語表現としては代議院と訳される場合が多いが，英語の綴りだけを見れば日本の「衆議院」の英訳と全く同じである．また，Representatives という表現から分かるように，合衆国の市民を代表するのはこの下院である．この下院は，「各州の州民が2年ごとに選出する議員でこれを組織する」（1条2節1項）．25歳に達していない者，合衆国市民となって7年に満たない者，その選出された州の住民でない者は，下院議員になることはできない（同節2項）．連邦下院議員の定数は各州の人口によって配分されるが，各州最低1名が与えられる（同節3項）．なお，1787年憲法制定当時，下院議員の定数配分の基礎となる州民は，自由人に，（投票の権利を与えられていない）奴隷の数が5分の3加えられることになっていた．これによって，憲法制定以後，1868年の修正14条まで，奴隷には投票権が与えられなかったにもかかわらず，奴隷の数が下院議員の定数配分の基礎に含められていた．

　合衆国上院は，英語では Senate で日本語表現としては元老院と訳されることが多い．Senate の由来は，古代ローマの元老院 Senatus であると言われる．上院は，各州から2名ずつ選出される上院議員で組織され，その任期は6年で（1条3節1項），3分の1ずつ2年ごとに改選される（同節2項）[4]．30歳に達していない者，合衆国市民となって9年に満たない者，その選出された州の住民でない者は，上院議員になることはできない（同節3項）．この上院は，1913年修正17条が制定されるまで，州議会において選出されていた．しかし，それが上院議員の州議会ボスへの従属を生み出しているという議論が多く，幾多の失敗を経ながらも，ついに1913年に憲法修正となった．修正17条1項によって，上院議員が「州民によって」選出されることとなって以来，上下両院選挙は2年

---

4)　最多のカリフォルニア州と最少のワイオミング州との人口差は，70倍近い．州2名ごとの上院議員なので，「1票の格差」は非常に大きい．しかし，憲法で州に2名の上院議員が規定されているので，その差は憲法により定められている．

ごとの11月に行われることとなった．大統領選挙のない時の合衆国上下両院選挙は，中間選挙 mid-term election と呼ばれるようになった．

　上下両院の権限に関しては，1条7節1項において，「歳入の徴収を伴うすべての法律案は，下院で先議されなければならない．但し，上院は，他の法律案の場合と同じく，これに対し修正案を提案し，または修正を付して同意することができる」とされており，いわゆる予算に関して，下院は先議権しか持っていない．同節2項においては，上下両院で可決された法案に対して，大統領は，「承認する場合はこれに署名し，承認しない場合は，異議を付してこれを発議した院に返付する」．法律案は上下両院が可決した後，「両議院の同意を要するすべての命令，決議または表決（休会にかかわる事項を除く）は」議決後，全て大統領に送付され，その承認によって効力を生ずる．大統領が拒否権を行使した場合は，議会の両方の院が3分の2以上の多数で再可決した時，大統領の拒否権は乗り越えられ，法律案は法律となり，命令，決議または表決は効力を生ずる．弾劾に関しては，既にみたように，訴追は議会下院に，裁判は議会上院に権限的に属する．[5]

　その他，憲法1条6節1項では，「叛逆罪，重罪および平穏を乱す罪を犯した場合を除いて」，議会への出席中あるいは出退席の途中で逮捕されない特権を有し，院内での演説や討論の責任を問われない．2項では，いずれの院の議員も他の合衆国の文官職とは兼務できないこと，合衆国の公職にある者がいずれの院の議員も兼務することができないことが規定された．

　合衆国議会の権限については，宣戦布告，陸海軍の設置，租税，関税，国債発行，貨幣鋳造の他，逐一上げないが1条8節に多数が列挙された．既にみたとおり，合衆国憲法制定にあたって，連邦中央にある程度の権限を認めなければならないが，同時に，その範囲を限定して，合衆国政府や議会が決して強大な権限をふるわないようにしなければならないという問題意識があった．

　なお，1条9節には，連邦立法権の制限が書かれた．いくつかを紹介しておく．まずは，同節1項の「合衆国議会は，1808年より前においては，現に存する州のいずれかがその州に受け入れることを適当と認める人々の移住または輸

　5）　弾劾と，他の民事・刑事の責任とは区別されている．憲法1条3節7項に「弾劾の裁判において有罪とされた者が，法律に従って，訴追され，裁判及び判決を受け，刑罰に服することを妨げない」と規定されている．ただ，現職の大統領が刑事訴追されたことはない（樋口範雄 2011: 100）．

入を，禁止することはできない」とする条項である．ここで，「移住」「輸入」と呼ばれている人々は，奴隷を意味していた．1776年合衆国「独立宣言」では，「すべての人間は生まれながらにして平等」と謳われていながらも，その後の憲法においては，奴隷の存在は事実上認められた．憲法制定当時から，奴隷制をどうするのかについては議論があったが，合意できず，1808年までは認める方向となった．同節2項では，「人身保護令状の特権は，反乱または侵略に際し公共の安全上必要とされる場合を除いて，停止されてはならない」と書かれた．ここでいう人身保護とは，原文ではhabeas corpus（ラテン語で「人身を保持する」の意味）と言われる．この条項では，その人が裁判所に人身の保護を訴える特権があり，それは反乱または安全上必要がある場合を除いて停止されてはならないという意味になる．この起源は，英国の1600年代に国王の恣意的な逮捕権限の行使を問題としたことに由来する．また，同節3項には，「私権剥奪法または事後法を制定してはならない」と規定された．これもかつての英国王の専横を念頭に置き，裁判によらない投獄を私権の剥奪と考えている．同節7項では，「国庫からの支出は，法律で定める歳出予算によってのみ，これを行わなければならない」とされ，日本のように法律ではない「予算」という形式を排除している．同節8項では，貴族の称号を授与しないと規定した．

　立法府について規定したこの1条では，10節で州権力の制限も明確にした．州は，独自に条約を結んだり，通貨を鋳造したりしてはならず，連邦議会の同意を得ずに，州間の関税を課してはいけないと規定された．

第10章

大統領と連邦議会選挙

1．合衆国大統領の権限

　合衆国憲法2条1節は，「執行権力は，アメリカ合衆国大統領に属する」と規定した．ここでいう執行権力は，executive power である．合衆国憲法の日本語訳においては，この部分に「行政権」という訳語を当てる場合も多い．ただ，日本語で言う行政法の英語名称は，administrative law であり，そこに executive という形容詞が付くわけではない．したがって，日本語として，執行権力と訳すべきか，行政権力と訳すべきか，というのは必ずしも決まっていないと言ってよい．ここでは，「執行権力」をあてておく．

　正副大統領の任期は4年で，先述の通り，選挙人による投票で選出される．しかし，1804年の改正により，大統領選挙の「選挙人は，一つの投票用紙に大統領として投票する者の氏名を記し，他の投票用紙に副大統領として投票する者の氏名を記す」（修正12条）こととなった．つまり，選挙人が2名の大統領候補を記す選挙から，1名の大統領候補と1名の副大統領候補を記す選挙へと変わった．この理由は，1800年大統領選挙にあった．

　当時既に合衆国では，党派ができつつあった．憲法と権利章典制定のなかで，一層強い連邦政府形成を目指すハミルトンと，それに反発するトマス・ジェファーソンらとの対立のなかで，やがて前者が連邦派，後者が民主共和派と呼ばれるようになった．連邦派は商業化の進んだ北東部，民主共和派はプランテーション農業が中心の南部諸州で比較的強い支持を集めていた．合衆国憲法制定において，強い連邦政府をつくるために議論をリードしたマディソンは，ハミルトンの第一合衆国銀行構想が憲法の規定以上に強い連邦政府を生み出してしまうと反対の論陣を張り，民主共和派として，今度は強すぎる連邦政府規制に回った（岡山 2020: 42-46）．

　1800年大統領選挙は，この民主共和派対連邦派の争いであったが，ともに民主共和派の支持を得たジェファーソンとアーロン・バーは，選挙人投票で同数

票となってしまった．つまり，民主共和派は連邦派に対して選挙で勝利したが，民主共和派大統領候補2名が同数の得票となった．このままでは大統領選挙当選者は決定しないので，憲法に従い，次のステップである下院投票による大統領選出となった．憲法2条1節3項によれば，その下院投票では，州が1票を持つ形での決戦投票となり，過半数得票で当選者が決する．しかし，この下院では，当時連邦派が多数であった．実に皮肉なことに，選挙人投票では既に敗れていた連邦派が下院投票でジェファーソンかバーかの決め手を握っていたのである．当時の合衆国は16州であったので，過半数は9票であったが，なかなか過半数を取る候補者が現れず，実に36回目の投票でジェファーソンが大統領として選出された．連邦派のハミルトンがバーを危険人物とみなし，下院連邦派に対してジェファーソンに投票するよう呼びかけた結果であった．

1800年の2候補同数得票という問題は，1人の選挙人が2名に投票することから生じたと考えられた．そこで，1804年の改正では，1人の選挙人が1名の大統領と1名の副大統領を選ぶという今日の形式となった．当時は既に大統領選挙人の多くが民衆による選挙の結果選出されていたが，1804年修正12条においても，民衆による選挙人選挙については一切規定されなかった．

選挙人に関しては憲法上明確な規定があるにもかかわらず，選挙人を選出する民衆の選挙に関して合衆国の法律がないことで，問題となったケースが後にあった．1876年大統領選挙である．この大統領選挙の最初の開票結果では，ラザフォード・ヘイズ（共和党）165票に対してサミュエル・ティルディン（民主党）が184票を獲得したが，過半数に1票足りなかった．なぜならば，サウス・カロライナ，フロリダ，ルイジアナの南部3州の集計結果に疑義があり，決定できなかったからであった．合衆国議会は上下両院議員と最高裁判事たち15名から構成される特別選挙委員会に3州選挙人の決定を委ねる立法をした．その結果，選挙委員会は3州の選挙人を全て共和党に与え，最終結果は，選挙人票ヘイズ185対ティルディン184となり，ヘイズが大統領に選出された．この間，民主党は結果を認める代わりに，南部諸州からの（南北戦争時の）北軍の撤退で妥協した（1877年の妥協）．こうした事態の再発を防ぐために，1887年選挙集計法が後に制定され，州の選挙人に対する民衆の投票結果を確定させる「セーフ・ハーバー」（期限）が設けられることになった．この法律の下では，各州は選挙人投票が行われる6日前までに選挙結果を確定し，選挙人の任命を巡る争いを解決することとされた．また，合衆国議会は選挙人投票の開票を行う際，各州

が確定したその結果を"最終的なもの"として扱い，異議を申立てないこととされた（Milkis & Nelson 2023: 452）．合衆国大統領選挙では，日本の選挙とは異なり，翌日などに最終投票結果は発表されない．このセーフ・ハーバーまでに最終結果を決定することとなっているからである．

　大統領の権限については，2条2節1項において，「大統領は，合衆国の陸海軍および，合衆国の現軍務のため召集された各州の民兵団の最高司令官である」と規定された．先述した2条1節1項の「執行権力」の規定と合わせて，大統領は武力行使の権限を持っていると理解されている．憲法案起草時の議論においては，戦争を行う権限を連邦議会に与える案もあったが，その時点で多くの対外的・対内的紛争を抱えており，連邦議会に戦争権限を与えてしまっては時間がかかり，紛争自体も容易に収めきれないと考えられた．結局，連邦議会の戦争に対する権限は「戦争を宣言する」こと（すなわち宣戦布告）に限定された．実際，合衆国が戦争宣言をしたのは数回に留まり，そのもっとも最近の例は第二次世界大戦時に，当時の枢軸国に対して宣言したものであった．朝鮮戦争，ベトナム戦争，湾岸戦争，コソボ戦争，イラク戦争などは，いずれも宣戦布告なき武力行使であった．もっとも，ベトナム戦争では合衆国の介入が失敗した上に多くの兵士を失ったため，連邦議会は1973年戦争権限法を，大統領拒否権行使を乗り越えて制定した．

　この1973年戦争権限法においては，大統領が軍を戦闘参加させる時には事前に連邦議会と協議すること，軍の投入後48時間以内に書面で連邦議会に報告を行うこと，連邦議会が延長を承認しない場合は60日以内に合衆国の武力行使を終結することが規定された．しかし，当時拒否権を行使したニクソン大統領をはじめ多くの大統領は，この法律を，大統領の執行権を不当に制限するもので憲法違反であると述べてきた．もっとも，その実質的圧力はあり，後に米軍が軍事介入する時の多くでは連邦議会決議を得て行動した（松井 2018: 167）．オバマ政権は2013年にシリア攻撃に関して，連邦議会の承認を得ようとしたが，議決できる公算が立たずに採決を断念し，攻撃も断念した．

　2条2節2項においては，大統領は，上院の助言と承認を得て条約を締結する権限を有しているが，この場合には出席議員3分の2以上の賛成を要する．上記の条約締結に関しては，国際連盟への加盟が失敗したことが有名である．今日では，かなりの条約や協定が，憲法に規定された条約ではなく，行政協定であると解釈され，上記の上院3分の2の賛成というハードルを経ずに，大統

領が締結してきた. 気候温暖化防止に関するパリ協定も, その一つであった.
パリ協定は, 2015年当時のオバマ大統領や各国の政府が賛成し, 2016年に発効
した. しかし, トランプ大統領の下で合衆国は脱退し, 2021年バイデン大統領
はパリ協定に復帰した.

　また, 2項において, 大統領は, 大使その他の外交使節および領事, 最高裁
判所判事, その他の合衆国官吏を指名し, 上院の助言と承認を得て任命する.
権力分立 (抑制と均衡) の原理の下で, 後に見るように, 最高裁判所判事たちも
政治的力の中で大統領に指名され, 時には, 上院により承認が拒否されたりし
た場合もあった. これがためにトランプ大統領は, 限られた重要ポスト以外で
大量のポストを正式に任命せず, 「代理」という手段でより自分の裁量のきく
人事を行い, 上院の承認手続きを避けた (梅川健 2021: 18).

　2条3節においては, 大統領の義務が定められた. その条文が義務付けると
ころでは, 大統領は, 適宜, 合衆国に関する情報を連邦議会に与えなければい
けない. また, 彼が必要であり時宜にかなっていると考える方法を, 連邦議会
に対して勧告する. いわゆる一般教書である. ワシントン大統領とアダムズ大
統領は, 連邦議会で教書演説を行ったが, ジェファーソン大統領はその先例を
「君主的」で時間の無駄遣いと廃し, その代わりに文書で送るようにした. こ
の先例が1913年にウィルソン大統領が連邦議会で演説するまで踏襲された
(Milkis & Nelson 2023: 255). ウィルソン大統領以後, 多くの大統領は連邦議会,
あるいはラジオやテレビによって一般教書演説を行ってきた.

　今日, 一般教書演説は, 形式上, 連邦議会上院に大統領を招いて行われる.
したがって, 議員たちが拍手をする[1]. 通常, 米大統領は連邦議会に出席するこ
とはない. 一般教書演説では, 大統領の後ろに, 上下両院議長 (上院議長は副大
統領) が着席する. 「ねじれ」が多い米国連邦議会では, 下院議長が大統領の
反対党所属の場合もある. そこで, 時としてハプニングが起こる. 2020年, 下
院議長ナンシー・ペロシ (民主党) は, トランプ大統領が一般教書演説を終え
た直後, 真後ろで彼の原稿を引き裂き, それが全世界にテレビで放映された.

---

1)　安倍政権では, 国会において与党議員が安倍総理の演説の節目において起立して拍手
　するということがあった. 米国大統領の一般教書演説と非常によく似た光景となったが,
　米国大統領の一般教書演説は, あくまで連邦議会が大統領を議場に招待して行われる.
　常に総理が臨席している日本の国会においては, 総理が国会に招かれているわけではな
　い.

トランプ大統領一般教書演説後，原稿を引き裂こうとするペロシ下院議長
（出所） Gettyimages.

　なお，一般教書演説は，それ自体には法的拘束力はなく，また，大統領自身
も法律案を提案する権限を持っていない．もちろん大統領が持つ方針で法律案
が提案されることがあるが，その場合でも，提案者は彼の意向をくむ議員たち
であり，大統領でも彼が任命した官吏でもない．

　また，大統領は予算に関しても教書を発する．いわゆる「予算教書」である．
しかし，予算教書は，2 条 3 節における議会への大統領の勧告にとどまり，何
ら拘束性を有していない．予算に関しては，憲法上連邦議会に予算編成権限が
ある．大統領の意向を受けた議員たちが予算案を提案する．そのため，上下院
のいずれか，または両方の過半数を大統領が失っている場合には，予算法案な
どが可決されずに，「政府閉鎖」government shutdown という事態にもたびた
び至った．1995 年から 96 年には，クリントン政権下の財政均衡化策をめぐる交
渉が難航し，政府閉鎖という事態に発展した．また，2018 年から 19 年にかけて
トランプ政権下では，メキシコ国境の壁の建設費をめぐって予算法案の可決が
遅れ，政府機関が閉鎖に追い込まれた．日本の総理大臣が与党多数に依拠して
予算や法律案を概ね成立させたり，英国の政府が習律に基づいて歳入法案など
を成立させたり，フランス政府が憲法上の権限で予算法案を国会に提出後 70 日
以内に事実上成立させたりすることができるのと比べると，合衆国大統領は予

算成立に関して制度的に強力な権限を持つわけではない.

2. 大統領および連邦議会選挙

（1）投票率，有権者登録，予備選挙，党員集会

　合衆国における連邦および州の選挙は，日本とは異なり，住民登録とはまた別の手続きによる有権者登録をもって行われる．郵便などによる簡素な手続きであるが，必ずしも全てに近い市民が有権者登録をしてきたわけではない．2020年大統領・上下両院選挙における有権者登録の比率は72.6％（対合衆国市民）であった．投票率は，合衆国市民の66.8％であった（Fabina & Scherer 2022: 3）.

　合衆国においては，この有権者登録時に政党登録を行う州が多い．この有権者登録時に政党を登録すると，その州における当該政党の候補者を決定する予備選挙や党員集会での投票権を得ることができる．予備選挙や党員集会への参加要件は各州によって異なるが，大別すると，政党登録をした人しか参加できない閉鎖型予備選挙・党員集会を行う州，他党登録者でも参加できる開放型予備選挙・党員集会を行う州，政党登録していなくても参加できる半開放型予備選挙・党員集会を行う州などがある．なお，大統領・合衆国議会選挙だけでなく，予備選挙および他の選挙への投票も，1965年修正24条において認められた合衆国市民の憲法上の権利である．これら政党の予備選挙や党員集会への参加は，このように法的に認められているが，実際の参加は，11月の一般投票（選挙人を選ぶ民衆による選挙）と比べて低い．2012年の大統領候補全米予備選挙の投票率は，わずか5.2％であった（Bowles & McMahon 2014: 102）.

　特定の場所に党員を集める党員集会であるとさらに低い．したがって，少数であるが熱心な支持者が多い陣営が党員集会で勝利することもある．1988年の黒人牧師ジェシー・ジャクソン（大統領候補）は，アイオワ州やテキサス州の民主党党員集会で最多の支持を得た．他方，同年に共和党の大統領候補者として指名を得たG. H. W. ブッシュは，予備選挙で圧勝しながらも，10州の党員集会中7州を落とした．大統領選挙予備選挙・党員集会での候補者に与えられる代議員数も，党により異なる．共和党では勝者がその州の全代議員を取る方式を概ね取り，民主党では候補者獲得代議員は州における候補者の獲得割合に応じて比例配分する場合が多い（同上: 102-03）.

（2）連邦議会選挙と大統領選挙

　合衆国憲法 1 条 4 節 1 項で，「上院議員および下院議員の選挙を行う日時，場所，方法は，各々の州においてその立法部が定める」とされた．上院に関しては，1913年の修正17条までは，各州議会などで選出されていたので，選出時期はバラバラであったが，修正17条以降は，偶数年に上院の 3 分の 1 を改選し，その選挙は，各州で下院選挙と同時に行われてきた．今日，合衆国議会選挙は，偶数年の11月の最初の月曜日の次の火曜日に行われ，翌年の 1 月 3 日に就任する（合衆国法典 3 U. S. Code § 15）．その結果は，**表10-1** の通りである．[2]

　合衆国の大統領選挙は，2020年大統領選挙を例にとると，**図10-1** の通りの日程で行われた．まず，各党大統領候補者を決定するプロセスから始まる． 2 月初旬のアイオワ州党員集会から始まり，ニュー・ハンプシャーの予備選挙を経て， 3 月に多くの州の予備選挙や党員集会が集まるスーパー・チューズデーを迎える．大統領選挙候補者は，正式には夏に行われる党大会で決定されるが，過去の例では，このスーパー・チューズデーで大勢が決まってしまう場合も多かった．民主党では，予備選挙や党員集会で候補者への投票を宣誓した代議員とは別個に，どの候補に投票するかは各自に委ねられた特別代議員の票が15%近くある．2008年大統領選挙候補者の民主党指名をめぐっては，オバマとヒラリー・クリントンが接戦で，党大会の特別代議員票で決着する可能性もあったが，直前にオバマがリードを広げ，それを受けて特別代議員の多くもオバマ支持を表明して，決着した．副大統領候補は，これらの党大会までに民主党・共和党の候補者が指名し，党大会で正式に選出され，党員たちに紹介される．

　その後，（形式上は民衆が選挙人を選ぶ）「一般投票」に向けての選挙運動が行われ，11月最初の月曜日の次の火曜日に一般投票が行われる．そして，開票は直ちに行われるが，膨大な数の票を集計するには時間がかかり，通例，マスコミなどによる「当選確実」が先に流される．投票結果が確定するのは，先述のセーフ・ハーバーであり，2020年大統領選挙のように接戦となると，その間に訴訟も含めて様々な動きが表面化する場合がある．

　そのセーフ・ハーバーの 6 日後に，各州で選挙人による投票が行われる．その開票は，合衆国法典 3 篇15条により，一般投票の翌年 1 月 6 日と規定される．

　2）　合衆国法典 the U. S. Code とは，合衆国の諸法規を，総則，議会，大統領などに再編成してまとめたものである．"3 U. S. Code § 15" は，合衆国法典 3 編15条を意味する．

表10-1　合衆国連邦議会選挙結果（1948-2020年）

年	下院 民主党	下院 共和党	他	上院 民主党	上院 共和党	他	大統領	連邦議会【分】は分割政府
1946	188	**246**	1	45	**51**		民主	【分】両院で少数派
1948	**263**	171	1	**54**	42		民主	両院で多数派
1950	**234**	199	2	**49**	47	1	民主	両院で多数派
1952	213	**221**	1	47	**48**	1	共和	両院で多数派
1954	**232**	203		**48**	47	1	共和	【分】両院で少数派
1956	**234**	201		**49**	47		共和	【分】両院で少数派
1958	**283**	154		**64**	35		共和	【分】両院で少数派
1960	**263**	174		**64**	36		民主	両院で多数派
1962	**258**	176	1	**67**	33		民主	両院で多数派
1964	**295**	140		**68**	32		民主	両院で多数派
1966	**248**	187		**64**	36		民主	両院で多数派
1968	**243**	192		**58**	42		共和	【分】両院で少数派
1970	**255**	180		**55**	45		共和	【分】両院で少数派
1972	**243**	192		**57**	43		共和	【分】両院で少数派
1974	**291**	144		**61**	38		共和	【分】両院で少数派
1976	**292**	143		**62**	38		民主	両院で多数派
1978	**277**	158		**59**	41		民主	両院で多数派
1980	**243**	192		47	**53**		共和	【分】下院で少数派
1982	**269**	166		46	**54**		共和	【分】下院で少数派
1984	**253**	182		47	**53**		共和	【分】下院で少数派
1986	**258**	177		**55**	45		共和	【分】両院で少数派
1988	**259**	174		**55**	45		共和	【分】両院で少数派
1990	**267**	167	1	**56**	44		共和	【分】両院で少数派
1992	**258**	176	1	**57**	43		民主	両院で多数派
1994	204	**230**	1	47	**53**		民主	【分】両院で少数派
1996	207	**227**	1	45	**55**		民主	【分】両院で少数派
1998	211	**223**	1	45	**55**		民主	【分】両院で少数派
2000	212	**221**	2	50	**50**		共和	両院で多数派
2002	205	**229**	1	48	**51**	1	共和	両院で多数派
2004	201	**232**	1	44	**55**	1	共和	両院で多数派
2006	**233**	202		49	49	2	共和	【分】両院で少数派
2008	**257**	178		**55**	41	2	民主	両院で多数派
2010	193	**242**		**51**	47	2	民主	【分】下院で少数派
2012	200	**233**		**53**	45	2	民主	【分】下院で少数派
2014	188	**246**		44	**54**	2	民主	【分】両院で少数派
2016	194	**241**		46	**52**	2	共和	両院で多数派
2018	**235**	199		45	**53**	2	共和	【分】下院で少数派
2020	**222**	213		48	**50**	2	民主	両院で多数派

（注）　2020年議会上院選挙で諸派を含むと民主党は50議席を占め，上院議長（副大統領）
　　　を考慮すると上下両院で多数派となった．2000年は，副大統領就任（上院議長就任）
　　　によって上院で共和党が多数派となった．しかし，補欠選挙などで民主党が議席を
　　　獲得し，その後は民主党が多数派となった．

（出所）　Bernstein & Shannon（2022: 32-33）.

図10-1 2020年大統領・副大統領選挙の日程

共和党		民主党
	2 月 3 日アイオワ州党員集会	
	2 月11日ニュー・ハンプシャー州予備選挙	
	3 月 3 日スーパー・チューズデー	
8 月24—27日 全国党大会 （副大統領候 補決定）		8 月17—20日 全国党大会 （副大統領候 補決定）
	11月 3 日一般選挙（選挙人獲得のための民衆選挙），その後開票	
	12月 8 日セーフ・ハーバー（選挙人決定期限）	
	12月14日選挙人投票	
	翌年 1 月 6 日上下両院合同会議での開票・当選確定予定	
	1 月20日就任式	

（出所） 筆者作成

　この開票は，上院議長，すなわち副大統領の責任で行われ，結果が発表される．ここにおいて，選挙人の過半数を得た候補者がいる場合は，その候補者が大統領として当選する．もし，過半数候補者がいなかった場合は，州を 1 票として単位にした下院議員団の投票で過半数を得た候補が大統領に選出される．1933年の修正第20条により，翌年 1 月20日に，新大統領の就任式が行われる．

　先述のように，合衆国大統領選挙は，直接選挙ではなく，選挙人団を選ぶ選挙である．したがって，2000年や2016年のように，一般選挙全米最多得票者が過半数選挙人を獲得できず，全米得票数 2 位の候補者(2000年 G. W. ブッシュ，2016年トランプ)が過半数選挙人を獲得して，大統領として選出されるということが起こりうる (**表10-2**)．特に，2000年大統領選挙においては，フロリダ州で「えくぼ票」(投票用紙上の不完全なパンチしかない票)の集計をめぐって再集計が繰り返され，また法廷闘争となっていった．最終的には，連邦最高裁の判決後ゴ

表10-2　大統領選挙結果（1948-2020年）

年	民主党			共和党		
	候補者	選挙人	獲得票数	候補者	選挙人	獲得票数
1948	トルーマン	303	24,105,810	デューイ	189	21,970,064
1952	スティーヴンソン	89	27,314,992	アイゼンハワー	442	33,777,945
1956	スティーヴンソン	73	26,022,752	アイゼンハワー	457	35,590,472
1960	ケネディ	303	34,226,731	ニクソン	219	34,108,157
1964	ジョンソン	486	43,129,566	ゴールドウォーター	52	27,178,188
1968	ハンフリー	191	31,275,166	ニクソン	301	31,785,480
1972	マクガヴァン	17	29,170,383	ニクソン	520	47,169,911
1976	カーター	297	40,830,763	フォード	240	39,147,793
1980	カーター	49	35,483,883	レーガン	489	43,904,153
1984	モンデール	13	37,577,185	レーガン	525	54,455,075
1988	デュカキス	111	41,809,074	G.H.W. ブッシュ	426	48,886,097
1992	B. クリントン	370	44,909,326	J. ブッシュ	168	39,103,882
1996	B. クリントン	379	47,402,357	ドール	159	39,198,755
2000	ゴア	266	50,992,335	G.W. ブッシュ	271	50,455,156
2004	ケリー	251	59,028,439	G.W. ブッシュ	286	62,040,610
2008	オバマ	365	69,498,516	マケイン	173	59,948,323
2012	オバマ	332	65,587,106	ロムニー	206	60,848,302
2016	H・クリントン	232	65,853,625	トランプ	306	62,985,106
2020	バイデン	306	81,282,916	トランプ	232	74,223,369

（注）　民主党，共和党以外の候補者は，選挙人を獲得している場合も省いている．
（出所）　Bernstein & Shannon（2022: 22-23）.

アが敗北を認め，決着した．2020年大統領選挙においては，トランプ陣営はいくつかの州で訴訟を起こし，集計結果の無効などを訴えたが，いずれも敗北した．しかし，トランプはゴアとは異なり，最後まで集計を覆すことをあきらめなかった．2021年1月6日に当時のトランプ大統領の支持者が連邦議会ビルに乱入したが，その目的は，この選挙人投票の開票結果発表を妨げることを意図したと言われる．合衆国大統領選挙では，セーフ・ハーバーを待たず，敗者が勝者を祝福して敗北を認めるという不文律で動いてきたが，有力候補者が集計結果を認めない場合，不測の事態が起こりうることを，2020年大統領選挙は示

したと言える．過去の戦後の大統領選挙の結果については，**表10-2**に示されたとおりである．

── コラム9 勝者総取りではないネブラスカ州とメーン州 ──

　合衆国憲法2条1節2項では「各々の州の立法府が定める方法」で，各州が選挙人を任命すると規定されている．多くの州が，その州での最多獲得者がその州の選挙人を総取りする方法を各州の法律で規定している．しかし，ネブラスカ州とメーン州は独自のやり方を行っている．ネブラスカ州では，州全体の勝者が州の定数のうち2名を取り，残りの3名は3つの選挙区での勝者に各々与えられる．メーン州では，州全体の勝者が2名，2つの選挙区でそれぞれ勝った候補が1名ずつ獲得する．この結果，2020年大統領選挙においては，ネブラスカ州でバイデンは1選挙区を取り，トランプは残り4つを取った．メーン州では，トランプが1選挙区を取り，バイデンが残り3つを取った．

　合衆国大統領選挙は，このように，連邦全体で合わせている部分と，各州独自の方法とが共存した形で行われている．

（3）「分割政府」と分極化

　合衆国政治の傾向として注目されるべきは，大統領と連邦議会多数（上下両院，あるいはどちらかの院の多数）派の不一致，すなわち「分割政府」が，頻発してきたことである．「分割政府」を日本政治上の言葉に当てはめるならば，「ねじれ」がふさわしいだろう．2007年から2009年，2010年から2013年まで続いた日本の「ねじれ」国会の中で，政府与党は参議院の野党によって法案可決を阻まれたり，意に沿わない修正を受け入れたりせざるを得なかった．合衆国では，そうした「ねじれ」は，頻発してきたが，それが法案成立の難航を引き起こしたかと言えば，必ずしもそうではなかった．

　図10-2では，大統領勝率（大統領が支持する法案が成立する率）と政党分極化指数（民主党・共和党が互いに反対の態度を取った率）とを表している．このグラフから，大統領勝率は1980年代後半まで，増減を繰り返しながらも，50%以上の水準を保った．民主党と共和党の議員の分極化指数も，1980年代まで50%を下回っていて，二大政党は多くの法案で対立的行動をとっていなかった．**表10-1**で示したように，1950年代中頃から70年代末まで共和党は上下両院あるいはいずれかの院で過半数を取ることができず，その間に共和党の大統領が誕生すれば，彼らは常に分割政府に直面することとなった．にもかかわらず，1980年代後半

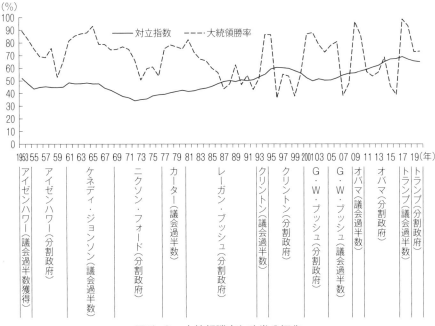

図10-2 大統領勝率と政党分極化

（出所）Bernstein & Shannon（2022: 248, 296-98）.

までは，共和党政権の大統領勝率が50％を切ることはなかった．

　しかし，90年代以降，大統領勝率は低下し，分極化率は高まっていった．その後，政党分極化は2000年代に入るとやや落ち着くが，全体としての方向は強まっている．民主党クリントン政権（1993-2000年）では，1994年中間選挙で民主党が敗れ，上下両院の過半数を失うと，1995年から大統領勝率は50％をたびたび割り込む事態となった．

　ここでは，民主党・共和党の今日のイメージと，そこへの経緯を説明しておく．民主党は，2021年からジョー・バイデンが大統領に就任しているが，過去にはバラク・オバマ，ビル・クリントン，ジョン・F.ケネディが大統領を務めた．今日の民主党のイメージは，リベラルであり，女性の進出や公的医療の充実，銃規制などに積極的で，人工妊娠中絶の禁止に反対する人々が多い．黒人，ヒスパニックの支持が強く，東部・西海岸の都市部で支持者が多い．

　共和党からは，ドナルド・トランプ，ジョージ・W.ブッシュ，ニクソンな

どが大統領を務めた．今日の共和党支持者の中では，銃規制と人工妊娠中絶に反対し，減税・小さな政府を支持する傾向が強い．中西部や田園・郊外に支持者が多い．また白人支持者が多いと言われる．熱心なキリスト教信者も多く，彼らは，「福音主義者」evangelicals と呼ばれる場合がある．

　今日では，概ね上記のような特徴があてはまるが，必ずしも，これらの特徴が，これら二大政党の根本的特徴であった歴史は長くない．民主党は，1828年アンドリュー・ジャクソンによって始められ，そのころは，むしろ奴隷制を支持した南部の農民・労働者たちに支持された．当時の民主党は，連邦に対する州の主権を訴え，ネイティヴ・アメリカンや黒人を抑圧する側に回ることが多かった．

　逆に，共和党は，19世紀前半に強力であった民主党に対抗して作られ，北部の都市市民層からの支持を得て，奴隷制廃止を強く主張した．リンカーンは，その象徴であった．つまり，共和党が一種の「リベラル」であった時代も長くあり，その当時は，黒人奴隷を維持しようとする民主党支持者が「保守」であった．

　第二次世界大戦後数十年の間は，二大政党のイデオロギーは対立よりもむしろ重なり合いが目立ち，両党は連邦議会では委員会での議論をもとに党派を超えて協力し合って立法を成立させる傾向があった（岡山 2020: 144）．

　表10-3 にあるように，そうした二大政党の分極化は，ニュー・ヨーク州に代表される東部やカリフォルニア州に代表される西岸部の都市部における民主党支持の強まりと，テキサス州に代表される南部・中西部の農村部における共和党支持の強まりという分極化を強めていった．その結果，大統領選挙などの連邦選挙の勝敗を左右するのが，フロリダ州やオハイオ州などの，別名「スウィング州」となってきた．ただ，その傾向が明確となってきたのは，1990年代からで，1980年代以前はその傾向が顕著というわけではなかった．そうした方向へと向かう転機となったのは，1960年代の民主党政権の時代であると言われる．ケネディは，外交軍事面では，ソ連との対立やベトナムへの関与を強めたが，人種差別や男女の平等という面では進歩的な態度を取った．その態度は，ジョンソン政権でも引き継がれ，職場，学校などの公共施設での人種差別の解消に取り組む公民権法が1964年に成立した．それに呼応して，民主党は，南部を中心として白人保守票を失い，逆に東部や西海岸の大都市部で有色人種や，白人リベラル層からの支持を増大させた．南部・中西部の田園地域では逆に，共和党が保守的な価値観に訴える傾向が支持を集め，今日のような分極化の土台が

表10-3　戦後大統領選挙における四州での勝利者・政党

年	カリフォルニア	テキサス	フロリダ	ニュー・ヨーク
2020	バイデン（民）	トランプ（共）	トランプ（共）	バイデン（民）
2016	H. クリントン（民）	トランプ（共）	トランプ（共）	H. クリントン（民）
2012	オバマ（民）	ロムニー（共）	オバマ（民）	オバマ（民）
2008	オバマ（民）	マケイン（共）	オバマ（民）	オバマ（民）
2004	ケリー（民）	ブッシュ（共）	ブッシュ（共）	ケリー（民）
2000	ゴア（民）	ブッシュ（共）	ブッシュ（共）	ゴア（民）
1996	B. クリントン（民）	ドール（共）	B. クリントン（民）	B. クリントン（民）
1992	B. クリントン（民）	G. H. W. ブッシュ（共）	G. H. W. ブッシュ（共）	B. クリントン（民）
1988	G. H. W. ブッシュ（共）	G. H. W. ブッシュ（共）	G. H. W. ブッシュ（共）	デュカキス（民）
1984	レーガン（共）	レーガン（共）	レーガン（共）	レーガン（共）
1980	レーガン（共）	レーガン（共）	レーガン（共）	レーガン（共）
1976	フォード（共）	カーター（民）	カーター（民）	カーター（民）
1972	ニクソン（共）	ニクソン（共）	ニクソン（共）	ニクソン（共）
1968	ニクソン（共）	ハンフリー（民）	ニクソン（共）	ハンフリー（民）
1964	ジョンソン（民）	ジョンソン（民）	ジョンソン（民）	ジョンソン（民）
1960	ニクソン（共）	ケネディ（民）	ニクソン（共）	ケネディ（民）
1956	アイゼンハワー（共）	アイゼンハワー（共）	アイゼンハワー（共）	アイゼンハワー（共）
1952	アイゼンハワー（共）	アイゼンハワー（共）	アイゼンハワー（共）	アイゼンハワー（共）
1948	トルーマン（民）	トルーマン（民）	トルーマン（民）	デューイ（共）

（出所）筆者作成

築かれていった（同上：160-174）.

3．アメリカ大統領制の今昔

　1787年合衆国憲法制定時に出現したアメリカ大統領であるが，その憲法が権力分立の考えの下で規制したように，当時の大統領は，必ずしも強力な大統領というわけではなかった．フランスの法律家アレクシス・ド・トクヴィルは，1831年から32年にかけて合衆国を旅行し，帰国後にまとめた『アメリカン・デモクラシー』のなかでその統治の様子を紹介した．その一節に以下のような記述がある．

　　アメリカでは，大統領が法の成立を妨げることはできない．法律を執行する
　義務から逃れることも彼にはできまい．大統領の熱心かつ真摯な協力は有益で
　あろうが，政治の営みにとって必要不可欠ではない．本来の職務においては，
　大統領はすべて直接間接に立法部の統制の下に置かれている．これから完全に
　独立なところでは，大統領はほとんど何もしえない．それゆえ，立法権と対立
　しても大統領が生き残れるのは，その力ではなく弱さの為である（トクヴィル
　2012: 173）.

　しかし，トクヴィルが合衆国を旅行したちょうどその頃，大統領の役割は徐々
に変化しつつあった．1829–37年まで大統領（第7代）を務めたアンドリュー・
ジャクソンは，学識や出自を重んじたそれまでの大統領像を変えた．「オール
ド・ヒッコリー」（硬い樫の木のようにタフな奴）というあだ名を取ったように，「庶
民」common man を売りにし，多数の官職を自分の支持者たちに分け与える
政治的任命を繰り返した．それは，戦利品 spoil は勝利者に分け与えるべきと
いう猟官制（スポイルズ・システム）を作り上げた（久保 2018: 24）．つまり，大統
領とその信任を受けた行政官たちが人事を独占することになった．それは結局，
素人行政官の就任を意味した．ジャクソンによる一般教書（1829年）によれば
「全ての公職は，単純明瞭なものであり，知能のある人間なら誰でも直ちにそ
れをなしうる資格がある」（清水忠重 2019: 136）．このジャクソニアン・デモク
ラシーの考え方は，今日の政治シーンでもしばしば用いられ，ワシントン D.
C. の政治家・官僚たちに対置された「庶民」が強調される．
　民衆に依拠する指導者の考え方は，リンカーンのゲティスバーグ演説でも披
露されたが，20世紀になると，米国の工業化とそれに伴う国際政治における影
響力の増大によって，さらに強調されていく．1901年から1909年まで大統領を
務めたセオドア・ローズヴェルトは，工業化が進んだ時代には政治を主導する
ことができるのは，連邦議会ではなく，大統領の指導性であるとした．大統領
は，民衆の「従僕」steward として強い権限を振るわなければならないとした．
彼によれば，「憲法もしくは法が明示的にそれをなすことを禁じていない限り
において，民衆が欲することをなすことは，大統領の権利であると同時に義務
である」（Roosevelt 1913: 389）.
　こうした大統領のリーダーシップは，フランクリン・ローズヴェルト大統領
が大恐慌時に進めたニュー・ディール政策で一つの頂点を迎えた．これに対し
ては，後に見るように，連邦最高裁が度重なる違憲判決を出して，それを止め

ようとしたが，やがて態度を変えて大統領と協調するようになった．連邦議会
は，1939年行政組織再編法を可決して，大統領に組織再編権限を与え，大統領
はホワイトハウス内外に執政府機能を充実していった．その結果，第二次世界
大戦直後には，大統領は連邦議会と裁判所からも事実上の支持を得て，協調的
大統領制と呼びうる状態に達した（梅川健 2018b: 45）．

　その後，各州で（各党の候補者を公的管理の下で選挙する）予備選挙の導入が広が
り，1964年修正24条の成立により，予備選挙などへの参加権が保障され，二大
政党の候補者決定に有権者の力が強まっていった．これによって，政党幹部た
ちの大統領候補決定権は相対的に弱まり，また，大統領候補も予備選挙での一
般党員たちの支持に圧倒的に依拠するようになった．この過程で，先述したよ
うな民主党のリベラル化と共和党の保守化が起こり，大統領はより明確なメッ
セージを発することで有権者の支持を得るようになった．そのメッセージはた
びたびワシントン D.C. の既成政治家批判となり，連邦議会は1984年に行政組
織再編権限法の延長を停止した．次第に大統領と連邦議会（特に反対党議員たち）
との協調は困難になっていき，大統領が個人的リーダーシップによって改革を
進めようとする姿勢が目立つようになった．

　しかし，1787年合衆国憲法は既にみてきたように，権力分立の下で大統領の
執行権力を強く規制しようとする一面を持っていた．その結果，世論をバック
に強力なリーダーシップを持つ大統領が，権力分立的な憲法にストップをかけ
られる事態が相次いだ．待鳥聡史によれば，大統領に関しては，「多数派の行
き過ぎを抑止することが想定されていた制度構造のままで，多数派の期待を担
うという矛盾した役割が与えられ，そこで大きなディレンマに直面することに
なった」（待鳥 2016: 72）のである．

　このディレンマに対抗するために，近年，大統領によるユニラテラルな（一
方的な）権力行使が目立つ傾向となってきた．合衆国大統領に制度的に多用さ
れてきたユニラテラルな方法が，大きく分ければ二つある．一つが署名時声明
で，もう一つが大統領令である．この二つの方法に関しては，日本では，梅川
健による詳細な研究がある．

　第一に，署名時声明であるが，これは大統領が上下両院の可決した法案に署
名する際に，その法律の執行に関して解釈を提示するものである．梅川によれ
ば，署名時声明については，法律の一部の事実上の内容変更などを求める実質
的な署名時声明と，そうした実質的な意味を持たない修辞的な署名時声明とが

あると言われる．このうち，この実質的署名時声明は，法案の内容を事実上変更し，裁判所と官僚たちに大統領の解釈を伝えるものとされる．実質的署名時声明という方法は，ニクソン大統領時代から徐々に使われ始め，カーター大統領時代以降は活発に使われ，オバマ大統領時代には抑制的な使用になったものの，その使われ方に対しては，常に批判があったとされる．オバマ大統領は，法案のうち明確に違憲であると考えられる部分に限って，署名時声明によって実質的に内容変更に及ぶという方針を持った（梅川健 2015: 209）．

　しかし，このオバマ大統領の方針も含めて，署名時声明には，連邦最高裁が違憲判決を出した「項目別拒否権」と実質的に同じであるという批判があった．連邦最高裁は，1996年項目別拒否権法 Line Item Veto Act を1998年に違憲であると判示した．この場合，連邦最高裁が違憲としたのは項目別拒否権法自体であり，署名時声明ではなかったが，大統領の方針によって法案の一部の執行を止めること自体は，署名時声明と重なる部分があったと言ってもよいであろう．ただ，法律の執行は，憲法2条1節で規定されているように，大統領の権限であり，論争の対象になったり訴訟が提起されたりすることもあるが，あくまでも個別的な問題である．その後も，実質的署名時声明という方法一般は，各政権によって使われてきた．

　なお，この実質的署名時声明という方法は，1970年代以降の連邦議会による「議会拒否権」の多用に対する対抗という意味があった．議会拒否権とは，大統領が行った政策や行動を，後に連邦議会が取り消すことを可能にすることである．例えば，前章でみた1973年戦争権限法も議会拒否権が盛り込まれた例の一つである．戦争権限法では，大統領の行った武力行使に対して，連邦議会の承認がない場合には60日以上続けることができないとした法律であった．つまり，連邦議会は，大統領の武力行使を取り消すことができるという意味であった（梅川健 2018b: 51）．大統領は，こうした連邦議会からの攻勢に対抗するために，その議会拒否権に憲法違反であるなどの理由を付して執行しないという解釈を，署名時声明で発することができた．

　第二の連邦議会への対抗手段が，いわゆる大統領令である．トランプ大統領は，彼の大統領就任時の下院議長ポール・ライアンとの不仲など共和党幹部との間の関係も悪く，合衆国議会を通じての立法によって政策を実現するよりも，大統領令を自ら発することにより，議会を通さずに政策を変えることを度々行った．もっとも，この大統領令を比較的多用し始めたのは，バラク・オバマ

であり，したがって，こうした大統領令の多用は，トランプ大統領の個性というよりも，20世紀末からの民主・共和両党の分極化によってもたらされているという見方もできる．

　これら大統領令は，いずれも，その根拠はあくまでも連邦議会の法律や憲法にあり，その範囲を超えることは理論上できない．梅川健によると，大統領令と呼ばれているものは，以下の3つに分けられる．

① 　行政命令 executive order

　大統領が法執行の具体的方法を行政組織に対して命じるものである．国民に対して下すものではない．この場合，根拠法が明示され，連邦官報に記載される．例としては，イスラム特定7か国の国籍者を入国禁止にした行政命令13769号で，1952年移民法に基づいて，トランプ大統領によって2017年1月27日に発せられた．

② 　大統領覚書

　行政命令と基本的に変わりはないが，大統領が望んだ場合にのみ連邦官報に記載され，根拠法が曖昧でも許されているという現状がある．

③ 　布告

　法の裏付けがあると実質的な意味を持つが，そうでない場合は単なる儀礼にすぎない．例としては，リンカーン大統領による「奴隷解放宣言」(軍の最高司令官として命令を下した) がある．この「宣言」は，法的根拠は明確ではなかったが,南北戦争当時において,南軍に従軍している黒人たちに対して強いアピール力を持った (梅川健 2015: 61-73)．

　なお，これら大統領令の法的有効性に関しては，これまでもたびたび訴訟が起こされ，問われてきた．上記特定イスラム諸国の入国禁止の行政命令については,ホノルル連邦地裁などが執行差し止め処分の判断をするなどしたが,2017年12月4日に連邦最高裁が全面的な執行を認め，2018年6月26日に連邦最高裁は行政命令支持の判決を下した．また，2019年7月26日に，連邦予算からのメキシコ国境壁建設への支出の大統領令に対しても，最高裁は執行を認める判決を出した．

　米国政治においては，大統領の執行権力と議会の立法権力との境目は，予めの了解事項があって固められたものだということはなく，これまで数多くの訴訟において決着してきた．次の第11章では，こうした執行権力と立法権力との

境界線を決定づけてきた司法権力の動きについてみていきたい.

コラム10 上院における長時間演説

　英語では議会における議事妨害をフィリバスターと呼ぶが,この具体的な手段として有名なのは,上院の長時間演説である.近年では,2013年に共和党上院議員テッド・クルーズが21時間18分の演説(歴代4位)を行った例がある.こうした手段によって議案を廃案にすることが目的だ.

　このフィリバスターを止めるためには,クローチャーという動議を可決する必要があるが,これには上院の5分の3,つまり60票が必要である.二大政党のどちらかが過半数ギリギリで60票に達しない場合には,大幅に譲歩しなければならなくなる.米国ではフィリバスターに対して,そうした譲歩を少数派が引き出す手段として,肯定する意見もあった.ただ,1974年議会予算法により予算案審議ではフィリバスターが認められておらず,2013・14年には最高裁判事などの政府指名職審議においても認められなくなった(中林 2017: 156-73).しかし,それでも通常の法律案に対しては,長時間演説などのフィリバスターが行われる余地は,なお存在している.

第11章

合衆国憲法修正と司法権力

1. 合衆国における司法審査

合衆国憲法3条1節は,「合衆国の司法権力は,1つの最高裁判所,および連邦議会が随時制定し設立する下位裁判所に属する」と規定した.しかし,この合衆国憲法3条全体において,違憲審査制度は明示されていない.合衆国における違憲審査は,1803年のマーベリー対マディソン *Marbury v. Madison* の判決を通じて,判例法として定着してきた.なお,日本では違憲審査という表現が使われることが多いが,本書では,judicial review という英語表現からの意味を保持するために,司法審査という表現でまとめる.合衆国における judicial review を違憲審査と表現するのか,司法審査と表現するのかに関して,専門家においても表現は異なる.

ここでは,まず,違憲審査としての司法審査の先例を作ったマーベリー対マディソン事件について簡潔に見ておきたい.先述のように,1800年大統領選挙で,民主共和派ジェファーソンが,現職連邦派のジョン・アダムスを破って,大統領として選出された.民主共和派は1800年上院選挙でも過半数を維持し,下院選挙でも過半数を大幅に上回った.したがって,政権も連邦議会上下両院も民主共和派が支配する見通しであった.ここで,連邦派はせめても司法権力には影響力を残したいと考えた.この時,合衆国では,翌年3月4日から新大統領が就任し,新連邦議会任期が始まる制度となっていた.そのため,連邦派は,この間に法律を制定して,連邦裁判官のポストを大幅に増設し,そこに連邦派の人々を急ぎ指名した.しかし,そのなかで,上院による指名承認後も3月3日までに辞令交付されない人が出た.その中の一人が,ウィリアム・マーベリーであった.ジェファーソンへの政権交代後,辞令交付の権限を持つのは,ジェファーソン大統領によって指名された国務長官マディソンであったが,ジェファーソンは上記のような経緯からマーベリーへの辞令交付をしないように命じていた.そこで,マーベリーは国務長官マディソンを相手取り,1789年

裁判所法13条に基づいて職務執行令状を出すように訴えた.

　当時の最高裁判所長官は，ジョン・マーシャルであった．マーシャルは，ジョン・アダムス大統領に指名されて就任していたので，政治的にはマーベリーに対する辞令交付を支持してもおかしくはなかった．しかし，同時に，マディソンが最高裁に従わず，合衆国の最高裁の権威を傷つけてしまう可能性もあった．法的にも政治的にも難しい立場にあった.

　結論として，マーシャルは，裁判所法13条が，合衆国憲法に違反しているとして，マーベリーの訴えを退けた．裁判所法13条は，最高裁判所が裁判官への職務執行令状も出せると規定したが，合衆国憲法は，最高裁が第一審となる範囲を「大使その他の外交使節や領事が関係する事件，ならびに州が当事者である全ての事件」(3条2節2項)に限定していた．したがって，最高裁判所は国務長官に対して職務執行令状を出す管轄にはないと，マーシャルは判示した．これが，合衆国における裁判所による違憲審査の最初の例となった．そして，この事件を通じて，合衆国の司法権力による違憲立法審査制が確立されたと言われる.

　しかし，同時に，合衆国憲法の起草者たちは，裁判所による違憲審査を事実上予期していたという指摘もある．ハミルトンは，1788年に『ザ・フェデラリスト』78篇で，「制定法の形で表明された立法部の意思が，憲法で表明された人民の意思に反するときには，判事は，制定法によってではなく，憲法によって支配されるべきであるということを意味するに過ぎない．判事は，根本法ならざる法によってではなく，根本法そのものによって，その判決を下すべきなのである」(ハミルトン 1999: 344-45)と述べた.

　このような違憲立法審査は，立法・行政という他の権力の問題や，権力間の争いに関して，司法権力に最終的な解決を与えているとみることもできる．それは，多数決による決定が主となる政治に対して，少数の権利を保護する司法の役割を積極的に評価する立場とも言える．しかし，米国には，そうした司法の行き過ぎリスクについての議論があることも，専門家から指摘された(樋口範雄 2011: 26).

―――コラム11　無視された連邦最高裁判決―――

　大学で学ぶ時，裁判の結果は政府をも拘束できると思って，勉強を始めることは充分ありうる．しかし，合衆国連邦最高裁の判決が州政府に無視されたケースもある．ネイティヴ・アメリカンの一部族であるチェロキー族は，ジョージア州を訴えた事件の上告審で，連邦最高裁から勝訴を手にした．ジョージア州が強権でチェロキー族の土地を取り上げ，西部に移住させようとする諸法律にも無効の判決を出した．しかし，ジョージア州は判決を無視し，連邦政府も判決を強制することをしなかった．結果として，チェロキー族の移住は止められなかった (阿川 2013: 98-110)．

　権力分立の仕組みの中で，司法権力が判決を出しても，執行を担うのは行政権力である場合も多い．判決の内容をいかに執行させるかに関しては，独自の問題がある．

2．合衆国憲法修正条項と司法権力の役割

（1）権 利 章 典

　合衆国憲法と，そこでの政治制度を学ぶ上で，マーベリー対マディソン事件だけではなく，それ以降の重要な裁判を見ていくことは，極めて重要である．合衆国の司法権力は，連邦政府対州政府，連邦議会対大統領など憲法に明示された諸権限の争いに対する諸決定だけではなく，奴隷問題，黒人差別問題，人工妊娠中絶問題など，今日の米国政治の多数の争点に対して判決を与えてきた．

　また，そうして政治的な問題に関して裁判所が判決を出すことは，事実上，司法権力が政治的決定を行うことに等しい意味があるが，立法権力である合衆国議会は，憲法修正を通じてこうした問題に対応してきた．したがって，以下では，司法権力による諸判断をみながら，同時に，合衆国憲法の修正条項に関しても見ていきたい．

　そこで，まず，合衆国憲法の改正手続きに関して見ていきたい．連邦議会両院の3分の2が必要と認める時，連邦議会は修正案を発議する．あるいは，3分の2の州の立法府が請求する時は，修正を発議するための憲法会議を召集する必要がある．いずれの場合においても，修正は，4分の3の州の立法府または4分の3の州における憲法会議によって承認された時，憲法は修正される．実際には，これまで州の3分の2が請求して憲法会議が行われたことはなく，これまでの憲法修正は全て，連邦議会両院の発議によるものであった (Mussatti 1960: 158)．

　最初の憲法改正（修正）は，1789年第1回連邦議会で提案され，1791年に9州の批准を経て，発効した．この時，修正条項として追加されたのが，信教・言論・出版・集会の自由や裁判を受ける権利などに関する諸規定であった．これらの条項は1条から10条までで構成されており，権利章典 Bill of Rights と呼ばれてきた．この Bill of Rights という表現の由来は英国の1689年 Bill of Rights にあるが，内容は同じではなく全く別のものである．

　1787年合衆国憲法制定時において権利章典が入れられなかったことには，理由があった．権利規定を求める意見はあったが，それに対しては，憲法は一定の制限的な権限のみを連邦に与えているだけであるし，仮に憲法において権利を不完全に列挙すれば残り全てを政府に与えることになりかねないという反論があった（松井 2018: 41）．しかし，その後，各州が憲法案を批准していく過程で，いくつかの州が憲法案の批准と同時に，権利の諸規定を求めて決議をあげた．特に，マサチューセッツは明確に憲法の修正を求めた．1788年6月にニュー・ハンプシャーが批准し，9州の支持を得て，憲法は発効したが，そのニュー・ハンプシャーも諸権利の規定を求めた．そうしたなか，1789年3月に第1回連邦議会が開会されると，マディソンは諸権利の規定を盛り込んだ権利章典案を提案することになった．この権利章典提案により，憲法案に反対する人々の勢いをそぎ，まだ憲法を批准していないノース・カロライナとロード・アイランドの支持を得ようとした．結局，連邦議会では12の条項による権利章典が採択されたが，その後1791年に全州の4分の3以上の州が批准したのは，10の条項であった．この10の条項が憲法に追加された（もっとも，この時に各州が批准せず放置していた修正案が，テキサス大学オースティン校の大学生によって約200年後に発見され，各州が批准を再開し1992年に修正27条として成立した）．

　修正条項の内容は，1条で信教・言論・出版・集会の自由，請願権が規定され，2条では民兵の武器保有権が定められた．3条で兵士宿営の制限が定められた．4条で不合理な捜索・押収・抑留の禁止が，5条で大陪審，一事不再理，デュー・プロセス，財産権の保障が，6条で刑事陪審裁判の保障，被告人の権利が，7条で民事陪審裁判を受ける権利が，8条で残酷で異常な刑罰の禁止が規定された．

　9条では「この憲法の中に一定の権利を列挙したことをもって，民衆の保有する他の権利を否定し，または軽視したものと解釈してはならない」と述べられた．これは，「不完全な列挙」がかえって将来に求められる諸権利を制限し

てしまうことになるという懸念を反映したものだと言える．実際，この1791年に列挙された諸規定の中に，人種やジェンダーの問題は入っていない．今日的観点からすれば，極めて「不完全な列挙」であったと言えるであろう．しかし，その後，合衆国の人々は自らの闘争によって諸権利を付け加えていった．

10条では，「この憲法が合衆国に委任していない権限または州に対して禁止していない権限は，各々の州または民衆に留保される」とされた．つまり，合衆国が規制できない諸権限があることを示し，それらは州や民衆によって決められるということを示した．この修正第10条を根拠に，連邦は憲法に委任された主権を有するが，残りの主権は州に帰属するという，いわゆる「二元的連邦主義」という解釈がかつては力強く展開された（ベネディクト 1994: 73）．この点は，地方自治法において条例制定や事務処理の範囲を，国の法令の下に限定した日本の地方自治とは，根本的に異なる．

合衆国と州の間での権限の諸問題は修正10条の規定があっても，具体的な諸事件においてたびたび法廷で争われてきた．あらかじめ，政治制度として，合衆国と州との権限の区別が明確にされてきたわけではなかった．結局，それらの場合，最終的には，合衆国と州の間の権限の在り方に関して，連邦最高裁が判決を下すことによって決着してきた．その結果，今日では，憲法に書かれていない医療や教育などの分野に関しても，連邦議会が法律を制定し，大統領が執行してきた．

コラム12　連邦制とは何か

政治学や憲法学で，連邦制の定義的な記述は，実はそれほど多くない．渡辺他（2020: 538）が「アメリカ合衆国やドイツのように，複数の構成国（州）が一つの主権を有する国家を構成する場合を，連邦制という．構成国（州）は対内的最高性・対外的独立性という意味での主権をもたないが，独自の統治権を有し，連邦の意思決定においても州の単位が考慮される」と述べた．

その一方，本論の通り，合衆国においても連邦制に関して理解の変化が見られてきた．連合規約においては，主権は明確に各邦が有し，連邦政府はほとんど権限を有していなかったが，1787年合衆国憲法，1791年修正10条，南北戦争，ニュー・ディールなどを経て，連邦の権限は著しく拡大し，州の権限は縮小した．連邦制としては，オーストラリアやカナダも入れられるが，それぞれに違いもある．また，それまでの歴史を持った諸州による連邦制に対して，ベルギーのように，複数の言語圏や地域によって連邦制へと移行する新しいタイプの連邦制も作られてきた．連邦制の在り方自体が，連邦制内での考え方の変化や新しい連邦制の誕生により，相当程度変容していくことは十分ありうる．

（2）修正13-15条および，その他の修正条項

　合衆国憲法は，あくまでも合衆国政府，つまり連邦政府を律するものであり，権利章典（修正1-10条）もそうした性格を持った．個々の条文を見ても，連邦政府の権限を規定するために作られた点は明らかだ．

　しかし，その後，奴隷制の維持を強く主張し，黒人の権利を制限しようとする州権力にどう対処すべきか，ということが，合衆国の政治や憲法に関する論点として浮上してきた．その最中に問題となったのが，ドレッド・スコット事件に対する最高裁判決であった．スコットは奴隷であったが，奴隷を認めない州での居住により自由人となったとして奴隷主を訴えた．この事件は州から始まり，スコットは最終的に連邦最高裁へ上告した．その判決は，1857年3月に出されたが，ロジャー・トーニー判事を裁判長とする最高裁は訴えを退けた．その判決文では，「憲法が採択された時，原告たちはいずれの州においても，州をなすコミュニティーのメンバーとはみなされていなかった．そして，そこの『人々としても，市民としても』数えられていなかった．結果として，市民に与えられるべき特権や免責は彼らに適用されていない．そして，憲法の意味する『市民』でもないので，彼らには，合衆国の裁判所で訴訟をする権利が与えられていない」（*Dred Scott v. Sandford*, 60 U. S. 393（1856）.: para. 5）と述べられた．

　この判決は，裁判官9名のうち南部出身者が5名を占め，政治的な性格を持ったものであるという指摘が多い．そして，当然のことながら，南部においてはこの判決を歓迎する声が多く，逆に，北部においては批判する声が多かった．こうした北部対南部という対立は，やがて南北戦争という事態に発展していく．

　南部諸州の合衆国からの離脱に関して，1861年リンカーンは，大統領就任演説において，各州は連邦を離脱できないとして次のように述べた．

　　連邦は，連邦自らの歴史に支持確証されていて，永久的なものであることがわかります．連邦は憲法よりも遥かに古いものであります．連邦は事実1774年の同盟盟約により成立したのです．1776年の独立宣言により，連邦の発展と持続をみたのであります．連邦はさらに発展をなし，当時の13州全体の信念は，1778年の連合規約によって，連邦は不滅なるべしという誓約にはっきりと表れたのでありました．そして，最後に1787年において，憲法を制定するための目的として述べられたことの一つは，『いっそう完全なる連邦を形成する』（憲法前文）ことでありました（高木・斎藤訳 1957: 97）．

　このため，リンカーンは，「連邦脱退のための決議や法令は無効となる」と述べ，南軍に武装を解除するよう呼び掛け，自分たちからは攻撃しないと述べた．

　しかし，こうしたリンカーンの主張にもかかわらず，南部7州は連邦に戻ろうとしなかった．そうしたなか，1861年4月12日サウス・カロライナ州チャールストンで南軍の攻撃により，南北戦争は始まった．この戦争は4年間続き，両軍合わせての戦死者は50万人を超え，民間人を合わせると70万人以上が亡くなったとされる．合衆国にとっては，後の二度の大戦でもここまでの損害は出ていない．

　この南北戦争を経て，政治制度上も重要な転換点を迎えた．一つは，1863年に大統領の布告として発せられた「奴隷解放宣言」である．この布告の法的根拠は明らかではなかったが，先述のように，敵対していた南軍には多くの黒人奴隷がいたので，南軍の士気をそぐという軍事的な思惑もあった．

　共和党連邦議会議員たちは，1864年1月に奴隷制を禁止する修正13条案を連邦議会に対して提出し，リンカーンは1864年の大統領選挙で再選された．この修正提案はようやく翌年1865年1月に上下両院の3分の2の支持を得て，州の批准に回されることになった．南北戦争も，南軍リー将軍の降伏によって，同年4月9日に実質的に終戦した．しかし，リンカーンはその直後4月15日にワシントンD.C.で元南軍兵士によって暗殺された．修正提案は，その後，各州で批准され，同年12月に4分の3を超える州の批准を得て発効した．修正13条1項には，「奴隷制および本人の意に反する苦役は，適正な手続を経て有罪とされた当事者に対する刑罰の場合を除き，合衆国内またはその管轄に服するいかなる地においても，存在してはならない」と書かれた．

　しかし，南部諸州では，多くの州で独自の法律を制定するなどして，黒人に対する差別的な扱いを残そうとした．こうした諸法律はブラック・コードと総称されたが，いくつもの種類があった．特定の職に就く場合は許可制にしたり，学校やその他の公共の施設では白人から隔離したり，最も厳しい場合はミシシッピ州のように黒人の土地の所有を禁じる場合もあった（阿川 2013: 228）．

　そこで1868年に制定されたのが，修正14条である．修正14条は5項にわたるが，ここでは以下の二つの条項について述べておく．

　　1項　合衆国において生まれ，または合衆国に帰化し，かつ，合衆国の管轄に服する者は，合衆国の市民であり，かつ，その居住する州の市民である．い

かなる州も，合衆国市民の特権または免除を制約する法律を制定し，または実施してはならない．いかなる州も，法のデュー・プロセスによらずに，何人からもその生命，自由または財産を奪ってはならない．いかなる州も，その管轄内にある者に対し法の平等な保護を否定してはならない．

　この条項によって，ドレッド・スコット事件連邦最高裁判決は，憲法修正によって覆され，黒人もまた合衆国と居住する州の「市民」であることが明確になった．そして，2項が非常に慎重に作られているので，ここも長くなるが，全文を引用する．

　　　2項　下院議員は，各々の州の人口に比例して各州の間に配分される．各々の州の人口は，納税義務のないインディアンを除き，すべての者を算入する．但し，合衆国大統領および副大統領の選挙人の選出に際して，または，連邦下院議員，各州の執行府および司法府の官吏もしくは州の立法府の議員の選挙に際してかつ，合衆国市民である州の男子住民が，反乱またはその他の犯罪に参加したこと以外の理由で，投票の権利を奪われ，またはかかる権利をなんらかの形で制約されている場合には，その州の下院議員の基礎数は，かかる男子市民の数がその州の年齢21歳以上の男子市民の総数に占める割合に比例して，減じられるものとする．

　2項の冒頭に，下院議員は各州の人口に比例して配分されるとあるが，2項後半では，「権利をなんらかの形で制約されている場合には」その数を下院議員算定の基礎とはしないことが書かれている．後半部分は，黒人の人数分だけ下院議員定数を得ながら，参政権を与えない南部諸州の企みを防ぐ意味があった．

　さらに，1870年には，修正15条が憲法に追加された．その1項は，「合衆国またはいかなる州も，人種，肌の色，または前に隷属状態にあったことを理由として，合衆国市民の投票権を奪い，または制限してはならない」と規定した．

　これらの憲法修正によって，南北戦争を引き起こした黒人奴隷解放の一連の取り組みは一つの段落が付いた．しかしながら，修正13・14・15条の追加によっても，黒人に対する差別が大きく克服され，改善されたとは言い難かった．

　1896年プレッシー対ファーガソン事件では，黒人専用車両への移動を命ぜられたプレッシーが，白人専用列車に黒人が乗ることを禁じた州法を修正14条により違憲であると訴えた．しかし，連邦最高裁は，「隔離すれども平等」という原則で判決を出し，隔離政策を認めた．この「隔離すれども平等」という論

理は，1954年にブラウン事件判決で最高裁が，下級審に人種別学廃止策を州に
命じるまで，残った．投票における人種差別も実質的に残り，識字テストなど
が設けられて，字を充分に理解できない黒人たちの多くが投票権を奪われた．
この識字テストは1970年投票法で最終的に禁止されたが，今日でも，様々な形
で黒人に対する差別が残り続けていることは，近年の警官による黒人殺害事件
などにかかわって議論の的になってきた．

　なお，修正13・14・15条に特徴的であるのは，これらの条項において，州の
義務に多く言及している点である．特に，修正14条1項で，「法のデュー・プ
ロセス」なしには州は市民の生命や自由・財産を奪ってはならないと規定され
たことは重要であった．これら3つの修正条項が南北戦争を経て憲法に加えら
れたことは，関連があると言えるだろう．南北戦争以前には，合衆国は主権を
有する州の自由な連合であり，連邦政府は強い権限を持つべきではないと考え
られることも多かったが，リンカーンは南部の離脱を拒み，南部は戦争に敗北
した．この南北戦争直後に連邦政府が即座に強大化したわけではないが，州の
権限を規制し，連邦が優位する方向に徐々に転換されていく．

　1925年ギトロウ対ニュー・ヨーク州事件においては，「左翼マニフェスト」
を配布した被告人がニュー・ヨーク州法に違反したかが問われた．連邦最高裁
は，有罪判決は維持しつつも，修正1条が保障した表現の自由は，修正14条の
デュー・プロセス条項を介して州法にも適用されるという権利を示した．少数
意見では，全ての思想は煽動の要素を含むが，全ての煽動が犯罪になるわけで
はなく，「明白かつ現在の危険」がなければ罪には問えないという原則が述べ
られ，その後は一般化していく．これ以降，権利章典の内容は連邦を規制する
だけでなく，州の立法や政府も規制することが明確化されていく（樋口範雄 2011:
343）．

　なお，その後も，憲法修正は続いた．以下，重要な憲法修正を列挙しておく．
1913年に修正17条によって上院議員は民衆による直接選挙によって選出される
ことになった．1920年には修正19条が成立し，女性に投票権が認められた．1933
年に修正20条が成立し，正副大統領の任期が1月20日に始まり，上下両院議員
の任期は1月3日に始まることが明記された．1951年には修正22条において，
大統領の3選禁止が明記された．これは，ローズヴェルト大統領が3期目途中
に亡くなったことを受けたものであった．ローズヴェルト以前には，大統領任
期は2期で終えることが習律化していたので，ローズヴェルトの3期目は異例

であったが，結局，憲法修正によって大統領の3期目は禁じられた．1967年には修正25条が成立し，大統領の免職，死去，辞任の場合の次の大統領職への継承に関して詳細に取り決められた．このなかで，「副大統領，および執行各部の長または連邦議会が法律で定める他の機関の長のいずれかの過半数が，上院の臨時議長および下院議長に対し，大統領がその職務上の権限および義務を遂行できない旨を書面で通告した時」，副大統領が臨時大統領となると規定された．この規定は，2020年にトランプ大統領が新型コロナに感染した時，一時は真剣に適用が議論された．

（3）ニュー・ディール改革と最高裁諸判決

　合衆国は南北戦争以後，産業革命を経て，20世紀には強大な工業国となり，第一次世界大戦に1917年に参戦して，協商国の勝利を決定づけた．このようななか，連邦政府のリーダーシップ強化が求められていく結果となった．しかし，そうした連邦政府の強大化に待ったをかけたのが，連邦最高裁であった．1929年の世界恐慌により，大きく打撃を受けた合衆国経済を復活させるために，当時のフランクリン・ローズヴェルト大統領は，連邦議会と協力し，連邦レベルで，公共事業の増大，農業生産量の調整，労働時間や最低賃金の規制などを通じて，従来の連邦政府の役割を上回る介入政策，いわゆるニュー・ディール政策をすすめた．しかし，連邦最高裁は，これらのいくつかの政策に関して，連邦に認められた権限を越えているという理由で，合計8つの違憲判決を発した．

　1935年5月には，連邦最高裁は，シェクター社対合衆国事件においてニュー・ディール関係諸立法の一つである全国産業復興法を全面的に違憲と判決した．違憲とされた理由には二つあった．第一に，この法律によって，大統領は業界団体に公正競争規約の策定を制限なく委譲することができた点である．第二に，憲法は州間の貿易に関して規制する権限を与えているが，この法律は州内の通商にまで規制を拡大している点が違憲とされた．

　このシェクター事件判決をはじめとした一連の違憲判決は大きな波紋をもたらし，連邦最高裁を批判する意見も多かった．また，ローズヴェルトは表向き批判を抑制しつつも，ニュー・ディールの中核的な法律に対して違憲判決を出された不満をオフレコで記者たちに漏らしたりもした（阿川 2013: 356-57）．

　このように連邦最高裁が，連邦議会が可決し，大統領が署名した法律を違憲と判決したのには，背景があった．連邦最高裁は9名で構成され，非行なき場

合は罷免されないとなっていたので，ニュー・ディール以前の裁判官たちによって構成されていた．彼らはそれまでの大統領に指名され，上院で承認されてきた．ニュー・ディール期のように大きく時代が変わる時，以前の時代に任命されてきた裁判官たちは，保守派と見られるようになる場合がある．阿川尚之によれば，このニュー・ディール期の連邦最高裁の裁判官たちは「自由放任経済と限定的な政府の役割を強く信じる人々であった」(同上：349)．

　ニュー・ディールに対抗した連邦最高裁の論理の一つに，実体的デュー・プロセスという考え方がある．デュー・プロセスという考え方の起源は，英国1215年マグナ・カルタであると言われる．マグナ・カルタでは，法によらずに裁判抜きに逮捕投獄され，財産や自由を奪われてはならないという原則が示された．この考え方が，合衆国建国時にも受け継がれ，合衆国憲法修正5条では，「何人も，法のデュー・プロセスによらずに，生命，自由または財産を奪われることはない」と規定され，修正14条では「いかなる州も，法のデュー・プロセスによらずに，何人からもその生命，自由または財産を奪ってはならない」と規定された．このデュー・プロセスの意味は，適正な手続きと理解される場合(手続き的デュー・プロセス)が，もちろんある．しかし，合衆国で，特に19世紀後半から20世紀前半にかけては，実体的デュー・プロセスと言われる理解が連邦最高裁の判決の中に見られるようになった．それは，権利には例え適正な手続きを踏んだとしても奪うことができない実体的なものがあるという考え方であった (同上：296)．具体的には，契約の自由や財産権などを法的に規制しようとする立法に対しては，この実体的デュー・プロセスの観点から次々と違憲判決が出されるようになった．

　ローズヴェルトは，このような連邦最高裁に対処するために，連邦最高裁の判事の増員によって対抗しようとした．増員することができれば，それをローズヴェルト大統領が指名することで連邦最高裁の陣容を変えることができる．これがいわゆる「コート・パッキング・プラン」と呼ばれるものであった．この時代，連邦議会は上下両院で民主党が過半数を持っており，ローズヴェルトもこの法案の可決に自信を持っていた．

　しかし，このプランに対して，権力分立のバランスを根本的に変えてしまう試みであるとして批判する意見が，民主党内部からも上がってきた．これによって，連邦最高裁における保守派の抵抗は続くかと思われた．ところが，こうした大統領の動きの最中，連邦最高裁は態度を変えていった．

　1937年 3 月連邦最高裁は，ウェスト・コースト・ホテル事件判決で，ワシントン州の最低賃金法を合憲とする判断を示した．この場合，ワシントン州法が対象であるが，経済への法的介入に続々と違憲判決を出してきた連邦最高裁の態度が転換したと受け止められた．この判決は最高裁判事の 5 対 4 の僅差の票決で決まったが，カギを握ったのは，それまでほぼ同様の事件でニュー・ディール関係法に違憲判決を出してきたロバーツ判事だった．態度を変えた理由は今日でも明確になっていないが，「ぎりぎりでのところで（連邦最高裁判事たち） 9 人を救った 1 票」とも言われた．また同じ年の 4 月，ジョーンズ・ラクラン製鉄会社事件判決で，規制対象である経済活動が州際通商そのものではない場合でも，州際通商にかなりの影響を与える場合には，連邦による規制は認められるとして，ニュー・ディール関係法の一つである1935年全国労使関係法（ワグナー法）を合憲とした．こうした動きの中で，ローズヴェルトが事実上仕掛けたコート・パッキング・プランは，結局，民主党が多数を占めた上院において採決に進むことができず，法案は廃案となった．

　また，ニュー・ディールなどの連邦政府による改革に対する容認姿勢は，その後の連邦最高裁判事たちの引退や死去によって加速していった．もともと連邦最高裁判事たちは，非行なき場合，死去か引退によってしか入れ替わることがないため，高齢者が多くなる傾向があった．ニュー・ディール関係法に次々と違憲判決を出していった最高裁判事たちにも，世代の問題や古い憲法像への固執と言った批判があったが，それが時間の経過とともに変化していった．1937年から41年の間に， 7 名の判事たちが入れ替わり，ローズヴェルトが大統領に就任した1933年から判事を務めるのは 2 名となった．

　この後，経済活動に関する連邦議会の立法や大統領による行政命令などに対する違憲判決はなくなっていき，ニュー・ディール関係法に違憲判決を与えてきた時代から180度転換した．これにより，連邦議会と大統領は，経済活動およびそれ以外の分野にもその立法や行政権限を広げていくことになった．このような連邦議会・大統領の権限の拡大と，それに対する州権限への規制による権力分立内の変化は，「憲法革命」（Corwin 1941: 7）と呼ばれた．もっとも，連邦最高裁判決が連邦および州政治に対して決定的影響を持つという図式自体は，今日でも変わっていない．

（4）進歩的憲法解釈の時代とウォレン・コート

　1953年の連邦最高裁首席判事へのアール・ウォレンの就任は，ニュー・ディール以降の流れをさらに進めて，リベラル・コンセンサスとも言われた進歩主義的流れを司法において作り出していった．

　1954年ブラウン対トピーカ教育委員会事件において，連邦最高裁首席判事ウォレンは，それまでの「隔離すれども平等」という原則を覆し，公立学校における人種別学は憲法違反であると判示した（*Brown v. Board of Education of Topeka,* 347 U. S. 483(1954)）．また，こうした黒人差別に対する批判の高まりは，やがて公民権運動と呼ばれるようになり，1964年に連邦議会公民権法が可決され，大統領が署名し発効した．同法は，私人によるホテルやレストランなど公共の施設での人種差別を禁止し，職場における人種や性別にもとづく雇用差別を禁止するなど，画期的な内容を含んでいた（阿川 2013: 427）．

　この他，ウォレン首席判事の下で連邦最高裁は，少数派，弱者の権利保護，平等に重点を置いた判決を次々に出していき，やがて，この時代の連邦最高裁は，ウォレン・コートと呼ばれるようになった．ウォレンは1969年，高齢のため引退し，今度はウォレン・バーガー判事が首席判事を務めた．この時期は，共和党ニクソン大統領の時期で，ニクソンは，保守派の裁判官として知られていたバーガーを首席裁判官とした．しかし，バーガー・コートの時代においても，リベラルな判決が続いていく．

　有名であるのは，人工妊娠中絶に関する1973年ロー対ウェイド事件の判決であった（*Roe v. Wade,* 410 U. S. 113 (1973)）．この判決文は，ハリー・ブラックマン判事が書いたものとされる．彼は，ニクソン大統領の指名で最高裁判事として上院で承認されたが，予想とは全く逆にリベラル派の金字塔とも言える判決を書いた．この判決で連邦最高裁は，ローの主張を全面的に認め，女性には妊娠初期の一定期間に中絶を行う憲法上の権利があり，中絶を禁止するテキサス州法は違憲であるという内容の判決を下した．しかし，もちろん，合衆国憲法にはどこにも明文で妊娠や中絶に言及する部分はない．判決は，一切の中絶を犯罪と規定したテキサス州法が，「いかなる州も，デュー・プロセスによらずに，何人からもその生命，自由または財産を奪ってはならない」という修正14条1項に反し，女性のプライバシーに関する憲法上の権利を侵害しているとして，7対2の票決でその州法を違憲と判断したのである．もっとも，判決は，妊娠を3期に分けて，第1期の中絶禁止を違憲とし，第2期の場合には母体保

護目的となるべきで，そのための規制は許されるとした．第 3 期に関しては，胎児の保護のために中絶禁止も合憲となるという考えを示した．この判決においては，「女性の自己決定権が実体的デュー・プロセス条項により保護されることになった」(樋口範雄 2011: 291)．ニュー・ディール期の保守派裁判官たちが実体的デュー・プロセスを使った事例とは，非常に対照的であった．

　この判決に保守派の人々は反発した．その後，この最高裁判決を覆すことは，宗教右派の悲願となった．いわゆる宗教右派の人々は，妊娠初期から胎児は人間であり，殺してはいけない（殺すことは聖書に反する）とするプロ・ライフの立場をとり，逆に，望まない妊娠が母子を貧困に追いやるケースが多いとして，人工妊娠中絶という選択が認められるべきだというプロ・チョイスとの間で大きな論争となってきた．また，この対決図式は，共和党対民主党の対決図式とも多くの場合重なり，合衆国における中絶問題は，選挙における中心的な争点となってきた．

　この争点は，今日においても大きな論点となり続けている．トランプ大統領が，リベラル派であったルース・ベイダー・ギンズバーグ判事の死後，2020年 9 月に後任として保守派のエイミー・コニー・バレット（第 1 部扉写真）を指名したのは，彼の大統領選挙後の（予期された）紛争解決を有利に進めるためだけではなかった．バレットは人工妊娠中絶の強固な反対派であり，1973年のロー対ウェイド判決を実質的に覆す評決に加わるのではないかと言われていた．

　この見通しは，2022年 6 月24日に現実のものとなった．ダッブス対ジャクソン診療所事件で連邦最高裁は，15週経過後の中絶手術を禁じるミシシッピ州法を違憲と主張する原告の訴えを退けた．人工妊娠中絶そのものに関しては，「合衆国憲法は中絶に対する権利を認めていない．ロー事件判決とケイシー事件判決は覆された．中絶を規律する権限は，人々と彼らに選挙された代表に戻った」(*Dobbs v. Jackson Women's Health Organization,* 597 U. S. ＿ (2022)) と述べ，事実上，州に権限を委ねるとした判決を出した．この判決は，5 対 4 という僅差の評決であったが，先述のバレット判事は多数派として，この判決を生み出す 1 票を投じた．

　このように，合衆国の司法権力の果たす政治的役割は，日本や英国などと比較しても，非常に大きい．司法審査による違憲審査を確立したマーシャル主席判事以来，黒人奴隷問題，ニュー・ディール関係法問題，そして人工妊娠中絶など，合衆国における主要な政治争点に，連邦最高裁は決定的な判決を与えて

きた．また，大統領が次の判事を指名し，上院が承認するという制度において
は，その任命自身が極めて政治的であった．合衆国の政治制度を学ぶ上で，司
法権力の働きを外すことはできない．

　最後に，近年重要な役割を果たしてきた州司法長官に関しても述べておきた
い．トランプ大統領は，就任直後の2017年に3度にわたり，イスラム系7か国
の米国への入国禁止の行政命令を発した．これに対して，ワシントン州，ミネ
ソタ州，ハワイ州，ニュー・ヨーク州などの司法長官 (いずれも民主党所属) が，
同命令は宗教差別であり，合衆国憲法に反するとして提訴した．オバマ大統領
時代にも，同政権の移民希望者やその家族に対する強制送還延期プログラムを
めぐって，テキサス州司法長官パクストンら共和党所属の司法長官たちがオバ
マ政権を提訴し，同プログラムの差し止めに成功した．同プログラムの一部は，
トランプ政権になっても引き継がれ，共和党の州司法長官たちは，共和党トラ
ンプ政権をも提訴した．合衆国では，州知事だけではなく，州司法長官を含む
いくつかの州政府の要職は選挙で選ばれており，後に副大統領となるカマラ・
ハリスなど有力な政治家が州司法長官のポストを務めたこともあり，その政治
的役割が近年注目されている (梅川葉菜 2018: 133-45)．州司法長官の活躍も，
合衆国における政治制度の重要な構成部分となってきたと言える．

第 5 部

フランスの政治制度

1944年 8 月，連合軍によりナチから解放されたパリを歩くド・ゴール．
（出所）　Imperial War Museum.

第12章
第二次世界大戦までのフランスの政治制度

1. フランスの歴史

　現在フランスが位置する地域は，ラテン語で「ガリア」と呼ばれ，ローマ帝国のカエサル（シーザー）が征服し，その時に『ガリア戦記』が書かれたとされる．このローマ帝国の滅亡後は，その地域でゲルマン人の流れをくむフランク王国が出現し，9世紀初頭にはシャルル・マーニュ（カール大帝）の下で，フランスだけでなく，今日のベルギーや北イタリアまでをも含む大帝国となった．しかし，彼が814年に死去すると，フランク王国は3つに分裂した．この分裂後，しばらく不安定な状態を経て，870年メルセン条約後に現在のフランスの原型がほぼ形成されたと言われる．1337-1453年の間，フランス王位継承に関わって，イングランド王軍がフランスに侵攻し，いわゆる英仏百年戦争へと発展した．有名なジャンヌ・ダルクの活躍などを経て，イングランド軍は撃退された．

　16世紀になると，フランスでも，ヨーロッパ全体でのプロテスタントの隆盛を受けて，プロテスタントの活動が強まった．フランスでのプロテスタントはユグノーと呼ばれ，カトリック勢力との対立が激しくなった．その対立は，両者の間の戦争状態になり，1572年のサン・バルテルミの虐殺事件のような，国王勢力によるユグノーたちの大量殺害にまで発展した．この対立を収めたのは，かつてユグノーであったがカトリックに改宗したアンリ4世であった．彼は1598年ナントの勅令を発し，この勅令により，ユグノーたちは，カトリックと同等の権利を与えられ，戦争状態は終結した．しかし，このあとも，ルイ14世によるナントの勅令撤回（1685年），それによるユグノーたちの大量亡命など政情は不安定であった．

　他方，ルイ14世紀の治世において，フランスは西インド諸島や西アフリカに植民地を拡大し，ヴェルサイユ宮殿の建設に着手し，世界にまたがる大帝国となった．政治学者・憲法学者のモーリス・デュヴェルジェ（1995: 19）によれ

ば，ルイ14世の時代に絶対主義が確立されたと言われる．絶対主義においては，全ての権力を君主が有し，その行使に制限はない[1]．もっとも，足元のフランスにおいては，貧富の差が激しく，やがて民衆がブルボン王朝を打倒するフランス革命に至る．

2．フランス革命と政治制度

　絶対主義においても，国王は大臣や顧問会議などに意見を聞くことがあったが，これらの他に，人々の意見を聞くという意味で準代表的な機関もあった．その一つが，聖職者，貴族，第三身分からなる全国三部会であった．この三身分は別々に集会し，また身分それぞれが同じ票数を持つことになっていたが，1614年以来175年にわたって開かれていなかった．

　ルイ16世治下においては，政府の財政難から財務長官ネッケルの助言を得て，1789年5月に課税を議題として三部会が招集された．1789年においては，第三身分の代表は，住居を持つ，25歳以上のフランス人によって選挙された．この選挙における投票権は，納税額にかかわりなく認められ，領地所有者は女性も投票権を持っていた（同上: 31）．しかし，第三身分は三身分がそれぞれ同数の票を持つという仕組み自身に反対して，6月に彼らは「人民」を中心とした「国民議会」となることを宣言した．国王側は議場を閉鎖したが，第三身分の議員たちはテニス・コートに集まり，憲法制定が実現するまで決して解散しないと誓った（ジュー・ド・ポームの誓い）．これに対して，7月11日に国王側はネッケルの罷免で応えたところ，7月14日にバスティーユ監獄が襲撃され，その暴動が全仏に広がり，フランス革命と呼ばれる事態に発展した．

　その年8月26日に「人権宣言」が国民議会で採択され，12月には第一身分と第二身分が廃止され，全てのフランス人が「市民」となった．人権宣言1条では，「人は，自由かつ，権利において平等に生まれ，生存する」と書かれた．3条においては，「あらゆる主権の淵源は，本質的に国民にある．いかなる団体も，いかなる個人も，国民から明示的に発しない権威を行使することはできない」とされた．6条では「法律は，一般意思の表明である」とされ，全ての

---

1)　なお，絶対主義absolutismという英語は存在するが，非常に多くの場合でフランスの例について語られる．日本では，「絶対王政」が欧州各国にあったように学ぶが，それも既にフランス流理解の強い日本ならではの解釈の可能性がある．

市民は，立法参加権をもち，法の前の平等が保障された．17条では，所有権の不可侵が宣言された．

　ルイ16世とその家族は，パリへ移されたが，1791年6月に逃亡・亡命しようとするも失敗し，パリに連れ戻された．この間フランスは，オーストリアなどいくつかの国々と戦争状態になり，革命後の政権も安定しなかった．国民議会は，1791年9月に，立憲君主制を基調にした憲法を採択した．その1791年憲法では，3労働日以上の直接税を納める25歳以上の市民（能動市民）などに参政権が限定され，能動市民のみが選挙人を選ぶ第一次集会に参加できた．その第一次集会で選挙人が選ばれ，その選挙人が立法府を構成する立法議会の議員を選出した．選挙人，議員とも，能動市民の中からさらに高い要件を満たした人々に限定された．つまり，かなり複雑な制限選挙しか認められなかった．

　主権に関しては，Ⅲ編2条（通し12条）で「すべての権力は国民のみに由来するが，国民は代表者を通じてのみそれを行使することができる．フランス憲法は代表制である．代表者は立法府および国王である」と述べられた．しかし，国王・王妃らと外国との繋がり・外国勢力による革命転覆などの企みが明らかになってくると，結局，共和政を前提とした新しい憲法が必要となった．

　1792年9月には，初の男子普通選挙制による国民公会が，立法議会に取って代り，王制廃止を宣言した（第一共和政）．ルイ16世は1793年1月に，マリー・アントワネットは10月に処刑された．各国との戦争の中，政治・行政権力は，国民公会の公安委員会に集中された結果，その指導者ロベスピエールによる恐怖政治を招き，反対派が次々と断頭台で処刑された．1793年6月24日に「すべての人は，本質的に，かつ，法の前に平等である」と謳われた憲法が制定された．この1793年憲法では，人民主権が規定され，「主権者人民は，フランス市民の総体である」（7条）とされた．21歳以上のフランス人男性などからなる市民は，普通選挙権が認められた．人民は議員を直接選出し（8条），法律を議決する（10条）とされた．立法府は法律を制定するのではなく，提案し，デクレ（命令）を発する．法律案はフランス全国の市町村の第一次集会に送付される．その結果，過半数の県で10分の1以上の第一集会の異議が申し立てられない限りは，法律案は法律となる（59条）．執行権力は主として立法府に従属すべきものと考えられた（辻村・糠塚 2012: 21-23）．しかし，結局，当時のフランスを取り巻く戦争の中で，この憲法の施行は「平和の到来まで」延期するとデクレで宣言された．そして，当時の政府は，1794年テルミドール（共和政下での新しい

暦の「熱月」という意味)のクー・デタで失脚し，ロベスピエールらは処刑された．

　その後，1795年憲法が制定された．1795年憲法は，375条にも及ぶ長文であったが，1793年憲法に存在した社会権的規定がなく，1789年人権宣言以来認められてきた圧政に対する抵抗権の規定もなくなった．主権に関しては，「本質的に市民の総体にある」(権利宣言17条)と述べられたが，フランス市民の資格については直接税，地租，または人頭税を納入する21歳以上の成人男性に限定された (憲法8条)．その市民が，25歳以上の一定額の納税者に限定された選挙人を選ぶという仕組みとなった．立法権力は，選挙人たちが選ぶ「五百人会」と「元老院」の二院で構成された．行政権力は，5人の執政官からなる執政府に，司法権力は独立した裁判所に置かれた．その憲法の下で選挙 (一定額の納税者による制限選挙) が行われ，総裁政府が発足した．

　しかし，その総裁政府は，1799年11月9日(共和歴7年ブリュメール18日)にナポレオン・ボナパルトらが起こしたクー・デタによって倒された．ナポレオンらは，12月に1799年憲法を制定し，ナポレオンを第一統領とする3名の統領からなる「統領政府」を形成した．この憲法では，シィエスの構想に基づいて，政府側の法案作成機関としてのコンセイユ・デタ (国務院)，人民側の審議機関としての護民院，300名の議員からなる立法院，そして法律の合憲性審査と護民院議員の選任機関としての元老院が置かれ，これら4院が立法権力を形成した．

コラム13　ナシオン主権とプープル主権

　フランスでは，大別すると，主権は「国民」Nation にあると解するナシオン主権という議論と，主権は「人民」peuple にあると解するプープル主権という議論がある．ナシオン主権においては，「国民」は権力の唯一の淵源ではあるが，1791年憲法においては「授権によってしかその権力を行使できない．フランスの憲法は代表制である」と書かれた．しかも，1791年憲法では選挙権は「能動市民」に限定され，議員に対する命令委任も禁止され，議員が選挙人に従属することを予防しようとするシステムとなった．こうしたシステムは，フランスでは「純粋代表」と呼ばれる．逆に，1793年憲法では，プープルによる直接民主主義的な決定方法も許容され，その意味で，1793年憲法がプープル主権に基づく憲法であったという評価もあった(樋口陽一 1973: 287-304)．しかし，1793年憲法に関しては，実際には，その直接民主主義的決定には，過半数の県で10分の1以上の第一集会の異議など，相当高いハードルがあり，プープル主権の代表というには不十分な点も多いことが指摘された(辻村・糠塚 2012: 24)．なお，代表制を取る場合でも，そこにおいて，諸争点に関するレファレンダムの実施や直接請求や請願への対応を通じて，選挙民の意思をできるだけ忠実に反映するのであれば，それは，「半代表」と呼ばれるシステムになりうる．

```
──── コラム14　コンセイユ・デタ（国務院）────
　今日のフランスの政治制度の特色の一つとして，法律案や命令案に関して政府から
諮問を受ける機関として，コンセイユ・デタ Conseil d'État がある．政府からの諮
問に応じて意見を述べるだけでなく，日常的に様々な立法行政に関する問題について
研究を積み重ねている．1799年憲法では，法案作成を担っていた．政府の持つ法的問
題に関する顧問的役割という点では，日本においては内閣法制局が果たしている機能
とも重なる．コンセイユ・デタは行政最高裁判所の機能も有しており，また，第一審
行政裁判所と行政控訴院を統括して管理している．
```

3．第一帝政，王政復古，第二共和政，第二帝政

　この第一統領に就任したナポレオンは，1799年12月15日に「革命は終了した」
とする布告を発した．1802年，組織的元老院決議が国民投票（プレビシット）に
より承認された．これを受けて，1802 (共和暦X) 年憲法が発せられ，ナポレ
オンは終身統領に就任した．その後，(後に1804年憲法となる) 組織的元老院決議
とそれに対する国民投票での承認によって，ナポレオンは1804年に皇帝に即位
した．この憲法の142条では，ナポレオンからの帝位世襲が規定された（辻村・
糠塚 2012: 28-29）．

　ナポレオンによる第一帝政は，有名な民法典（ナポレオン法典）の制定など近
代的な法制度の形成に寄与した．また，1789年の革命以来，フランスはつかの
間の安定を得た．革命以後干渉戦争が続くなか，戦争の勝利などでオーストリ
アやプロイセンなどを同盟下に置くことに成功した．しかし，1805年トラファ
ルガー海戦で敗れ，英国遠征には失敗した．また，1812年のロシア遠征では60
万を超える大戦力を投入したが，ロシアはフランス軍との衝突を極力避け，焦
土化されたモスクワに誘い込んだ．事態を知ったナポレオンは急ぎモスクワか
ら撤退するが，コサック兵の襲撃と冬将軍によって兵力を大幅に失い，パリに
帰還したフランス軍は5000人程度になった．この大敗を受けて，ナポレオンに
よる支配を受けていた国々が立ち上がった．ナポレオンはその後の戦争に敗退
し，失脚して1814年地中海のエルバ島に流された．1815年エルバ島を抜け出し
てパリに舞い戻り，いったん支配を回復した（百日天下）が，ワーテルローで
英国・プロイセン軍に敗北し，今度は大西洋のセント・ヘレナに流され，そこ
で亡くなった．

　ナポレオン失脚後は，ブルボン王朝が復活し，ルイ18世が即位した．国王が「欽定」した1814年憲章（シャルト）が，発せられた．この憲章においては，執行権力は国王のみに帰属し，国王は元首として陸海軍を指揮し，宣戦を布告し，条約を締結し，すべての官職を任命し，必要な規則と王令を定めることができた．立法権力は，国王，貴族院，代議院によって行使され，国王が事実上拒否権を行使できた．法律案の提案も国王が行い，国王が裁可し，公布した．このように，規定上は国王に権限が集中していたが，実際には代議院の多数を占めた政治勢力が主導権を取っていった．1815年の代議院選挙では，王党派が多数を占めた．当時の理論家シャトーブリアンは，ブルボン王朝を強く支持し，国王は神聖不可侵であるべきで政治上の責任を負わされるべきではないと説き，政治責任は代議院の多数に支持された政府が負うべきであると論じた（宮沢 1968: 119）．実際のところ，王政復古の下で，議会主義の傾向が強まっていった．

　1824年にルイ18世が死去すると，弟がシャルル10世として即位した．しかし，シャルル10世は，1830年5月の代議院選挙でユルトラ（超王統派）が敗れ，自由派が多数を占めたにもかかわらず，ユルトラのポリニャック政権を替えなかった．それどころか，7月25日には，国王が「国家の安全のために必要な規則と王令を定める」ことができるとした憲章14条に基づいて，4つのオルドナンスを発した．そのオルドナンスの中には，出版の自由の停止や，未招集のままの代議院の再解散や，事実上の参政権の削減が書かれていた．民衆は，これに「栄光の三日間」と言われる蜂起で応えた．その結果，シャルル10世は英国へ亡命し，いわゆる七月革命という事態となった．

　ところが，その民衆の蜂起は，意外な結果を生み出した．議会主義を受け容れる点でより開明派と言われたルイ・フィリップが国王として即位したのである．ルイ・フィリップは，ブルボン王朝のオルレアン派であったが，シャルル10世を批判していたジャーナリスト，アドルフ・ティエルが，「オルレアン公は，革命の大義に貢献してきた王子であり，市民の国王である」と論じたことも影響力を持った（Morabito 2022: 212）．

　1830年憲章は，1814年憲章を貴族院と代議院が修正し，ルイ・フィリップがその修正を「受諾」する形で制定された．ブルボン王朝の象徴であった白色旗は，三色旗に代えられた．政治は，代議院の多数派に依拠するという形で，日本で言う「議院内閣制」の形になっていったが，憲章や法律上の規定ではなく，習律としてその形になっていった．ただ，多数派は安定した政党にはならず，

たびたび国王は代議院を解散した．また，代議院議員は無報酬であったため，政府が高給の官職などを与えることで手なずけられた．こうした議員たちは，「官吏議員」と呼ばれた（辻村・糠塚 2012: 37）．

七月王政も，ギゾー政権が選挙法改正に抵抗する中で，1848年2月革命で倒れた．革命後の臨時政府では，社会主義者と自由主義的共和主義者たちが対峙したが，2月25日に共和政が宣言された．この臨時政府は，出版の自由の確保や奴隷制廃止などとともに，普通選挙制を導入した．この普通選挙によって行われた憲法制定議会選挙で，900名の代表者が送られ，1848年憲法が制定された．

1848年憲法は前文で，国民議会が「フランスは共和国となった」と宣言し，「フランス共和国は，一にして不可分かつ民主的である」とした．1848年は，マルクスとエンゲルスによる「共産党宣言」が発行された年でもあり，2月革命においては，王制を倒した革命勢力の中でブルジョワジーと社会主義者たちが対峙していたが，1848年憲法は，社会主義的な要素を許容しなかった．

1条で「主権は，フランス市民の総体に存する」と述べられ，ここでも，プープル主権は取られなかった．しかし，市民の諸権利に関しては，多くの記述があった．政治的事件については死刑が廃止され，各人は信仰の自由が認められ，結社の権利，集会の権利，請願権，思想や出版の権利が認められた．教育は自由とされ，社会は無償の初等教育，職業教育などへの援助を提供すると述べられた．一方，あらゆる所有権は不可侵であるとされた．選挙権は満21歳以上の全てのフランス人男性に対して，納税資格を問うことなく，認められた(25条)．被選挙権に関しても，満25歳以上の全てのフランス人に対して認められた（26条）．執行権力は，「共和国大統領の称号を受ける市民に委ね」られるとした（43条）．その資格は，満30歳以上のフランスで生まれたフランス人男性であった(44条)．任期は4年であったが，大統領は，大臣を介して法案を提出することができ，条約について交渉し批准することができるが，その批准は国民議会によって承認されないと確定しない．大統領は大臣を任免することができるが，それ以外の行為は，大臣による副署がなければ効力を持たない．また，共和国大統領は軍を統帥するが，軍隊の指揮命令権はない．さらに，国民議会の同意がなければ戦争はできなかった．

この第二共和政で設けられた大統領の選挙に，ナポレオン・ボナパルトの甥（ルイ・ナポレオン）が立候補して当選した．ルイ・ナポレオンは，ティエルら

秩序党の支持を得て当選し，彼の当選後に行われた国民議会選挙では，秩序党が３分の２以上を占め圧勝した．これに焦った社会主義者たちはパリで蜂起するが，ルイ・ナポレオンはこれを鎮圧した．その一方で，秩序党は，国民議会で普通選挙に参加できる市民の居住資格を厳格化することで，普通選挙制を骨抜きにしようとした．ルイ・ナポレオンは，この秩序党を批判し，1851年12月にクー・デタを起こし，ルイ・ナポレオンに憲法を制定する権力を委ねるという内容の国民投票で，圧倒的多数の賛成票を得た．

　1852年には，委任された権力に従って，１月14日に新しい憲法が公布された．その憲法では，２条で「フランス共和国の統治は，共和国の現大統領である，皇太子ルイ・ナポレオン・ボナパルトに10年間委ねられる」とされた．４条で，「立法権力は，共和国大統領，元老院，立法院が共同して行使する」と規定された．

　1852年憲法によって示された政治制度においては，議会に信任された政府が不可能となり，共和国大統領に多くの権限が集中した．26条で，元老院は，信教の自由や法の前での市民の平等，所有権の不可侵などに反する法律に反対すると明記されたが，逆に，42条では，「新聞またはその他の公表手段による立法院の会議の報告」は，立法院議長の下で作成された「議事録の転載」のみしか許されなかった．２月革命の精神が損なわれたことが明らかであり，政治的・市民的自由は大幅に失われた．なお，1852年11月７日元老院議決によって世襲制の復活が提案され，11月21-22日の国民投票の圧倒的支持で承認され，ルイ・ナポレオンは皇帝ナポレオン３世となった（第二帝政）．

　このように，ナポレオン３世の下での第二帝政は，皇帝の独裁的権限に依拠して展開しうることが可能となった．しかし，その後，ナポレオン３世は，徐々に民衆に政治的自由を与え，立法院の多数に依拠するようになる．こうした変化は，元老院の議決や政治の運用によってもたらされたが，それがナポレオン３世の主導に基づくものであったのか，共和派や労働者たちに接近せざるを得なかった事情によるものか，必ずしも学術的評価が定まっているとはいえない．こうした変化は，権威帝政から自由帝政への転換と言われる（辻村・糠塚 2012: 50-51）．

　ナポレオン３世は，ビスマルクの策動に乗せられ，1870年にプロイセンに宣戦布告したが敗戦が続き，スダンの戦いでナポレオン３世も捕虜となった（普仏戦争）．その後，プロイセン軍はパリを包囲し，1871年ヴェルサイユ宮殿でド

イツ帝国の建国を宣言した．フランス軍の敗北に不満を持った民衆たちの中で左翼勢力が主導権をもって，パリに3月から5月にかけて革命政権を作った．いわゆるパリ・コミューンと呼ばれる事態である．しかし，敗北した直後のフランス軍はドイツ軍の支援を得て，このコミューンを攻撃し，陥落させた．

4．第三共和政

ナポレオンが捕虜となった1870年9月に，民衆の蜂起などで帝政は瓦解し，共和政が宣言された．この第三共和政の下で1875年に3つの法律が制定され，これが第三共和政憲法と呼ばれた．第三共和政憲法の一つ「公権力の組織に関する1875年2月25日の法律」は，その3条で大統領が法案の提出・公布の権限を持ち，軍隊を指揮し，全ての文官武官を任命し，6条で大臣は連帯責任を負い，大統領は大逆罪以外で責任を問われないと，大統領は強力な権限を有することが規定された．立法府は，普通選挙によって選ばれた代議院（「2月25日の法律」1条）と，県議会議員，植民地議員によって選ばれた元老院（「元老院の組織に関する1875年2月24日の法律」）で構成された．共和国大統領は，上記のような強い権限を持っていたが，同時に，大統領の行為は大臣の副署を必要とし（「2月25日法律」3条），代議院の解散は元老院の同意が必要であった（同5条）．代議院と元老院の開閉会，会期，教書などは，同年「公権力の組織に関する1875年7月16日の憲法的法律」によって規定された．

第三共和政憲法の運用は，王制の復活を狙う王党派と共和政を維持しようとする勢力との争いの結果，議会主義の習律化を生み出した．そうした習律を決定づけたと言われるのが，1877年のマクマオン大統領による国民議会の解散であった．第三共和政憲法では，国民議会の解散は元老院の同意なくしてできなかったが，この時は，マクマオンが王党派の勝利を期待して，元老院の同意を取り付けて解散した．しかし，その結果，王党派は議席を増やしたものの，過半数には到底届かず，共和政派は大幅な過半数を維持した．この失敗によって，フランスにおいては国民議会の解散という手法によって民意からの支持を得るという姿勢は一気に後退したと言われる．その後，1879年2月7日，大統領ジュール・グレヴィは，大統領教書の中で，国民議会および元老院の議員たちに対して，「議会システムの偉大な法に真摯に従い，憲法上の機関を通して表明された国民の意思と決して争うことはない」と宣言した（辻村・糠塚 2012: 66）．

このグレヴィによる議会主義への謙譲の態度，すなわち国民議会解散という手法の封印は，後に「グレヴィ憲法」とも言われるようになった．これを評して，フランスの憲法学者ジャン・クロード・マエストルは「憲法慣習のなかで最も美しいものが，1877年のマクマオンの失敗によって引き起こされた解散権の自粛に関わる」(Maestre 1973: 1287) と述べた．この後，立法府で信任を受けた内閣が中心となり，権限を強めていくことになった．なお，第三共和政憲法下における内閣は，Conseil des ministres と呼ばれたが，「2月25日憲法的法律」7条で大統領が欠けた場合の執行権力を担うなど，限定的ではあるが，成文規定があった．

　共和政という決着がとりあえずついてからも，第三共和政の下での政治は安定したとは言い難かった．対独感情の悪化から，1889年にブーランジェ将軍を担ぎ上げてクー・デタを起こそうとする事件があったが，直前にブーランジェ自身が逃亡し，未遂に終わった．また，同じく対独感情の高まりの中，今度はフランス軍にドイツへの内通者がいるのではないかという疑惑が強まり，1894年ユダヤ系フランス軍将校ドレフュスが逮捕され，刑罰を受けたが，後にそれが冤罪であったということが判明した．このように，19世紀末のフランスでは，王党派対共和派の対立，反独感情，反ユダヤ感情によって政治は不安定化した．

　政権の安定性という点でも，第三共和政においては，総じて短命政権が多かった．元老院と代議院が基本的に対等であるということから，どちらかで多数を失えば政権運営が困難になり，崩壊する政権が続いた．1876年からドイツのフランス侵攻の1940年までの間に，実に101の政権が現れ，崩壊していった．第三共和政は，憲法システムとしては長期に及んだが，そこでの政権は安定性を欠くことが多かった（大山 2013: 21）．

　また，そういう不安定性や，20世紀に入ってからの戦争や急激なインフレなどの危機の続発の中，政府は権限の限定された諸法律を逐一議会で制定していくよりも，網羅的な分野にわたる政府の命令権限を法律によって認め，その命令によって他の法律の無効化などさえ認める手法を多用することになった．命令（デクレ décret）を発する権限を法律（ロワ loi）において認めることから，デクレ＝ロワ décret-loi と呼ばれた．フランスの委任立法に関して著作のある村田尚紀によれば，第一次世界大戦勃発の1914年からナチによるフランス占領の1940年までの間に13のデクレ＝ロワが制定され，いずれも（多少の差異はあるが）立法による政府への授権→デクレ（命令）→議会によるその承諾という経路を

たどった (村田 1990: 14). 議会は最終的にデクレ＝ロワでの命令を認めないという手段はありえたが, その時には既に命令により現実が作られ, 命令を取り消しても現実を変えることはできなかったので, その事後承諾に関する判断の実質的意味は限られていた. 実際, 議会はこれらデクレ＝ロワの下で出された命令を後に簡単に承認していった.

　しかし, 法律の下に命令があるという, 一種の「委任立法」の形自体は, 日本や英国でも見られる. デクレ＝ロワの問題性は, 広範な諸問題に関する政府の命令権限を法律において認めるという方法で, 事実上, 議会の立法権限を変質させる点にあった. その一例として, 1918年 2 月10日法を挙げておこう. 同法では, デクレによって, 戦争中および戦後 6 か月の間, 国家の兵站確保のために, 人および家畜の食用になる農産物の生産販売消費, 燃料補給を規制し, 商船を徴発することができ, このデクレに反した場合には刑罰が科された. 限定はされているが網羅的であり, 議会の刑罰制定権を侵害するものであった(同上: 24).

　対ドイツとの間では, 1914-18年の第一次世界大戦の結果, 普仏戦争で失った国土を奪還したが, 今度は, ドイツ側に反仏感情を生み出した. ドイツは「天文学的数字」とも言われた多額の賠償金を課され, 1929年世界恐慌以後にはその支払いに窮すると, フランス軍はドイツのルール地方を占領して賠償金の支払いを求めた. それらの屈辱の中で, ドイツではナチ党が台頭し, 政権を奪取し, ヒトラーは1934年に国民投票を経て「総統」Führer となった. ドイツは再軍備を行い, オーストリア, チェコなどを併合した. 続く1939年のポーランド侵攻を契機に英仏が宣戦布告し, 第二次世界大戦となった. しかし, この戦争中の1940年に, フランスはパリを含め大部分を占領され, ドイツと休戦協定を結んだ. 地方都市ヴィシーには, ペタン元帥の下で政権が作られ, 先述の「2 月25日法律」8 条にしたがって, 国民議会の過半数の議員の賛同によって, 新しい憲法「憲法的法律」を決定・公布した. この「憲法的法律」は, 1 条 3 項の短いものであったが, 「ペタン元帥の権威および署名のもとにある共和国の政府に全ての権限を与える」と 1 項に明文で書かれた (同上: 159). ヒトラー政権による全権委任法でも, ヒトラーの名前は記されなかった. このヴィシー政府は, ドイツと休戦し, ドイツに協力した.

　周知のように, この第二次世界大戦には, 日本の真珠湾攻撃を契機に米国が欧州戦にも参戦し, ドイツは西からは英米を主力とする連合軍, 東からはソ連

軍によって攻められた．1944年6月の英米軍のノルマンディー上陸作戦後に，連合軍はパリを解放するが，その解放直後の8月26日に「自由フランス」のリーダー，シャルル・ド・ゴール将軍が凱旋し，パリの市民たちは歓呼して迎えた．1945年4月30日にヒトラーは自殺し，5月初旬ベルリンは陥落した．

　しかし，1940年から4年にわたった占領は，ド・ゴールをはじめフランス人に深刻な影響を与えた．後に見るように，第五共和政の下で「強い大統領」に政治制度が強く傾いていく背景には，このようなドイツによる占領，そして，戦後の第四共和政における引き続く混乱があった．

　憲法学者モーリス・オーリウは，こうした激動期を評して，1789年以来フランスは周期理論の中にあったと述べた．それは，1789年フランス革命以後，第一共和政，ナポレオン，王政復古，二月革命，第二共和政，ナポレオン三世，第三共和政を通じて，議会主義とプレビシット（直接投票による指導者選択）とが一定の時期で周期することを言う（時本 1995: 230）．実際，第五共和政は，強い指導者を求める憲法となっていく．

―――**コラム15　プレビシットとレファレンダム**―――

　日本語で国民投票と呼ばれるものには，大きく分けて2種類ある．一つは，ある政策課題や法律案などに対して，民衆が直接投票するレファレンダム referendum（フランス語読みではレフェレンダム）である．近年のレファレンダムは，フランスにおいては，憲法改正案などに関して「ウィ」（イエス）か，「ノン」（ノー）を示してきた．しかし，こうしたレファレンダムは，常に二つの選択肢に限られるわけではない．

　もう一つは，ナポレオンやナポレオン3世の皇帝就任に対して，賛成や反対を問うた国民投票などのように，対象事項が人物に関わるもので，発案者である国家元首などの信任を狙ったものである．これらは，プレビシットと呼ばれて来た．

第13章

戦後フランスの政治制度

1. バイユー演説と第四共和政憲法

　パリ解放後，ド・ゴールの「自由フランス」と，フランス内外のレジスタンスが統一され，「フランス共和国臨時政府」が組織された．「臨時政府」は，ペタンらによる政府を認めず，それによる「憲法的法律」も無効であると断じた．しかし，「臨時政府」は，単に第三共和政憲法を復活させるのではなく，新しい憲法の提案を検討しようとした．臨時政府は，1945年10月に総選挙を行うとともに，国民投票を行った．その結果，新憲法制定のため7か月の間，暫定政権が認められた．

　総選挙では，第一党をフランス共産党が占め，148議席を獲得した．次いで人民共和運動 MRP が143議席を獲得し，社会主義インターナショナル・フランス支部 SFIO（後の社会党）が135議席を獲得した．この総選挙では，フランスの国政選挙としては初めて女性に参政権が認められ，拘束名簿式の比例代表制で行われた．この選挙の結果，共産党，MRP，SFIO の三党連立が結成され，臨時政府の長として国民議会でド・ゴールが選出されたが，ド・ゴールは，政党政治に支配されることを嫌い，1946年1月に辞任した．

　臨時政府は，1946年5月に新憲法草案を国民投票に付したが，僅差で否決された．この新憲法案は，一院制議会に権力を集中する点が論争になったほか，MRP がこの憲法案に反対したことも，影響した．その後ド・ゴールの憲法構想が，連合軍が最初に上陸した都市バイユーでの1946年6月16日の演説で明らかにされた．

　　国家元首は，政党の上に立ち，国会を構成する国民議会によって選出されるが，さらにもっと広い選挙人団から選出されるべきで，それゆえ元首はフランス連合と同時に共和国の大統領とならなければいけない．執行権力は，その元首から由来しなければならない．（中略）大臣たち，そしてもちろん何より，政

府の政策と機能を指導する首相の指名の役目は，元首に与えなければならない．
法を公布し，デクレを発する役目は元首に与えられなければならない．（中略）
元首に閣議を主宰する役目を与えなければならない．（中略）通常は閣議を通じ
て，または，混乱の時代には選挙を通じての主権者の決定により，元首は，政
治的諸事件の上に立つ裁定者として仕えなければならない（De Gaulle 1946）.

　憲法制定の国民投票に敗れたため，新たな制憲議会を選出する選挙が行われ
た．その結果，MRP が161議席を獲得し，第一党になったが，共産党は146議
席，SFIO は115議席を獲得した．新たな憲法案は，MRP の意向を受けて，下
院優位の二院制，首相の地位強化などが加えられた．1946年10月の国民投票で
は，この憲法案が僅差で可決された（辻村・糠塚 2012: 85）.

　この第四共和政憲法では，前文で，人権に関する包括的な内容が宣言された．
「フランス人民は，1789年の権利宣言によって確立された人および市民の権利
と自由，ならびに，共和国の諸法律によって承認された基本的諸原理を，厳粛
に再確認する」と述べられた．具体的には，男女平等，勤労の義務および雇用
される権利，出生，意見，信条による非差別原則，組合加入権と組合の自由，
罷業権，教育を受ける権利などが上げられた．

　1条では，「フランスは，一にして不可分の，非宗教的，民主的かつ社会的
共和国である」と規定された．3条では，「国民の主権は，フランス人民に属
する」とされ，「人民は憲法事項について，自らの代表者の投票および人民投
票によって，主権を行使する」と規定された．また，「人民は，普通，平等，
直接，秘密の投票で」国民議会の議員の選挙を通じて主権を行使することが規
定された．4条では，成年男女のフランス人が選挙人であるとされた．5条で，
国会は，国民議会と共和国評議会とで構成されることが規定された．

　共和国大統領は，「国会によって選出される」(29条) と規定された．大統領
は閣議を主宰し (32条)，軍隊の長 (33条) であるが，「大統領の行為は全て首相
または大臣によって副署されなければならない」(38条) となった．

　第三共和政では規定されていなかったものの，実質的に執行上の権限を持っ
てきた内閣総理大臣 (président du Conseil) が憲法上規定された．45条で，大統
領は閣議後に，内閣総理大臣を指名し，その総理大臣は内閣の綱領と政策を国
民議会に提出し，記名投票により「絶対多数」(すなわち総議員過半数，ただし1954
年改正で単純多数 (出席議員の過半数)) で総理大臣が信任されなければ，総理大臣

および大臣たちの就任が認められないと規定された. もしも, 総理大臣の死亡あるいは辞任などがあった場合でも, 同様の手続きが取られることになった. 内閣総理大臣は, 法律の執行を確保し, 大統領任命以外の文武官を任命し, 軍隊を指揮することができた (47条).

　大臣の責任に関しては, 48条で, 「大臣は, 内閣の一般政策について国民議会に対して集団として責任を負い, 個人の行為について個別に責任を負う」と述べられる一方, 大臣は, 共和国評議会 (議会上院) に対しては「責任を負わない」と規定された. 内閣の連帯責任が下院国民議会に対してのみ認められた形になった.

　第四共和政においては, 冷戦の影響の下1947年 5 月から, 共産党が政権から排除され, また, ド・ゴール派も政権から排除されたが, それは政権がSFIOやMRPを中心とする諸政党の連立政権として続くほかないことを示した. これらの連立政権は内部分裂に弱く, 内閣の崩壊や国民議会による不信任議決を受けることもあった. しかし, これらの信任の崩壊や不信任の議決を, 国民議会の解散によって解決するという手段は, 第四共和政憲法において非常に困難であった. 内閣信任問題は, 閣議を経て, 内閣総理大臣によって提出され, 国民議会の絶対多数によって拒否されることで内閣総辞職となる (49条). 内閣不信任案は国民議会の議員の過半数によって採択され, その場合, 内閣は総辞職しなければならない (50条). これらの場合には, 国民議会の解散に直接結びつかない. 51条で, 「18か月の間に, 49条および50条に定められた条件で内閣総辞職が 2 度生じた場合, 国民議会議長の意見を聴取した後, 閣議において国民議会の解散が決定される」と規定されたが, この解散は, 内閣発足の最初の18カ月が経過しなければ, そのデクレは適用されないとされた. この規定の条件を満たして国民議会を解散したのは, 1955年のエドガール・フォール内閣だけであったが, フランスの憲法学者として有名なジャック・シュヴァリエが,「エドガール・フォールによる解散は, 全ての政治家たちから, マクマオン以来, この権限の自粛を課してきた不文のルールの蹂躙であるとみなされた」(Chevallier 1970: 1384) と述べたように, フランスの憲法習律からの逸脱として理解された.

　第四共和政では, 選挙制度としては比例代表制が採用されていたが, そのドで, 共産党やド・ゴール派などの影響力を弱めようとして, SFIOやMRPや他の諸政党が統一名簿を使えるアパラントマン制が1951年国民議会選挙で導入

された．この制度は，アパラントマンの届け出をした選挙区において当該諸政党が過半数の票数を獲得した場合，その選挙区の全議席を獲得するというものであった．これにより，SFIO や MRP の中道連合は政権を維持できたものの，1956年国民議会選挙では，中道連合自身の分裂により，勢力は著しく弱まった．

　その結果，国会で法案を成立させる力が弱まり，第三共和政下でも批判されていた「デクレ＝ロワ」の事実上の復活が進んだ．1948年8月17日法は，命令の性格を有すると法律が定める事項について，デクレは法律を変更し，それに代わることができると規定した．この法と，「国民議会だけが法律を議決できる．国民議会はこの権限を委任できない」とする憲法13条との関係が問題になった．これに対して，1953年2月6日の意見で，コンセイユ・デタは，この手続きが憲法または共和主義的伝統によって法律に留保された事項には及ばない限りで，容認した．また，適用の詳細をデクレに委ね，法律で一般的原理のみを定める「枠組法」が，その後増加した（辻村・糠塚 2012: 91-92）．

　第四共和政においては，結局，多数に依拠した安定的な政権は続かず，1958年までの12年間で24の内閣が作られた．こうした政治的混迷は，1958年第五共和政が確立されるまで続いた．

2．第五共和政憲法への道

　第二次世界大戦後，世界的に植民地の独立が続いたが，それはフランスにおいても例外ではなかった．1954年当時フランス領であったアルジェリアにおいて，解放戦線は武装闘争を開始し，コロン（フランスなどヨーロッパ系入植者）・フランス軍との間で戦闘状態が続いた．1958年5月には，コロンたちによるクー・デタが起こり，そのクー・デタ勢力によるフランス本土攻撃の可能性も議論になった．そのなかで，アルジェリアのコロンたちの不満を解決できる唯一の候補者として，ド・ゴールの政権復帰が要請され，国民議会は，アルジェリア問題での全権委任と，憲法改正案提案権を，ド・ゴールに与えた．ド・ゴールは，まず内閣総理大臣として選出され，法律により新憲法制定について授権された．続いて第五共和政憲法が起草され，憲法草案は，人民投票に付され，9月28日に投票され，圧倒的な支持票で承認された．

3．第五共和政憲法と政治制度

（1）前文と人権保障，基本原理，主権

　以下では，第五共和政憲法にあらわされた政治制度を，条文に沿って概括していく．まず前文についてである．前文では，「フランス人民は，1946年憲法前文で確認され補充された1789年宣言が定める人権および国民主権の原理を，厳粛に宣言する」と述べられた．1946年の第四共和政憲法の前文で，詳細かつ広範な分野の人権宣言がなされてきたことは見てきたとおりである．しかし，第五共和政憲法のこの前文が人権保障という点で，どの程度法的拘束力を持つのか，明瞭とは言えなかった．また，1958年の憲法制定時点では，違憲立法審査は大統領が公布した法律に対しては，制度的に存在していなかった．しかし，その後，憲法院（憲法裁判所）は，人権保障の観点から法律の審査を行うようになり，これが世論の支持を受けると，2008年7月23日憲法改正により事後法に対する違憲審査の提訴ができるようになった．これにより，第四共和政憲法前文で宣言された人権規定が第五共和政憲法でも法的効力を獲得したと見られている．なお前文には，「2004年環境憲章が定める権利と義務」に関する宣言も，2005年3月の憲法改正で加えられた．

　1条1項では，共和国の基本原理として，「フランスは，不可分の，非宗教的，民主的かつ社会的な共和国である．フランスは，出生，人種または宗教による差別なしに，すべての市民に対して法律の前の平等を保障する．フランスは，いかなる信条をも尊重する」と規定された．

　3条1項では，「国民の主権は人民に属し，人民は，その代表者を通じて，および，人民投票の方法によって，主権を行使する」と規定された．特筆すべきなのは，主権の行使に関して，代表者（つまり議員）による形と並んで，人民投票が規定されたことである．第四共和政憲法においても，憲法事項については人民投票による主権行使が規定されていたが，第五共和政憲法3条1項は，人民投票による主権行使を憲法事項に限定しなかった．

　その他，3条では，4項で成年男女のフランス国民の選挙権が規定された．5項で被選挙権については男女間の平等が規定された（後にこの規定は公職や他の分野での男女同権推進へと充実強化されて，1条2項に移された）．

（2）共和国大統領

　第五共和政憲法5条では，大統領の地位について，「共和国大統領は，憲法の尊重を監視する．共和国大統領は，その裁定によって，公権力の適正な運営と国家の継続性を確保する」と規定された．6条では，5年任期，2期目まで務められると規定された（2000年憲法改正までは7年任期であった）．7条では，小選挙区2回投票制が規定された．第1回で過半数を得た場合，第2回投票は行わない．第1回投票で過半数候補がいない場合は，上位2名（上位2名に辞退があった場合には候補者を繰り上げ）に対する決選投票が行われる．この規定は1962年にド・ゴールの主導で改正されて，現在の条文となった．1958年憲法制定時は，国民議会，元老院議員，地方議員などからなる選挙人団の選挙であった．

　8条では，首相および政府構成員の任免が規定された．同1項では，「共和国大統領は，首相を任命する．共和国大統領は，首相による政府の辞表提出に基づいてその職を免ずる」とされた．同2項では，「共和国大統領は，首相の提案に基づいて政府の他の構成員を任命し，また，その職を免ずる」．なお，同条では，フランスの憲法条文としては初めて Premier ministre という表現がなされた．英国首相は英語で Prime Minister であるが，その仏語表現が使われた．しかし，9条では，「共和国大統領は，閣議 conseil des ministres を主宰する」と規定され，第四共和政憲法で登場した Cabinet という表現は使われなかった．10条では，確定的に採択された法律の公布について，「15日以内に公布するか，再審議を求める．国会は再審議を拒否できない」と規定された．

　11条では，人民投票への付託および人民発案に関して，1項で次のように規定された．

　「共和国大統領は，官報に登載された会期中の政府の提案または両議院の共同の提案に基づいて，公権力の組織に関する法律案，（国の経済・社会，（または環境政策およびそれ【2008年7月23日改正で追加】）にかかわる公役務をめぐる諸改革に関する法律案【1995年改正で追加】）あるいは憲法には違反しないが諸制度の運営に影響を及ぼすであろう条約の批准の承認を目的とする法律案を，すべて，人民投票に付託することができる」．なお，2008年7月23日の憲法改正などにより，国民の10分の1の支持に基づく国会議員の5分の1の発案で，議員提出法律案を人民投票に付託することが11条3項として憲法に盛り込まれた．ただし，この議員提出法律案によって過去1年以内に公布された法規の廃止を提案することはできない．この人民投票によって採択が確定した場合は，大統領はその法

律を公布しなければならない．この11条は，第五共和政憲法の大きな特徴であり，後に見るように，1962年には憲法改正のために使用された．

12条1項では，国民議会の解散と総選挙について「共和国大統領は，首相および両院議長に諮問した後，国民議会の解散を宣告することができる」と書かれた．共和国大統領は，この規定により，必要な場合にはいつでも国民議会を解散できることになった．首相および両院議長にたいしては，「諮問」が必要なだけであって，合意の必要はない．しかし，実際には，第五共和政においても，大統領による解散権行使は，後に見るように少数例に限定されてきた．

13条2項では，「共和国大統領は，国の文官および武官を任命する」と規定された．15条では，「共和国大統領は，軍隊の長である」と規定された．

16条では，非常事態措置権について規定された．1項では，「共和国の制度，国の独立，その領土の保全あるいは国際協約の履行が重大かつ直接に脅かされ，かつ，憲法上の公権力の適正な運営が中断される時は，共和国大統領は，首相，両院議長，ならびに憲法院長に公式に諮問した後，状況により必要とされる措置をとる」と規定された．2項では，「共和国大統領は，これらの措置を教書によって国民に通告する」．

この措置権は，1961年にフランス領アルジェリアで生じた軍事クー・デタの結果，フランス本土への攻撃の可能性が懸念され，当時のド・ゴール大統領が発した．それが唯一の例であった．この件では，クー・デタ沈静化以後も半年にわたり措置権の行使が継続されたことが，その後問題視された．当時の16条では，非常事態措置発動前に憲法院に諮問されるが，措置が継続された場合，これを法的に抑制する手段がなかった．これを踏まえ，2008年7月23日の憲法改正で16条に6項が加えられ，非常事態措置権限の行使に対して憲法院が事後的に審査し，裁定する制度が導入された．

なお，フランスでは2015年の同時多発テロ後に「非常事態宣言」が発出されたが，それは1955年4月3日の非常事態に関する法律に基づく時限的な措置であり，上記の憲法16条の非常事態措置権限とは何の関係もなかった．上記16条の非常事態措置は，国の制度や独立，領土，国際協約履行などが脅かされる場合に限定されている．長谷部恭男によれば，この条項は1940年のナチによるフランス侵攻後に政府を他の場所に移す法的条項がなかったことから創設されたものである（長谷部・石田 2017: 112–16）．

18条では，1項で「共和国大統領は，教書によって，国会の両院に意思を伝

達する．教書は朗読されるが，これについていかなる討議も行われない」と規定された．（2008年7月23日改正で創設された）2項では，そのために，両院合同会議で発言できると書かれた．これに対して大統領の臨席なしに討議できるが，「いかなる採決も行われない」と書かれた．これらは，合衆国大統領による「一般教書」演説と類似している点を見出すことができる．

コラム16　首相任命に関する習律

　憲法8条1項で，共和国大統領は首相の「辞表提出に基づいてその職を免ずる」とした理由は，ド・ゴールが首相を罷免する可能性を考えたからであった．その結果，首相自身が辞表を出さなければ大統領は首相を罷免できない規定となった．しかし，その後の習律においては，大統領が交代した時だけではなく，再選された時などにも，首相は辞表を提出し，大統領は新しい首相を任命した．憲法学者アヴリルによれば，この習律の起源は第三共和政のなかで確立されたと言われる（Avril 1997: 101）．

（3）首相，国会，法律，命令など

　20条において，1項で「政府は，国政を決定し，遂行する」，2項で「政府は，行政および軍事力を司る」と規定された．首相の権限に関しては，21条1項で，「首相は，政府の活動を指揮する．首相は，国防について責任を負う．首相は法律の執行を保障する」と規定された．また，「首相は，命令制定権を行使し，文官および武官を任命する」と規定された．この憲法において「政府」とは，21条1項に示されるように，首相によって活動を指揮される．

　国会 Parlement に関しては，24条でその構成が規定された．2008年7月23日の改正を経て，1項では，「国会は，法律を議決する．国会は，政府の行為を監視し，公共政策について評価を行う」と規定され，2項では，国会は「国民議会（Assemblée nationale）と元老院（Sénat）からなる」とされ，3項では，国民議会は直接選挙によって選出され，その定数は577を超えてはならないとされた．4項では，元老院は，共和国の地方公共団体の代表による間接選挙で選出され，その議員の定数は348を超えてはならないとされた．

　35条では，1項で宣戦布告は国会によってなされると規定された．36条では，1項で「戒厳令は，閣議において発令される」が，2項で「12日を超える戒厳

1）　フランスの場合，国民議会と元老院が Parlement を構成しており，混乱回避のために，二院からなる Parlement を「国会」と訳した．

令の延長は，国会によらなければ承認されない」とされた．この35条の宣戦布告，36条の戒厳令は，まだ発せられた実績がない．

34条，37条では，法律，デクレについて書かれている．ここで重要なポイントは，立法府の制定した法律に基づいて命令があるという日英米に見られる形式が，フランスにおいては必要ではない分野がある点である．法律は予め規定された事項（34条）についてのみ制定され，それ以外の部分は，命令事項である（37条）．命令事項の範囲が大きいことは，第三共和政における政権の不安定性により，国会で安定的に立法できなかった経験から，予め憲法で命令事項を増やしたと見られた．ただ，その後，実際の運用においてはこの両者の明瞭な区分は見られず，命令事項においても政府が法律案を提出して法律となってきたと指摘されている（辻村・糠塚 2012: 122-26）．第五共和政においては，政府提出法律案の国会での可決が他の手段（38条，44条，47条，49条3項など）によって確保された結果と言える．

38条では，立法の委任について，1項で，政府は「通常は法律の領域に属する措置を，一定期間に限り　オルドナンスで定めることの承認を国会に求めることができる」と規定され，2項では「オルドナンスは，コンセイユ・デタの意見を徴した後に，閣議で定められる．オルドナンスは，公示後直ちに効力を発するが，追認の政府提出法律案が授権法律に定められる期日までに提出されない場合には，失効する」と規定された．オルドナンス追認法律案が「提出されない場合には，失効する」と書かれている点には注意が必要である．オルドナンス追認法律案が可決されなくても，法律案が提出されてさえいればオルドナンスは残り，それは3項により「法律によらなければ変更されない」．

39条では，法律案の発議権が首相と国会議員のそれぞれに帰属し，政府提出法案の場合，閣議決定前にコンセイユ・デタの意見を徴しなければならないことが規定された．

以下，44条，45条，47条と47条の1においては，政府は重要諸法案を確実に立法させる制度を確保した．44条3項では，政府の認容した修正案のみを「一括投票」することができると規定された．45条では，両院で意見が一致しなかった場合に，首相らが同数合同委員会の開催を要求でき，そこでも合意できなかった場合は，政府は国民議会に最終的な議決を要求することができる．つまり，政府は，修正案を乱発する野党を止め，法案を修正しようとする元老院に対して，政府が依拠する国民議会優位で決着させる道筋を確保した．

47条３項では，「国会が70日以内に議決しない場合には，予算法律案の諸規定は，オルドナンスによって施行されることができる」．47条の１（1996年に追加）の３項では，「国会が50日以内に議決しない場合には，社会保障財政法律案の諸規定は，オルドナンスによって施行されることができる」と規定された．

49条では，政府の責任，不信任決議が規定された．１項では，「首相は，閣議の審議の後，国民議会に対して，政府の綱領または場合によっては一般政策の表明について，政府の責任をかける」と述べられ，２項では，「国民議会は，不信任動議の表決により，政府の責任を追及する」と規定された．この動議には，国民議会議員の10分の１の署名がなければ受理されず，表決は動議提出の48時間後でなければならない．国民議会議員の過半数の賛成によらなければ，この動議は，採択されない．

３項では，首相は閣議の審議の後，政府提出の予算法律案または社会保障財政法律案の表決について，並びに，会期ごとに一つの別の政府提出法案または議員提出法案について，「国民議会に対して政府の責任をかけることができる．この場合，続く24時間以内に提出された不信任動議が，前項に定める要件に従って可決された場合を除いて，その政府提出法律案は採択されたものとみなされる」と規定された．この３項の規定は，1958年制定当時，法案の種類に対して何の限定もされておらず，政府がこの条項の適用を宣言すれば，極めて短い期間で法案を成立させることができた．そのため，1958年から2008年にかけて政府によって50回以上使われ，一度も不信任議決で阻まれたことはなく，全ての法案が可決された．このため，2008年７月23日の憲法改正で，予算法律案・社会保障財源法律案と，それら以外では，「会期ごとに１つの別の政府提出法律案または議員提出法律案」に限定された（横尾 2011: 74）．

50条では，上記の信任案否決あるいは不信任案可決の場合，「首相は，共和国大統領に政府の辞表を提出しなければならない」と規定された．

52条では，条約の交渉と批准に関して，１項で「共和国大統領は，条約について交渉し，かつ，これを批准する」と規定されたが，53条では，平和条約，通商条約，国際組織，国の財政，人権，領土に関する条約や協定は，「法律によらなければ，批准され，または承認されることはできない」と限定された．

（4）憲法院と高等法院

56条では，憲法院の構成について規定された．１項では「憲法院は，９名の

構成員からなる．その任期は９年で，再任されない．憲法院は，３年ごとに３分の１ずつ改選される．構成員のうち３名は共和国大統領により，３名は国民議会議長により，３名は元老院議長により任命される」と規定された．２項では「前項に定められる９名の構成員のほか，元共和国大統領は，当然に終身の憲法院構成員となる」とされ，３項では「憲法院長は，共和国大統領により任命される．院長は，可否同数の場合に裁決権をもつ」とされた．

憲法院は，61条に依拠して法律の合憲性審査を行うことが規定された．１項では「組織法律はその公布前に，11条に定める議員提出法案は人民投票に付託する前に，および，国会の議院規則はその施行前に，憲法院の審査に付されなければならない．憲法院は，これらの憲法適合性について裁決する[2]」とされ，２項では「同じ目的で，法律は，その公布前に，共和国大統領，首相，国民議会議長，元老院議長，または，60名の国民議会議員もしくは60名の元老院議員によって，憲法院に付託されることができる」と規定された．

この憲法院は，司法裁判所や行政裁判所の機構から独立しており，当初は，法律の公布前審査という諮問機関的役割を果たしていたのみであった．しかし，1971年７月16日判決で，結社の適法性を裁判所の事前審査に服させる可能性を設ける法律案を違憲と判示して以降，しだいに裁判機関・人権保障機関として展開するようになっていく（辻村・糠塚 2012: 136）．

そして，2008年７月23日の憲法改正で，61条の１が加えられ，既に公布された法律に対する違憲の抗弁による合憲性審査の制度が導入された．61条の１では，１項で，「裁判所で係争中の事件の審理に際して，憲法で保障される権利と自由が法律の規定によって侵害されていることが主張された場合は，憲法院は，所定の期間内に見解を表明するコンセイユ・デタないし破毀院からの移送によって，この問題について付託を受けることができる」と規定された．

62条では，１項で，61条の法律公布前の事前審査で違憲と判示された法律は，施行されないと規定され，２項では，61条の１で違憲判決を受けた法律は，判決後一定期間で廃止されると規定された．３項では，憲法院の判決に対する不服申し立ては許されず，判決は公権力および行政・司法機関を拘束することが明文化された．

---

2)　組織法律とは，憲法の適用に関する重要事項について定められたものである．通常の法律よりは審議時間が確保され，成立要件は厳しくされている（46条）．

64条から66条の1までの憲法第8章は「司法権」というタイトルがつけられた. 言い換えれば, 上記の憲法院は司法権の範疇に属していないことが分かる. 64条1項では, 大統領は司法権の独立の保障者であることが述べられた.

憲法第9章では, 高等法院について述べられた. 68条では, 2007年憲法改正を経て, 高等法院における大統領罷免決議に関して, 1項で「共和国大統領は, その職務の執行に明らかに反する違反行為の場合以外には, 罷免されない. 罷免は, 高等法院として構成される国会によって宣言される」と規定された. 罷免議決に関する投票は秘密投票とされ, 3・4項において, 国会（上下両院）の3分の2の多数決によって採択される. なお67条では, 1項で, 大統領が責任を問われるのは, 上記のような, 明らかに職務に違反する行為と国際刑事裁判所による裁判の場合だけであると規定された. 2項では, 大統領は在任中, フランスのいかなる司法・行政機関においても証言を求められたり, 訴追されることはないと規定された. 3項では, 大統領に対する訴訟手続きは, 退任後一か月後からは開始ないしは再開できると規定された.

他, 88条の1では, EUへの加盟が規定された. 88条の5では, EUへの新規加盟国があった場合, 人民投票か, 両院合同会議（有効投票5分の3以上の承認）かによって決められるとされた.

（5）憲法改正

第五共和政憲法では, 憲法改正手続きに関して, 89条で以下のように規定された.

1項　憲法改正の発議権は, 首相の提案に基づいて共和国大統領に, および国会議員に, 競合して属する.

2項　政府提出改正案または議員提出改正案は,（中略）両議院によって同一の文言で表決されなければならない. 改正は, 人民投票によって承認された後に確定的となる.

3項　ただし,（政府提出の）改正案は, 共和国大統領が両院合同会議として招集される国会に付託することを決定した時は, 人民投票にはかけられない. この場合,（政府提出）改正案は, 有効投票の5分の3の多数を集めなければ, 承認されない.（中略）

4項　領土の一体性が侵害されている時は, いかなる改正手続も, 着手され, あるいは継続されることはできない.

5項　共和政体は，これを改正の対象とすることができない．

　第五共和政憲法の起草過程で，憲法改正は，この89条によってのみ行われることがド・ゴールも含めて確認されていた．しかし，1962年ド・ゴール大統領は，憲法11条の「公権力の組織に関する法律案」を採択する人民投票という手段を使って，憲法改正を提案し，その憲法改正によって，共和国大統領直接選挙を導入した．

　公権力の組織に関する法律案を採択する11条と，憲法改正の手続きとして制定された89条とでは，両方とも人民投票という選択肢があるものの，大きな違いがあった．それは，11条の場合，大統領が首相の提案で直接に人民投票に訴え，法律案を採択できるのに対して，89条の場合は，上下両院において同一文言で表決されなければ，人民投票にはかけられない点であった．そもそも11条は憲法改正の手続きを示した条項とは考えられてこなかった．

　当然のことながら，このド・ゴールの決断は，大きな政治論争を巻き起こした．以下では，ド・ゴールの総理大臣就任，憲法制定に関する授権，第五共和政憲法起草，国会などでの審議，国民投票などでの議論を追いながら，いかに当初の議会主義的構想が，大統領制（いわゆる半大統領制）へと変化していったのかについて見ることで，フランスの政治制度の特徴を整理したい．

4．議会主義から（半）大統領制へ

（1）アルジェリア危機とド・ゴール待望論

　1958年前後のアルジェリアは，フランスにとって一番の不安の種であった．アルジェリア独立を目指す民族解放戦線の武装闘争が一方にあり，その他方では，アルジェリア生まれなどのフランス人たち，いわゆるコロンたちの勢力があった．コロンたちは，「フランスのアルジェリア」が維持されることを望んだ．彼らは1958年5月，反乱を起こし，アルジェリアとついでコルシカ島を支配下に置いた．コロンたちが，パリのフランス政府をパラシュート部隊などで急襲するという懸念やうわさが飛び交った．また，そのアルジェリアのクー・デタ・フランス軍は，ド・ゴール政権の誕生によるアルジェリア問題の解決を要求した．他方，当時のフリムラン政権は，アルジェリア問題に手を焼き，ド・ゴールに政権を与えること以外に手立てがなくなっていた．内乱か，ド・ゴー

ルかの選択が突き付けられた.

　そこで，MRP や SFIO など主要政党の政治家たちが，1958年 5 月28日まで
にド・ゴールのもとを訪ね，内閣総理大臣への就任を要請した．しかし，そも
そも危機の根源が第四共和政の議会主義に問題があると考えていたド・ゴール
は，自分が総理となるためには，憲法改正が必要であると述べた．それに対し
て MRP のフリムラン，SFIO のギー・モレなどは，バイユー演説で大統領制
を主張したド・ゴールを疑いながらも，その改正憲法が議会主義的であること
を条件に同意していった．ド・ゴールは当時の大統領ルネ・コティに指名され
た．ド・ゴールは，国会での叙任演説で「政府は国会に責任を負わなければな
らない」(演説に関しては Andrews 1982: 6 からの引用) と，議会主義の立場を明ら
かにした．6 月 1 日に国民議会で賛成329，反対224で承認され，総理大臣に選
出された.

　その後，第四共和政憲法改正のための若干の技術的問題があったが，適用除
外を得て乗り切り，ここからド・ゴール政権は，新憲法案の起草に入っていく.
まず，各党派の大臣たちからなる「関係大臣委員会」で，憲法草案に対して合
意を得なければならなかった．ド・ゴールは，そこにおいて，大統領は，「裁
定者」であり，政治は国民議会に信を置く政権が担い，国家的非常事態の時の
み，政治に対して主導権を発揮すると説明した．大臣委員会には，強い大統領
に強力に反対する元総理モレやフリムランたちも参加し，繰り返し，議会主義
の原則を確認した (Andrews 1982: 12)．後の首相となるドゥブレも，憲法起草
案に対して「改良された議会主義」という見方を持っていた (同上: 13)．また，
起草の過程で，元老院議長モネルヴィルによれば，憲法改正は，89条に限るこ
とは当然視されていたと述べられた (同上: 15)．後に，国会内に設置された憲
法協議会や議員たちからの質問に答えて，ド・ゴールは「首相は国会に対して
責任を負い，元首に対しては責任を負わない」(同上: 18) と断言した.

　1958年 9 月 4 日の国民に対する説明に際しても，ド・ゴールは，大統領は国
民議会・元老院議員，地方議員，海外領土議会議員たちによって選ばれる「一
人の裁定者」であり，政権を動かすものではないと強調した (同上: 24).

　9 月，憲法改正案は国民投票において82.6％の支持で可決され，12月ド・ゴー
ルは，選挙人団によって大統領に選出され，翌年 1 月に大統領に就任した.

（2）1962年憲法改正レファレンダム

　ド・ゴールは1962年 9 月12日，大統領選挙の直接選挙導入のための憲法改正を提案した．ただし憲法89条ではなく，政府の提案に基づき国民投票が行える11条によって憲法改正する提案であった．11条で国民投票に付託される法案も，他の政府法案と同じくコンセイユ・デタの諮問を受けなければならないが，反対意見が出ても国民投票は実施できる．この時，コンセイユ・デタは憲法違反であるという答申を出した（Goldey, 1963: 290）．

　ド・ゴールの提案は，与党を激怒させ，いくつかの政党が連立を離れて，ポンピドゥー首相の不信任決議案が国民議会で可決され，11月に総選挙も行われることとなった．数年前にド・ゴールを支援した左派，保守派の議員たちは，第五共和政は議会主義であるとして，直接選挙制導入に反対した．

　ところで，このド・ゴールの突如の改正姿勢は，なぜ，憲法制定時ではなく，1962年であったのか．1958年ごろド・ゴール派を含む大多数の政治家が議会主義を信奉しており，ド・ゴールは，自分の大統領直接選挙構想を明らかにすると，総理指名がうまくいかなくなる可能性があったので，この時点で自粛した．しかし，「 7 年任期の終わりまでには」直接選挙を提起しようと決意していたとの彼の考えが，彼の回顧録の一つ『希望の回顧録』*Memoirs d'espoir* に残されている（De Gaulle 1971: 20; Andrews 1982: 26）．

　1962年10月末に行われた国民投票では，11条による改正案は61.8％の支持を受けて，憲法は改正され，11月の国民議会選挙（二回投票制）でも，ド・ゴールの UNR をはじめとする政権側が勝利した．

　国民投票に関しては，上院元老院のモネルヴィル議長が憲法61条 2 項に基づいて違憲判断を憲法院に求めたが，「憲法院は，元老院議長の訴について判断する権限をもたない」と判示した．憲法院が審査できるのは，「国会によって可決された法律だけであって，人民投票の結果人民によって採択された国民主権の直接の表現をなすところの法律ではない」と述べた（樋口陽一 1973: 192-93）．その初の大統領選挙は1965年に行われ，ド・ゴールが初の直接選挙大統領となった．

　ド・ゴールは，1969年に，地域圏の創設と元老院の改革の承認を求めて，またしても憲法改正を，11条にしたがって国民投票に付した．しかし，この国民投票に52％が Non と答え，ド・ゴールは敗北し，大統領を辞任した．国民投票によって登りつめた彼は，国民投票によって去った．

　憲法学者ジョルジュ・ヴデルは，この国民投票敗北前に，「慣習による法」《le droit par la coutume》と題した論稿を『ル・モンド』(Vedel 1968) に発表し，この11条による憲法改正を擁護した．しかし，同じく憲法学者マエストルは，「この失敗は，1962年のウィによって作られた憲法慣習を無効にしたのか？」と問うた (Maestre 1973: 1277)．

　この問題に関して，ヴデルが長を務める憲法改正諮問委員会が，1993年，大統領に答申した．アヴリルによれば，その答申は法的・政治的な観点から両義的な見方を取っていた．答申によれば，法的見地からみれば11条による憲法改正は非難されるべきと考えた．しかし，政治的見地からみると，89条は一院の多数が拒否すれば永遠に憲法改正提案を拒否できるので，その状態にあるならば，11条の使用を正当化できると論じた．ただ，その場合でも，11条による89条の改正までは許されないだろうと述べられた (Avril 1997: 133)．

コラム17　世界に広がる半大統領制

　1958年フランス第五共和政で有名となった半大統領制であるが，今日では，旧フランス植民地（アルジェリア，ニジェール，モーリタニアなど），旧社会主義諸国（ロシア，ポーランド，ブルガリア，ルーマニア，リトアニアなど）に広まっている．また，英国憲法が慣習や習律で作られた不文法を中核としており，その哲学や論理を，議会主権や法の支配など少数の例を除いて，ほとんど持ってこなかったのに対して，フランス憲法学は，英国憲法の仕組みを論理的に学び取り，第二次世界大戦前には，既に「議会主義の合理主義化」という言葉がフランスにはあった．その仕組みはワイマール憲法にも取り入れられ，その後，数十年の空白を経て，旧社会主義諸国で採用されている．

（3）フランスにおける国民議会の解散

　フランスの国会は下院国民議会と上院元老院からなり，直接選挙で選ばれているのは国民議会だけなので，解散できるのは国民議会だけである．フランス第五共和政憲法においては，12条で共和国大統領は，首相および両院議長に諮問した後，諮問への返答にかかわらず，国民議会を解散することができる．しかし，フランス憲政史を振り返ると，解散は「自粛」されていた時代が長かった．第四共和政まで，先述の通り1877年と1955年の2例だけであった．

　もっとも，1958年に第五共和政憲法が採択されて以降，大統領による解散がいく度か行われてきた．1962年には，国民議会による政府の不信任議決という事態に対して，「裁定者」としての大統領が国民議会を解散し，当時のド・ゴー

ル大統領が任命したポンピドゥー首相の与党が勝利を収めた．また，1968年に
も国民議会を解散したが，これは政府対国民議会野党勢力との対立の解決とい
うより5月のゼネスト渦中での民意の確認という意味を持った．ポンピドゥー，
ジスカールデスタン大統領時代には解散はなかったが，1981年に大統領選挙を
戦ったフランソワ・ミッテランは，選挙運動中から自らが大統領になった場合，
国民議会の多数を得るために国民議会の解散を行うことを明言してきた．また，
ミッテランの2期目の大統領就任時にはコアビタシオン（1度目）に直面し，
それを解決するために1988年にも国民議会解散を行った．

　1997年には，国民議会が任期を一年残した時点で，シラク大統領が国民議会
を解散した．この時は歳入不足が明らかとなり，当時のユーロ参入基準であっ
た財政赤字3％未満が危うくなり，緊縮予算導入を検討せざるを得なかった．
その民意を問うために解散した．この1997年の解散は，事前にはほとんど知ら
れていない中で意外性はあったが，緊縮予算の導入の是非という理由はあった
点で，党略的解散とまでは言えないだろう（小堀 2020b: 328-330）．

（4）コアビタシオン

　強い権限を持つはずのフランス大統領であったが，同じく内政に関して強い
権限を持つ首相と所属政党が異なると，事実上権限を大幅に失ってしまう．首
相は，国民議会の多数を取っていないと不信任議決される可能性があり，多数
党が大統領与党と異なっていても，国民議会多数党の政治家を首相に任ずるよ
り他なかった．第一次コアビタシオンは，ミッテラン大統領（社会党）の下で，
1986年国民議会選挙で社会党が敗北したことで起こった（1988年に社会党が国民
議会多数を回復して終わった）．ミッテランは，ジャック・シラク（RPR）を首相と
して任命せざるを得なかった．第一次コアビタシオン時には，国有化法に関し
てシラク首相から提案された3つの重要なオルドナンスに大統領が署名を拒否
し，大統領と政府の相違が明瞭に示された（辻村・糠塚 2012: 122）．第二次コア
ビタシオンは，同じくミッテラン大統領の下で1993年国民議会選挙に社会党が
敗北して生じ，バラデュール（RPR）を首相に任命した（1995年シラク大統領就任
まで続く）．第三次コアビタシオンは，1997年から2002年にかけて，シラク大統
領の下で起こった．シラクは，社会党のジョスパンを首相に任命せざるを得な
かった（2002年国民議会選挙 UMP 勝利で終わる）．

　これらのことが教訓となり，大統領任期を7年から5年にする憲法改正が行

われた．この2000年憲法改正以来，大統領選挙と国民議会選挙を5年ごと同じ年（5月に大統領選挙，6月に国民議会選挙）に行うようになった．しかし，依然として，大統領選挙直後の国民議会選挙で大統領与党が過半数を失う可能性があること，5年のうちに大統領の死亡や辞任，国民議会の解散などがある可能性があり，その場合，再び大統領選挙と国民議会選挙の時期にズレが生じる可能性があることが指摘されている（山元 2014: 622）．

コラム18　フランスの政党

　政治制度を理解するうえで，やはり政党は重要である．しかも，フランスの場合，近年，既存の政党に大きな変化があった．

　マクロン大統領の政党は，「再生」である．2017年に彼が当選の原動力とした「共和国前進」が2022年に改称して，この名称となった．多くの新人政治家が結成時に加入した一方，従来の保守派や社会党の議員たちも移ってきた．

　国民議会選挙では，第二次世界大戦後，共産党，SFIO（後の社会党），MRP の三つが多くの議席を占めたが，1970年代には，保守諸政党対社共の闘いになった．1981年大統領選挙で社会党ミッテランが勝利し，社共は連立を組んだが1984年に共産党が離脱した．保守勢力はド・ゴール派の分裂から70年代に，ド・ゴール派の流れをくむRPR と非ド・ゴール派 UDF という二つの保守政党が並んだ．2002年に RPR がシラク大統領の下，他の保守政党と連合し，UMP を結成し，そこから2007年大統領選挙でサルコジが当選した．社会党は，2012年にオランド大統領で政権を奪還したが，失点が続き低迷した．

　代わって，左派の柱となりつつあるのが「不服従のフランス」である．この政党は2022年大統領選挙で（2位と僅差の）3位に入った．党首メランションは左派を糾合しつつ，従来型の左翼政党とは一線を画そうとする．2022年国民議会選挙で，メランションは，社会党や共産党とも共闘し，「新人民連合環境・社会」NUPES として国民議会第2党に進出した．

　フランスは1852年以来，一時期の例外を除き，小選挙区二回投票制で国民議会選挙を行ってきた（大山 2013: 140）．そのため，「極右」と呼ばれる国民戦線 Front National（2018年に国民連合 Rassemblement National に改称）は，この数十年間，ほとんど議席を取れなかった．しかし，国民連合は，近年，大統領選挙では，2回目投票に進出することが多く，国民議会の議席数も伸ばしつつあり，議席数に比してその影響力は相当に大きい．

第 6 部

オーストラリアの政治制度

インドネシア

パプアニューギニア

ソロモン諸島

東ティモール

ポート・モレスビー

ダーウィン

ココダ

バヌアツ

ノーザン
テリトリー

ニューカレドニア

西オーストラリア

クイーンズランド

ブリスベン

南オーストラリア

ニューサウス
ウェールズ

シドニー

キャンベラ

ビクトリア

メルボルン

タスマニア

ニュージーランド

第14章

オーストラリアの成り立ちと政治制度

1．オーストラリアの略史

英国人探検家クックは，1770年，現在のシドニー郊外，ボタニー湾に上陸し，そこで英国による領有宣言を行った．その地はニュー・サウス・ウェールズ（NSW）と名付けられた．1788年には，英国人フィリップ海軍大佐一行がシドニー湾付近に入植を開始し，彼は初代総督に就任した．1803年には，オーストラリア大陸の全体が把握され，オーストラリアという名称も誕生した（鈴木 2007: 4）．この時の植民の主な目的は，囚人たちの流刑地であった．しかし，囚人たちの流刑が1840年に終了した後も，イングランドなどから新しい入植者たちが増加した．特に，1850年代にヴィクトリア内陸部で金が発掘されると，いわゆるゴールド・ラッシュにより，人口は激増した．1825年にタスマニアがNSWから別の入植地として分離された．1850年オーストラリア植民地政府法により，ヴィクトリア，南オーストラリアがNSWから分離した．クィーンズランドは1859年にNSWから分離され，1890年には西オーストラリアの立法府が設立された．1841年に，ニュージーランドがNSWから分離された．

このような入植者の増加の一方，原住民であったアボリジニに対する迫害は苛烈であった．フィリップ総督たちは先住民と友好的な関係を保つように指示を受けていたが，開拓の最前線で，入植者は火器を用いてアボリジニ社会を圧倒し，崩壊させていった．その他，ヨーロッパから持ち込まれた伝染病などで，アボリジニの人口は大幅に減少した（鎌田 2007: 67-68）．

19世紀後半には，外交，貿易，関税などの諸問題を勘案し，英国でもオーストラリアでも，独立の検討が開始された．また，ゴールド・ラッシュ以降の中国人系移民の増加と各植民地の政策の不統一は，危機感を増大させ，オーストラリアとしての連邦形成の要因ともなった．1891年シドニー，1897-98年アデレード，シドニー，メルボルンなどで，憲法制定会議が開催され，1898年にオーストラリア連邦憲法草案が合意された．この憲法案は，各植民地でレファレン

ダムに付され，西オーストラリアを除く全州で過半数以上の賛成を集め，承認された．その後，憲法案は，英国議会でオーストラリア連邦憲法 Commonwealth of Australia Constitution Act 1900として可決され，ヴィクトリア女王の同意 Royal Assent を 7 月 9 日に得て（西オーストラリアは法成立後の同年 7 月31日に承認），1901年 1 月 1 日から発効した．

　1901年に第 1 回総選挙が行われた．この最初の連邦議会選挙では，南オーストラリア州と西オーストラリア州のみで女性参政権が認められた．女性参政権が全豪に拡大するのは，1902年連邦参政権法からであった．初代首相には，保護主義陣営からエドモンド・バートンが連邦総督から指名された．その後，豪州政治では，1891年に各植民地で結成された労働党が全豪で勢力を伸ばし，それに対抗する形で，保護主義者・自由貿易主義者が共同し，1909年に自由党を結成した．その後，名称に若干の揺れはあるものの，自由党と労働党を中心とした二大政党政治が基本となっていく．オーストラリア労働党は，「労働党」という名前を冠する政党としては世界最古で，1906年に現在の名称となった英国労働党も，豪州労働党の成功の経験に学んだところが大きい．豪州労働党は田園地帯の牧畜労働者において強い支持があり，都市労働者の政党として一貫した歴史を持つ英国労働党とは，その点で異なっていた（James & Markey 2006: 29）．

　1914年から始まった第一次世界大戦にオーストラリアは参戦した．当時の首相ジョセフ・クックは，英国が宣戦布告する 3 日前に「大英帝国が参戦する，したがってオーストラリアも参戦する the Empire is at war, so is Australia at war」（*The Sydney Morning Herald*, '"Grave situation." References by Mr. Cook', 1 August 1914, p. 21）と述べた．連邦議会では参戦決議などの動きはなく，しかし，政府の権限で参戦した．この時，野党であった労働党も参戦に賛同し，反対論は事実上なかった．オーストラリアはニュージーランドと共にアンザック軍を構成し，大規模に派兵したが，1915年 4 月25日に始まったガリポリ作戦で約 2 万6000人の死傷者を出した．この時，オーストラリアは，英国とのアイデンティティを高めることが，政治上も軍事上も重要であった．

　もっとも，1918-19年のヴェルサイユ条約締結においては，大英帝国がカナダ，オーストラリア，ニュージーランド，南アフリカ，インドなどを一括して大英帝国として代表しようとしたことには抵抗し，結局，これらの国々は大英帝国の構成国としてではあるが，別個に条約に署名した（マクミラン 2007: 68）．

これらの国々は「自治領」Dominions と当時呼ばれていたが，これら自治領の地位に関して，1926年のバルフォア報告書では，「大英帝国内では同権の自律的共同体であり，諸国の自国あるいは対外問題において互いに一切従属的ではないが，国王に対しては共通の忠誠によって結合され，英連邦の構成員として自由に結合する」とされた（ローズ他 2015: 17）．1931年ウェストミンスター憲章 the Statute of Westminster でもそれが踏襲され，英国議会で議決された．オーストラリアをはじめとする当時の英連邦諸国も，後年，順次批准を行った．

　1939年 9 月のドイツによるポーランド侵攻に際して，英国は同月 3 日に対独宣戦布告をしたが，その同じ日に，メンジス首相は，「英国が戦争を宣言した．結果としてオーストラリアも参戦する」as a result, Australia is also at war と述べ，参戦した（*The Times,* 'Australia Takes Up Arms', 4 September 1939, p. 8）．連邦議会はその 3 日後に会合し，政府方針を議論したが，何ら議決などは行わなかった．この第二次世界大戦参戦によって，今度は，オーストラリアの国土自体が戦争の危険にさらされることになった．1942年 2 月15日，日本軍は，東南アジアにおける当時最大の英国軍事拠点であったシンガポールを陥落させた．これにより，英国とオーストラリアを結ぶ拠点がなくなった．また，同年 2 月19日日本空母艦隊が，オーストラリア北端のダーウィンを爆撃した．この爆撃で落とされた爆弾の総トン数は，真珠湾攻撃を上回った．さらに，日本軍はニューギニア島のポート・モレスビーに迫り，そこが陥落すると，オーストラリア本土への本格的侵攻が始まることが懸念された．

　こうした日本軍の襲来は，オーストラリアのその後の政治的・安全保障的方向性に大きな影響を与えた．西のシンガポールが陥落した一方，米軍はオーストラリア東部のブリスベンを拠点に日本軍に反攻し，オーストラリア軍もポート・モレスビーをめぐる難所ココダで，日本軍と激しい戦闘になった．このココダでの戦いは今日でも長く語り継がれ，ヨーロッパの影響を残しつつも，アジアと共に生きていくオーストラリアの新しい道を探求する契機ともなった．

　先住民であったアボリジニに対する権利では，戦後大きな変化があった．オーストラリア憲法127条においては，アボリジニは連邦の市民として計算に入れないことが明記されていたが，1967年に国民投票を経て憲法改正され，127条は削除され，原住民アボリジニに対する参政権が付与され，連邦の市民として認知された．アボリジニの先住権原に関しても大きな変化があった．1992年 6 月連邦最高裁判所は，英国がオーストラリアの領有化を宣言する以前は土地の

所有者はいなかったとする「無主地（テラ・ヌリウス）」の概念を否定する判決を出した．この判決は，原告の一人の名前を取ってマボ判決と言われている．1993年には，連邦法として先住権原法が制定され，アボリジニ共同体の慣習に基づく土地管理・土地利用に法的根拠が与えられた．他方，このことは，既に私有地となった土地の権利や補償をめぐって，多くの議論を呼び，その後に1993年法の修正がなされるなどした（鎌田 2007: 78）．その他，アボリジニの文化の継承や研究などに多くの取り組みがなされ，かつてのアボリジニ迫害の歴史を克服しようとする取り組みが意欲的に行われている．

　オーストラリア憲法の改正は，44件の国民投票のうち多数が否決されたが，8件の改正がなされた．否決された例として最も新しい例は，1999年の共和政移行の是非を問うた国民投票であった．後に説明するように，オーストラリアは，今日でも，英国王を国家元首とする立憲君主制下にあるが，君主の代理人である連邦総督も，事実上オーストラリア国内で人選されてきた．それゆえ，そうした有名無実化した君主制をやめ，共和政へと移行する意見も有力であったが，結果は否決であった．

──── コラム19　日英米仏豪における武力行使権限 ────

　英国は成文憲法がなく，武力行使を規制する法律がない．豪州は成文憲法を持っているが，その部分の規定はなく，二度の大戦は議会承認なく参戦した．両国とも武力行使権限は公式には君主にあるが，首相の助言によって君主大権の行使が行われてきた．フランスも憲法に武力行使権限の明文の規定はないが，大統領は「軍隊の長」（第五共和政憲法15条）であり，大統領の判断で武力行使をしてきた．米仏の場合，憲法上，宣戦布告に関しては立法府の承認という条件はある（米国武力行使権限については，第10章で詳しく述べた）．また，日英米仏豪いずれの国も武力行使継続に必要な財政関係法案は議会で可決される必要がある．日本の場合，憲法9条で「戦力」の保持は禁じられているが，政府見解によれば自衛隊は「実力」である．専守防衛の武力行使は自衛隊法88条で，1954年以来，国会決議を条件に許されている（ただし，緊急の場合は総理大臣の判断で武力行使できる．これについては，福田（2008）が詳しい説明をしている．

2．憲法制定会議と連邦制

以下では，オーストラリアの政治制度に関して，憲法の制定過程や憲法自体

の条文に即して説明していく．オーストラリアへの18世紀末からの英国人の入植以来，19世紀後半には，後の州政府となる各植民地政府は既に確立されていた．それぞれの植民地は，総督（英国君主任命），議会と首相を持ち，英国君主から認められた国であった[1]．

　19世紀中ごろ，当時の英国植民地担当大臣グレイ伯爵は，オーストラリアの植民地間の貿易問題などから，各植民地の代表による「総会」General Assembly の創設を考えていた．その構想は1850年オーストラリア植民地政府法に盛り込まれたが，英国議会での反対にあい，その提案は削除された．オーストラリアの植民者たちは，当初はその提案に戸惑った(La Nauze 1972: 1)．しかし，当時増加しつつあった他国からの移民や帝国主義的な植民地獲得競争の中で，これらの個別政府が集まって一つの国を形成すべきか否かが話し合われるようになる．

　その動きは，1891年シドニーでの憲法制定会議の開催に至った(1891年までは，この議論にニュージーランドも加わっていたが，距離などの要因で，後に離脱した)．その後，第2回憲法制定会議は1897年から1898年まで行われた．この過程で，英国王を国家元首とする一方，各植民地（後の州）政府間で対等の原則を維持することが合意された．憲法制定会議の議論においては，カナダや米国の連邦制の仕組みが検討されたが，最終的に米国の仕組みを基本的に参考にし，連邦制の国を目指していくことが合意された (Irving 1999: 62-76)．この憲法制定会議で採択された憲法案が，各個別政府下で住民投票にかけられ，承認された後，1900年に英国議会で可決され，成立した．

3．責任政府と連邦制

　まず，オーストラリアの国の統治システムが，「責任政府」responsible government と「連邦制」という二つの原理から成り立っていることを説明しておく必要があるだろう．

　「責任政府」という考え方は，英国から由来しており，英連邦諸国では極めてよく使われる表現である．「責任政府」とは，「大臣たち，あるいは英国政府

---

1)　NSW やヴィクトリアなどの各植民地の総督たちは，連邦形成後も残り，州総督となった．各州首相の助言に基づいて，英国王が任命する．

全体の選挙された議会への説明責任を意味した」(Birch 1964: 20；ローズ他 2015: 68)．つまり，日本で言う「議院内閣制」とほぼ同じ意味である．しかし，日本の議院内閣制が法制度として存在するのに対して，オーストラリアでも英国と同じく，責任政府は法律によってではなく，習律によって動いてきた．

　憲法条文では，1条において，「連邦の立法権は，女王，元老院，及び代議院で構成される議会に帰属する」と規定された．2条で，連邦総督に関して，「女王によって任命された総督は，英連邦における陛下の代表者となり，女王の望む間，連邦において，本憲法の定めるところにより，陛下が与える権限と機能を有し，これを行使することができる」と規定された．61条では，執行権力 executive power は女王とその代表である連邦総督に与えられると規定され，62条では，その連邦総督に連邦執政評議会 Federal Executive Council が助言をすると規定された．また，64条では，連邦総督は各省を管理する大臣を任命することができるとされた．憲法には，首相，内閣，責任政府という言葉は一切なかった．

　1901年第1回総選挙が行われて直後に，初代首相が連邦総督から任命された．にもかかわらず，その1年前に制定された憲法には何も書かれなかった．この理由の一つは，英国のウェストミンスターの伝統であろう．首相が習律上の存在である以上，何も書く必要はなかった（エイトキン＆ジンクス 1987: 24-32）．

　しかし，以下では，首相，内閣，憲法の関係をもう少し具体的に見ていく．憲法制定会議1897年4月12日においては，「最初の政権はどのように構成されるのか」という質問が出た．それに対して，1901年から初代首相を務めることになるバートンは，「内閣政府のシステムとして知られるものによって運営されうると考えている」(National Australasian Convention 1897: 443) と答えた．にもかかわらず，この段階の憲法起草案でも，内閣に関しては何も書かれていなかった．つまり，オーストラリア憲法の起草者は，当初から成文憲法に，実際に統治する「内閣」を条文に書くつもりは全くなかった．なお，ここでバートンが述べた「内閣」とは，連邦執政評議会を意味してはいない．この憲法制定会議では，連邦執政評議会は英国で言う枢密院 Privy Council として想定されていた．つまり，形式上存在はするが実際に統治を行う機関としては考えられていなかった（同上: 831）．

　またバートンは，その内閣が必ず連邦議会の多数に依拠することも述べた．さらに彼は，その制度的な保障として今日では憲法64条になっている条項を上

げた. その条項では,「最初の総選挙の後, どの国務大臣も議会上下両院のい
ずれかの構成員でない限り3か月以上の期間にその職にとどまることはない」
と記された. バートンは, この条項が実質的に内閣政府 (責任政府) を実現す
ると理解していた. つまり, 大臣は必ず連邦議会上下院どちらかの議員となり,
その大臣で構成される内閣に実際の行政運営が任されることが, 不文によって
想定されていたと言える.

　このように, 統治にとって最も核心的な部分である「内閣」は成文化しない
ことが, 上記の憲法制定会議の共通了解であったことが分かる. ただし, 書か
ないことが了解されていたとしても, これだけでは, その理由は明らかでは
ない.

　憲法制定会議の別の個所においては, その理由とみられることも挙げられて
いた. その一つの答えは柔軟性の保持という点にある. 憲法制定会議の席上で
は, 内閣による責任政府と各州から形成される連邦政府とは矛盾するという議
論が提起された. しかし, 後に最高裁裁判官や司法長官を務めることになる H.
B. ヒギンズは, 1897年9月17日の会議で「私はあまり論理的になりすぎない
ようにすべきだと思っている」(Australia. Constitutional Convention 1897: 789) と
述べた. つまり, 論理的には矛盾するかもしれないゆえに, あえて不文にして
柔軟性を増すことに努めたという理由が, 普段は論理性を最も重んずる裁判官
から述べられた. この矛盾は, オーストラリア建国時に憲法の注釈書をまとめ
たクイックとゲランの言葉を借りて言えば,「責任政府は連邦制を殺し, それ
を単一の国家に代えるか, あるいは連邦制が責任政府を殺し, 連邦制理論とよ
り両立しうる執政府の新しい形態に取って替えるか」(Quick & Garran 1901: 706)
という深刻な矛盾であったが, 英国との関係を守り, オーストラリアの人々に
とってなじみの深い責任政府と, 各植民地の自律性を保証する連邦制との矛盾
がどう帰着するかの前に, 論理で縛ってしまうよりも, 不文による柔軟性を採
用したと言えるだろう.

　なお, その後, 実際に, オーストラリアの憲法システムの中でも, 統治機構
の部分は, 主として習律によって運営されていく. オーストラリアの首相は,
下院から選ばれるということが習律化されており (Elder 2018: 61), 1968年1
月に首相として任命された上院議員ジョン・ゴートンは, 翌2月には上院を辞
して下院補選に出馬して当選し, 下院議員となった.

　これまで本書が対象とした明治憲法, 第三共和政憲法, そして1900年オース

トラリア連邦憲法の全てが，統治機構の部分に関して，詳細を記載していないのは，そういうことからすれば，偶然ではないだろう．19世紀には，統治機構の細部は書かないのが，通例であった．それは，歴史の流れで決まることであり，前もって，それを詳細に記載することは，単に手足を縛られるに等しかったからである．

　また，下院における政権不信任案の可決が不信任とみられるだけではなく，具体的な法案の否決や，野党修正案に対する政府の敗北も不信任案可決であると解釈される場合がある（これは，2011年固定任期議会法以前の英国の習律と同じである）．政権不信任に対しては，政権の総辞職か，議会解散が行われてきたが，これらも習律であり，法的な定めはない．政権不信任案の可決は歴史上 7 例のみであり，1941年の例が最後である．なお，上院は問責決議を上げることはできるが，それによって首相が退陣した例はない（同上：325）．

4．連邦議会の議院：元老院と代議院

　オーストラリア憲法では，下院 the House of Representatives は，連邦全体の有権者を代表する議院となっている（憲法24条）．それに対して，上院では州の代表が元老院 Senate を構成している．憲法 7 条において「元老院は，各州の元老院議員で構成され」，「その州の民衆に直接選挙される」と書かれた．

　下院においては，1901年の第 1 回目の上下両院選挙においては，定数が76であったが，今日では増加し，151となっている．下院の定数に関しては，上院定数の 2 倍とすることが憲法24条で明記されている．任期は，選挙後の最初の下院開会日から 3 年であり，憲法 5 条により任期途中に連邦総督が解散することが可能であるが，この連邦総督の解散権限行使は，習律上首相の助言を得て行われる．

　下院の選挙制度は，1917年までは単純小選挙区制を採用していたが，その後は，1918年の補欠選挙での採用を経て，1919年選挙以後は，順位付連記小選挙区制 the Alternative Vote を全面的に採用した．

　この選挙制度においては，候補者に順位を付けて投票し，1 位票で過半数を獲得すれば当選で，そうでない場合は，1 位票最下位候補者が削除され，その最下位候補者の 2 位票が残り候補者の票に加算される．そこで過半数獲得者が現れれば，その候補者が当選する．現れない場合は加算後の集計における次の

表14-1　2022年下院選挙ブリスベン選挙区開票過程（1位票3位からの逆転当選の例）

候補者名	ケネディ		クヌドソン		ベイツ		ジャレット		エヴァンズ		ホールド		ブル		
所属政党	動物正義党		統一豪州党		緑の党		労働党		自由党		ハンソン党		自民党		
	票数	%	票数	%	票数	%	票数	%	票数	%	票数	%	票数	%	
1位票	2,135	1.96	2,102	1.93	29,641	27.24	29,652	27.25	41,032	37.71	2,429	2.23	1,807	1.66	選挙区計
7位候補削除票配分	133	7.36	266	14.72	162	8.97	178	9.85	654	36.19	414	22.91	削除		1,807
集計	2,268	2.08	2,368	2.18	29,803	27.39	29,830	27.42	41,686	38.32	2,843	2.61			
6位候補削除票配分	削除		423	18.65	1,100	48.5	314	13.84	235	10.36	196	8.64			2,268
集計			2,791	2.57	30,903	28.4	30,144	27.71	41,921	38.53	3,039	2.79			
5位候補削除票配分			削除		581	20.82	211	7.56	528	18.92	1,471	52.71			2,791
集計					31,484	28.94	30,355	27.9	42,449	39.02	4,510	4.15			
4位候補削除票配分					1,257	27.87	577	12.79	2,676	59.33	削除				4,510
集計					32,741	30.09	30,932	28.43	45,125	41.48					
3位候補削除票配分					25,719	83.15	削除		5,213	16.85					30,932
最終集計					58,460	53.73			50,338	46.27					
					当選										108,798

（出所）　Australian Electorat Commission，（https://results.aec.gov.au/27966/Website/HouseDivision Page-27966-156.htm）.

最下位候補者が削除され，その削除票の，まだ残っている候補者への最上位票を加算していく．これを過半数候補者が現れるまで続ける．削除された全投票は必ず，残りの候補に加算されるので，2候補しか残らなかった場合でも，必ず選挙区有効票過半数以上の獲得候補者が1名出る形で終了する．その1名が当選となる（**表14-1**）．

　上院の選挙制度は，1948年までブロックごとの定数を連記する形の小選挙区制を行ってきたが，この年以降，単記移譲投票制 Single Transferrable Vote（STV）という比例代表制に変更された（詳しくは，小堀 2012: 271-75）．定数は，各州均等で，第1回選挙が行われた1901年は各州5議席で，現在では，各州12議席となっている．その他，北部準州・首都準州がそれぞれ2議席持ち，全豪では76議席ある．これらの州の定数内で，比例代表で選ばれるので連邦議会選挙では,上院において政権党が過半数を占めることは著しく困難になった.1949年連邦議会選挙以降，上院全定数の中で政権党過半数が確保できたのは，1951

−56年，1959−62年，1976−81年，2005−07年のわずか４回の時期だけである（Evans 2016: 13）．

　上院の任期は６年で３年ごとに改選されるが，憲法13条により，上院の任期は７月から始まることが決められており，その１年前から改選が可能となる（言い換えれば，選挙で当選した後，就任まで最大１年待つ場合もある）．なお，後に述べる憲法57条に基づく上下両院同時解散があった場合は，上院任期の開始は，その上院解散の前の７月ということになる．

　英国的下院と米国的上院の結合という点で，このオーストラリアのケースはワシ−ミンスター Wash-minster とも呼ばれることもある．つまり，米国のワシントン型と英国のウェストミンスター型の混合ということである（Thompson 1980: 33）．

　これら上下両院の選挙が大部分は同時に行われてきたが，こうした構想は，憲法制定当初から認識されてきた．1897年４月にアデレードで行われた憲法制定会議に至る時点では，憲法案は下院を４年任期・上院を６年任期の３年ごとの半数改選とされていたが，同月21日にヴィクトリアからの代表の一人ジョージ・ターナーが「元老院と代議院の一つの選挙が一定期間で一緒に行われる」ことを前提に，下院代議院任期を３年にすることを提案して，合意された（National Australasian Convention 1897: 1031）．

　上下両院選挙および国民投票，そして，いくつかの州の地方選挙には，義務的投票制 Compulsory Voting があり，正当な理由なく棄権した場合は罰金が科される．このため，連邦議会選挙の投票率は，1958年以降，登録有権者比で常に90％を上回っている（Farrell & McAllister 2006: 126）．

5．他の重要な憲法上の規定

　各州は，上院に対する権限を持つ．憲法９条では，上院選挙の選挙方法は連邦議会が法律を定め，全州同じ方法で行われるが，その選挙の時期と場所は州議会が決められる．憲法12条では，「州の知事は，州の上院議員選挙の令状を発行することができる」とあり，1974年に，連邦と州の間の闘争がこの文言を通じて繰り広げられるが，上院が解散された場合は，10日以内に令状の発行が行われ，それは州の任務ではない．

　憲法15条では，1977年の改正まで，上院に空席が生じた場合には，州の議会

が開会中は，州議会が後任を決定し，その後任の任期は，任期満了か，次の上院議員選挙かのいずれか近い方とされていた．1977年に15条は改正され，空席の後任は，元議員の所属政党が存在する場合は，その政党によって埋められることとなった．

　その他，予算法案の上院修正禁止53条も重要である．同条は，「歳入を割り当て，課税する法案は，上院から起案されてはならない」と定め，それらの法案を「上院は修正してはならない」が，「上院は，下院に送り返すことはできる」．

　さらに，憲法57条では，上院が下院可決法案を否決・修正した場合に上下両院同時解散が可能であることが規定された．同条では，3年の任期満了以前6ヶ月までは，3ヶ月の間隔を空けて，下院を通過した法案が再度否決・修正された場合，連邦総督が上下両院を解散することができる．その解散後の連邦議会においても，法案が否決される場合は，連邦総督が上下両院による合同会議を開催し，絶対多数による議決が連邦議会両院の決定となる．この上下両院解散は，1914年，1951年，1974年，1975年，1983年，1987年，2016年に行われた．

　憲法58条では，連邦議会の両院で可決された法案に対して，連邦総督が君主の名において同意することで法律となると明記された．この点は，英国の運用と同じ内容であるが，オーストラリアでは成文化された．

　最後に，憲法改正に関してである．憲法128条により，上下各院を絶対多数で通過した憲法改正案は，連邦において国民投票にかけられる．ただし，一方の院が絶対多数で可決し，他方の院が否決あるいは，一方の院が望まない修正をした後，3か月以上の期間を空けて一方の院が再び絶対多数で可決し，他方の院が2度目の否決あるいは，一方の院の望まない修正を行った場合に限っては，一方の院だけを通過した憲法改正案も，国民投票にかけられる．この国民投票では，これらの憲法改正案は，連邦における投票者全体の過半数と，過半数の州（全6州なので最低4州）においてそれぞれの投票者過半数がなければ，案は可決されない．

　最初の憲法改正国民投票は，1906年に行われ，それ以来44回の国民投票が行われたが，憲法が改正された機会は，8回のみであった．改正された事項は，上院議員任期開始時期（1906年），州の債務（1910年），州の債務（1928年），社会サービス（1946年），アボリジニ参政権（1967年），上院欠員補充（1977年），準州の国民投票への参加（1977年），連邦判事定年制（1977年）に関してであった．

家賃・価格統制，共産主義禁止，上下両院同時選挙，共和国化（君主制の廃止）
など，論争的な憲法改正は，成功しなかった．

6．オーストラリア憲法には，包括的人権規定は存在しない

　1900年オーストラリア連邦憲法制定に至る過程では，基本的人権は，連邦や
州の議会，そしてコモン・ロー（判例による積み重ね：判例法）によって守られる
べきであるとされ，憲法には，陪審員裁判を受ける権利(80条)，信教の自由(116
条)，州間での差別禁止（117条）など，ごく限定的な内容しか盛り込まれなかっ
た．日本国憲法3章「国民の権利及び義務」のような包括的な人権規定は存在
していないし，合衆国憲法修正1-10条やその後の修正13条・14・15・19条の
ような人権規定と比べても少ない．
　オーストラリア憲法に，何種類かのまとまった人権規定を入れようとする試
みは，1944年と1988年に，憲法改正として連邦議会から発議されたことがある．
1944年には，言論と表現の自由，信教の自由の州への拡大などを含む14提案が
一括して国民投票にかけられたが，賛成多数を占めたのは6州のうち2州のみ
であった．1988年にも，裁判を受ける権利，信教の自由の拡大，公的目的によ
る土地占有に対する適切な条件の保障などが国民投票で問われたが，どの州に
おいても多数を占めることができなかった（Williams 2000: 27-34）．もちろん，
オーストラリアにおける人権は，個別の諸法律では認められている．ただ，成
文憲法において，包括的に認められるべきであるという試みは成功していない．

第15章

オーストラリアの政治制度の歴史的展開

1. 上下両院同時選挙の習律化と一時期の逸脱

　1901年の第1回連邦議会選挙から，上院半数改選，下院解散総選挙の上下両院同時選挙が習律化されてきた．首相の助言により連邦総督はいつでも解散下院選挙を行いうるが，上記のような習律の中で（任期満了前1年の間に行われる）上院選挙との同時選挙が可能な期間に解散があることは，衆目の一致するところであった．野党の裏をかいて解散することで議席を増やす文化も行動も基本的になかった．上下各院の選挙が異なった年となった時もあったが，その経験は下記の通り，否定的に総括されてきた．20世紀において上下各院別時期選挙を日本以外で行ったことのある OECD 加盟国はオーストラリアのみであった．以下，両院同時選挙からの逸脱例とその理由を見ていく．

　1953年には，初めて上院のみの単独選挙が行われた．この理由は，憲法57条に規定された上下両院同時解散にあった．通常，上院元老院議員任期は，選挙後の7月1日に始まることになっていたが，両院同時解散となった場合，「元老院解散後の次の選挙の場合は，その選挙の日に先立つ7月1日に任期が始まるものとする」（憲法13条）となっていた．1951年4月に上下両院同時解散総選挙を行った自由党メンジス政権は，したがって上院任期が1950年7月1日から始まるものとされた．このことによって，両院同時選挙を維持するためには，1953年5月までに下院解散選挙を行わなければならなかったが，当時のメンジス政権は日程が合わないと判断し，1953年5月に上院選挙のみが行われた[1]．下院選挙は翌年1954年に行われた．

　その後，いったん上下両院同時選挙に復帰したが，1963年下院選挙，1964年上院選挙，1966年下院選挙，1967年上院選挙，1969年下院選挙，1970年上院選

挙，1972年下院選挙と上下院別時期選挙となった．後にみるように，1974年・1975年に上下両院解散同時選挙が行われ，その後，上下院が別時期に選挙することはなくなった．今日に至る約50年の連邦議会選挙は，両院同時選挙（上院半数改選・下院解散選挙か，上下両院同時解散選挙）であった．先述したように，オーストラリアでは，両院同時選挙が，憲法制定時から想定されてきた．主唱者のターナーによれば，同時選挙は「かなりの支出の削減を意味する」とされた（National Australasian Convention 1897: 1031）．

各院別時期選挙の時期に首相を務めたロバート・メンジスも，両院同時選挙がオーストラリアの「通常」の姿であり，その「ルール」は，「巨額の二重出費を回避する」という点で，「明白な長所」があったと1955年に述べた．他方，上院単独選挙に関しては，1967年にホルト首相が，選挙戦において「補欠選挙の雰囲気」があったことを新聞のインタビューに対して答えている（小堀 2020a: 96-97）．つまり，政権党にとっては不利な選挙という意味である．実際，1967年，70年などの上院選挙では，政権側が議席を減らし，比例代表制で無所属や小政党が議席を得る傾向が続いた．

2．1974年労働党ホイットラム政権による上院多数派工作とその失敗

1972年下院選挙で約30年ぶりに政権を奪取した労働党政権であったが，上院では過半数に届かず，彼らのラディカルな諸政策は，ことごとく上院に阻まれた．そのなかで，ホイットラム首相は，上院の多数派工作に乗り出す．

ホイットラムがターゲットにしたのが，民主労働党のヴィンス・ゲアであった．民主労働党は，当時の労働党党首エヴァットの党内容共的姿勢に反対して，1955年に結成された．民主労働党は，労働党に協力しないことを党是としていた．しかし，ゲアは，アイルランド系移民出身で母国の大使を希望していたということを労働党がつかみ，それへの就任と引き換えに上院議員引退を打診した．1974年5月ごろまでに行わなければならない上院選挙前に引退を表明すれば，憲法15条により，その上院選挙での被改選議員に含められ，被改選定数が増え，比例代表の過去の実績からして，クィーンズランド州労働党が1議席増えるという計算であった．しかし，それを察知した自由党・カントリー党連合は，急遽，憲法12条「州の知事は，州の上院議員選挙の令状を発行することが

できる」に基づき，74年4月2日に上院選挙の令状を発行し，他方，酒宴でもてなしてゲアの上院辞任届を延期させ，届は翌日4月3日に提出された．これによって，ゲアの議席は5月の上院選挙の被改選とはならず，憲法14条により州が一時的に後任を任命し，後に州議会で最終的に決定されることになった．そうなると，自由党・カントリー党連合が多数を取る州議会は，労働党以外の候補者を上院議員にえらぶことは明白であった．ホイットラム首相は，当初の計画をあきらめ，州が止めることのできない上下両院同時解散を連邦総督に助言し，連邦総督が上下両院を解散し，上下両院総選挙が行われた．

3．1975年憲法危機

1975年においてもホイットラム労働党政権（1972-1975年）は，上院の多数を持っていなかったため，歳出法案をはじめとして多くの法案が上院通過に難航していた．そんな中，1975年11月11日に連邦総督ジョン・カーがホイットラムを罷免し，自由党のマルコム・フレイザーを首相に任命した．直後にフレイザー首相は憲法57条に基づき上下両院解散を連邦総督に助言し，総選挙となった．憲法64条により，連邦総督が首相を罷免できると考えられた．しかし，そうした措置は全くの異例で，首相を罷免したことは，それまでの習律にないことであった．また，カー総督は習律に従い，当時の首相ホイットラムにより推挙され，エリザベス女王によって任命されていた．

先述したように，憲法53条により，上院は予算関係法案の上院先議，修正は禁じられていたが，それ以外の抵抗手段は認められていた．しかし，実際には，財政関係法案の遅延も，それまでの習律になかったことであった．

この解散総選挙の結果は，自由党・カントリー党連合が，上下両院の多数を制した大勝となったが，論争は長く続いた．

4．上下両院同時選挙憲法改正国民投票

1977年には，上下両院同時選挙のための憲法改正が国民投票で求められた．この時，自由党・カントリー党と労働党はともに，両院同時選挙の法制化は，オーストラリアのためになると積極的に運動した．しかし，この時，クィーンズランド，西オーストラリア，タスマニアという中小の州首相たちが反対運動

表15-1　1977年憲法改正（両院同時選挙）国民投票結果

州	有権者	投票者	賛成		反対		無効票
			票	%	票	%	
NSW	3,002,241	2,774,388	1,931,775	70.71%	800,331	29.29%	42,282
ヴィクトリア	2,252,439	2,083,136	1,325,708	65.00%	713,929	35.00%	43,499
クィーンズランド	1,240,738	1,138,842	534,968	47.51%	590,942	52.49%	12,932
南オーストラリア	799,063	745,990	480,827	65.99%	247,762	34.01%	17,401
西オーストラリア	682,441	617,463	292,344	48.47%	310,765	51.53%	14,354
タスマニア	259,620	246,063	82,785	34.26%	158,818	65.74%	4,460
計	8,236,542	7,605,882	4,648,407	62.22%	2,822,547	37.78%	134,928

（注）　過半数州が4つ以上必要であったが，足りなかったため，全国過半数は充たしていたものの，憲法改正案は否決された.
（出所）　Parliamentary Library（2020: 435）.

に回り，全国多数を得ながらも，州の多数が一つ足りず，憲法改正はならなかった（表15-1）．反対運動の政治家たちは，これまで国政政党の牽制として使ってきた上院選挙タイミングの州の決定権などが，上下両院同時選挙法制化によって奪われてしまうという理由で運動を展開した．しかし，その後の全ての連邦議会選挙は，結局，政権の運用によって上下両院同時選挙で行われた.

5.　英　連　邦

　1931年ウェストミンスター憲章が各国政権によって合意され，英国（UK），カナダ，オーストラリア，ニュージーランド，南アフリカ連合，アイルランド自由国，ニューファウンドランド（のちにカナダへと吸収）は，対等の地位を持つ自治領とされ，英国君主を象徴とし，その忠誠によって，英連邦 British Commonwealth of Nations として結合された．この関係は，英国と英連邦全か国の同意なくして変えられないと規定された．その後，各国の批准には年数を費やした．オーストラリアは1942年に批准し，ニュージーランドは1947年に批准した．アイルランド自由国は結局批准せずに，1949年英連邦を離脱し，完全独立を果たした.

　1947年インド独立から1950年の共和国化への流れを受けて，1949年ロンドン宣言で，英国君主を認めない国々の英連邦加盟も認められた．名称も，英連邦

から「コモンウェルス」Commonwealth of Nations に変更された.

　ウェストミンスター憲章 4 条は,「いかなる英国の法律も, この法律が施行されて以後, その自治領の法の部分としてその自治領に適用されない, もしくは適用するとは考えられない. ただし, その自治領が, その法律の制定を要請し, その制定に同意することが明示的に宣言された場合を除く」と規定された.

　しかし, それでもオーストラリアの場合, 複雑な問題が残った. 豪州最高裁判所は, 憲法に明記された豪州高等法院 the High Court of Australia であったが, 1900年憲法制定以後も, 英国枢密院司法委員会 Judicial Committee of the Privy Council が担う可能性があった. 1899年末までに豪州憲法案は既に西オーストラリアを除く全州でレファレンダムによって承認されていたが, 英国議会で可決される前に, 当時の植民地問題担当大臣ジョセフ・チェンバレンが各州最高裁による枢密院司法委員会への上訴の維持にこだわり, 最終案の74条が, 当時英国にいた豪州代表によって修正された. この案が上下両院で可決され, ヴィクトリア女王が承認し, オーストラリア連邦憲法として1900年に成立した. この74条 1 項は, 次のように規定した.

> 連邦と州もしくは諸州間の憲法的権力の境界, あるいは, 2 つ以上の州間の憲法的権力の境界の問題に関して, 何が起ころうと, 高等法院が枢密院における陛下が決定すべきと認証しない限りは, 高等法院の決定からのいかなる上訴も許可されない.

　しかし, この文言では, 州最高裁が, 対連邦や州間の憲法問題以外で, 他の問題として高等法院の許可なく上訴する道が残されてしまった. 74条 2 項および 3 項では, 後の豪州議会立法によって, 枢密院への上訴を制限できることが明記されただけであった. この74条の内容は, 当時の豪州代表と英国政府の妥協の結果であったと言われる (La Nauze 1972: 248-269).

　この結果, 高等法院が枢密院司法委員会への上訴を許可したのは, 一件 *Colonial Sugar Refining Co v A-G (Cth)* (1912) に留まったが, その後も少なくない数の事件が州最高裁から直接に枢密院司法委員会へと上訴された.

　最終的に高等法院を豪州の最終審として確定したのは, 連邦議会と各州議会による1986年立法であった. 1986年オーストラリア法は, 枢密院司法委員会に事件を送付することを禁じ, オーストラリアにおけるすべての法律紛争は, 高等法院が最終審となった. ただし, 1986年法においても, 高等法院自身の決定

で枢密院司法委員会に上訴できるという74条の規定には影響がなく，したがって，形式上は高等法院が枢密院司法委員会にその後も上訴することは可能であったが，未だそれはなされた実績がない．

　チェンバレンが憲法案に変更を求めた個所は他にもある．総則2条の部分は，英国不文憲法の考え方を理解するうえで重要である．当初の憲法案総則2条は，「この法律は君主を拘束する This Act shall bind the Crown」と明文で書いていた．この条項の意図は，オーストラリア憲法案への議論の中では，実際に当時のヴィクトリア女王の統治を拘束することよりも，豪州の首相や大臣たちを拘束することを念頭に置いたと言われる．しかし，当時の英国の政治家や官僚たちは，どうしても必要な場合を除いて，英国の法律案で君主を拘束するようには書かないことになっていると述べて，この部分を削除させた（La Nauze 1972: 256）．権利章典など国王が議会との闘争に敗れた時にしか，君主に対する制限は明文化されてこなかった．同じ英語圏で，経験を積んだ法律家もいた豪州憲法制定会議においても，英国不文憲法を充分に踏まえることができなかったことは，その憲法的精神の理解の困難さを示している．

コラム20　首相「降ろし」という豪州政治文化

　豪州政治では，近年，首相「降ろし」を狙った党内選挙（spill）が相次いでいる．2010年にケビン・ラッド首相がジュリア・ギラードの党内選挙の挑戦を受けて，首相を辞任．ギラードが首相に就任した．2013年に党内選挙でラッドが返り咲き，しかし同年総選挙で敗北．勝った自由党のトニー・アボット首相も2015年に党内選挙で敗れ，マルコム・ターンブルが首相となるが，彼も2018年に党内選挙敗北を機に引退．スコット・モリソンが首相に就いた．いずれも，首相支持率が低い時やスキャンダル後に，有力者たちが党所属両院議員による投票で，新党首（首相）を決しようとしてきた．現役首相が党内選挙の結果辞任することになったのは，1991年にボブ・ホーク首相の例があった．しかし，この10数年の豪州政治においては，党内選挙による首相交代の頻度が激しい．一種の独特の政治文化となりつつある．

第7部

結　　　論

Ivor Jennings, *Cabinet Government*, *Parliament* や1917年, 71年, 83年 の *Erskine May* である. これらの文献から, 英国不文憲法における政治制度を理解することができる. （出所）筆者撮影.

終 章

「制度」に対する解釈，解釈という「制度」

　日英米仏豪の政治制度を，憲法や法律，そして習律にしたがって概括してきた．それらのなかで，結論的に述べられることがいくつかあるので，列挙しておきたい．

　第一に，上記5か国のいずれにおいても，憲法や法律の条文，あるいはそれ以外の有権的な文書によってのみでは，政治制度を語ることができない．そもそも，条文を含むいかなる文章も，客観的なものではない．そこには，起草者や執筆者の主観が当然あって書かれている．さらに，そうした主観的な人々が作成した条文を含む文章は，その後，政治家，官僚，学者たちにより様々に解釈された．

　つまり，政治制度とは，主観的に維持・理解されているものであり，それが一見すると「安定性」が保たれているように見えても，その「安定性」を維持しているのは，条文の「物質性」ではなく，条文に関する人々の思い (解釈) である．本書では英国の政治制度が，日仏では独特の解釈で見られてきたことを見た．また，日本では野党の裏をかいて衆議院解散することが当然視された．そして，ほぼ逆の発想であるが，衆参別々に選挙することが，二院制として当然視された．しかし，いずれも世界的に共有されておらず，日本のビリーフであった．ただ，そうして日本が制度を作ってきたことも事実である．世界にとって共通の「議院内閣制の本質」や「二院制」があるのではなく，各国の理解の数だけ制度があっても不思議はない．

　第二に，言葉そのものに関して，である．大きく分けて，対象の名前は，対象の本質を言い表しているという考え方と，対象の名前は単なる呼び名であって，それ以上のものではなく，したがって，対象の本質とは何の関係もないという考え方がある．前者は唯心論につながり，後者は唯名論につながる．筆者は唯名論に立っている．この点で，筆者は「語に意味を与えるのはその語の特定の用法である」(ウィトゲンシュタイン 2010: 158)という考え方に依拠している．

　見てきたように，日本で「議院内閣制」と呼んでいるものに，英仏語では「内閣」を付けない．現代政治学においても，用法的には，あえて内閣の意味は問

わず，政府に対する立法府からの信任一般を「議院内閣制」と呼んでいる傾向
がある．では，なぜ日本語では「内閣」にこだわるのだろうか．歴史を振り返
ると，見てきたように，日本の政治家，官僚，学者は「内閣」に，全員一致な
ど様々な思いを入れて使ってきた．

　用法という点では，これも見てきたように，constitution を憲法と呼ぶ用法
を日本では使ってきた．これも，法としての「帰報」を強調しようとする日本
の憲法文化を生み出した．政治制度の発展は，ある国から別の国への伝播が不
可欠であるが，異なった言語体系の間で様々な論点を生み出す．法という日本
語も，英語では law と act など様々な単語になる．またそれら英語表現と仏語
loi, droit などとの関係においては，微妙な用法・意味の違いがある．これ以上
詳しく各論には入らないが，注意すべき点である．異なる世界だということが
前提であり，すぐに正解翻訳へとたどり着けるとは考えない方がよいだろう．

　第三に，idea を変数とみるべきか，である．（日本の）新制度論においては，
idea をアイデアと述べて議論を進めることが定番となっている．少なくとも
idea を単なる思想ではなく，特殊なものとみていると言えるだろう．これも
一つの解釈と言えるだろう．英語の世界では，idea を特殊なワードとしては
使っておらず，より一般的に思想という意味で多くの場合使っている．

　また，新制度論では（これは英語の文献でまさにそうであるが）90年代の初めにお
いては，idea 思想を，客観的な制度とは見られないから研究対象から除くべ
きであるという議論が強かった．それに対して，歴史的制度論のマーク・ブラ
イスやシェリ・バーマンが，idea は制度論の研究対象であるし，制度変化の
独立変数になりうると反論した (Blyth 2002; Berman 1998)．今日では，ブライ
スやバーマンの主張は新制度論に受け入れられているといえよう．

　しかし，そこで出てくる疑問は，新制度論も解釈主義も，idea 思想を重視
する点で同じだと言えるのかということである．

　それに対する筆者の答えは，部分的にはイエスである．それは，バーマンと
ブライス両者ともかなりしっかりと思想の分析を行っていると筆者はみるから
である．しかし，依然として，新制度論は思想を変数であるといい，解釈主義
は決してそれを受け入れない．そこには，呼称以上に実態的な問題があるかと
いうことがポイントとなってくる．

　解釈主義を支持する筆者の見解から言えば，idea を変数と考えたとしても，
結局，idea 自身が様々なものから構成され，影響を受け，その一つの変数と

して取り上げたものをさらに実際には分解したり，解体したりしなければ，実際には研究にならない．つまり，変数という見方になぞらえて言うならば，変数の中に変数があり，その変数の中でまた独立変数や従属変数が深く絡まりあっている可能性がある．

　この点で，第1章にみた米国の哲学者クワインのホリズムを省みたい．クワインの研究者である丹治信春によれば，ホリズムとは「科学理論を構成する諸命題も，その一つ一つが個別に『検証』なり『確証』を受け付けるのではなく，『集まり』としてのみ，『感覚的経験の審判』を受ける」(丹治 2017: 1602-04)．つまり，クワインによれば，変数を歴史や出来事の中から取り出すことはできない．それは一見可能なように見えても，結局，分析者という人間の都合で切り取っているに過ぎない．その「変数」の中にまた他の「変数」があることが発見されたり，切り取った「数字」が別の角度から見ると全く違った意味になったりする場合もある．最近の例でみると，コロナの感染者数などはそう言えるだろう．2020年4月の1日感染者数東京都200人という数を，2023年の視点で見てみると，全く同じ数字なのに，受け止め方が全く違う．2020年の私たちは「200人」に怯え，2023年の私たちは，「200人」という数字に怯えていない．切り取る側の視点と数を取り巻く「全体」を見ないと，「数」の意味が違ってくる．何らかの事項を歴史の中から取り出したとしても，それは「全体」から研究者の視点で取り出しているという限界に，常に警戒しておく必要がある．

　最後に，政治制度論と法学との交わりについて述べたい．1章において，政治制度論が憲法学など法学の成果から摂取することがあるのではないかと問題提起した．

　法哲学者ケルゼンによれば，ある法規定があり，それに従って裁判で判決が下され，刑罰が執行されるという秩序原理は，「帰報」(長尾龍一訳) Zurechnung；imputation と呼ばれる．因果関係は，時間的に先行する原因が結果を導き出すことになるが，法の世界においては，ある行為が過去の法律に帰る形で犯罪として裁かれる．この規範の力は，単なる因果関係ではないと述べられる (ケルゼン 2014: 78)．

　既にみたように，戦前の政治家や軍人たちは明治憲法11条に帰ろうとしたし，リンカーンも連合規約に帰ろうとした．ロー対ウェイド事件での裁判官も修正14条に帰ろうとした．こうした「帰報」は政治現象の中にたくさんある．これを因果関係に解消しようとすれば，できないことではないだろう．しかし，そ

れでは，冒頭で紹介したバルトリニの懸念のとおり，政治制度もすべて制度一般に「解消」されてしまうかもしれない．文法や法律や習律も，全部「制度」であると言ってしまっては，政治制度を捉えることはできない．政治制度を明らかにするうえで，「帰報」や習律などに関する法学的成果をくみ取ることは，貴重であると考えたい．

引 用 文 献

阿川尚之. 2013. 『憲法で読むアメリカ史（全）』筑摩書房.

芦部信喜. 1954. 「演習46議院内閣制」, 清宮四郎編『憲法』青林書院.

芦部信喜著, 高橋和之補訂. 2019. 『憲法 第七版』岩波書店.

有賀貞. 1968. 『アメリカ政治史（1776-1968）』福村叢書.

板垣退助監修, 遠山茂樹・佐藤誠朗校訂. 1957. 『自由党史 上』岩波書店〔岩波文庫〕.

―――. 1958. 『自由党史 下』岩波書店〔岩波文庫〕.

伊藤博文著, 宮沢俊義校注. 2019 [1889]. 『憲法義解』岩波書店.

伊藤真. 2013. 『憲法問題』PHP出版.

伊藤正己. 1978. 『イギリス法研究』東京大学出版会.

伊藤之雄. 2006. 『明治天皇』ミネルヴァ書房.

―――. 2014. 『昭和天皇伝』文藝春秋〔文春文庫〕.

―――. 2015. 『伊藤博文』講談社.〔講談社学術文庫〕.

稲田正次. 1960. 『明治憲法成立史 上』有斐閣.

井上毅傳記編纂委員会編. 1968. 『井上毅傳 史料篇第2』國學院大學図書館.

岩井泰信. 1988. 『立法過程』東京大学出版会.

上田健介. 2013. 『首相権限と憲法』成文堂.

梅川健. 2015. 『大統領が変えるアメリカの三権分立制』東京大学出版会.

―――. 2018a. 「大統領権限の変遷」久保文明・阿川尚之・梅川健編『アメリカ大統領の権限とその限界』日本評論社.

―――. 2018b.「協調的大統領制からユニラテラルな大統領制へ」久保文明・阿川尚之・梅川健編『アメリカ大統領の権限とその限界』日本評論社.

―――. 2021.「ドナルド・トランプは大統領制を変えたのか？」久保文明編『トランプ政権の分析』日本評論社.

梅川葉菜. 2018. 「州司法長官による訴訟戦略と大統領」, 久保文明・阿川尚之・梅川健編『アメリカ大統領の権限とその限界』日本評論社.

大石眞. 2005. 『日本憲法史 第2版』有斐閣.

大隈重信. 2005 [1881]. 「大隈重信国会開設奏議」, 家永三郎・松永昌三・江村栄一編『新編明治前期の憲法構想』福村出版.

大蔵省昭和財政史編集室編. 1954. 『昭和財政史第6巻 国債』東洋経済新報社.

大山礼子. 2013. 『フランスの政治制度 改訂版』東信堂.

岡山裕. 2020. 『アメリカの政党政治』中央公論新社〔中公新書〕.

笠原英彦. 1995. 『天皇親政』中央公論社〔中公新書〕.

加藤陽子. 2015. 『それでも, 日本人は「戦争」を選んだ』朝日出版.

鎌田真弓. 2007. 「アボリジニ」竹田いさみ・森健・永野隆行編. 『オーストラリア入門』

東京大学出版会.

上村剛. 2021.『権力分立論の誕生』岩波書店.

川人貞史. 2015.『議院内閣制』東京大学出版会.

君塚直隆. 2010.『ヴィクトリア女王』中央公論新社〔中公新書〕.

清宮四郎. 1966.『憲法 I』有斐閣.

久保文明. 2018.『アメリカ政治史』有斐閣.

倉山満. 2022.『検証　内閣法制局の近現代史』光文社〔光文社新書〕.

交詢社. 2005〔1881〕.「私擬憲法案」, 家永三郎・松永昌三・江村栄一編『新編明治前期
　　の憲法構想』福村出版.

古賀豪・高澤美有紀. 2013.「欧米主要国議会の会期制度」『調査と情報』797号.

小林道彦. 2020.『日本近代と軍部　1868-1945』講談社.

小堀眞裕. 2012.『ウェストミンスター・モデルの変容』法律文化社.

―――. 2013.「イギリスにおける選挙制度改革国民投票とその後」,『論究ジュリスト』
　　2013年春号, 108-15.

―――. 2019.『英国議会「自由な解散」神話』晃洋書房.

―――. 2020a.「上下両院同日選挙・別時期選挙に関する日豪理解の違い」,『立命館法
　　学』2019（5・6）, 73-103.

―――. 2020b.「日本型衆議院解散像と OECD 諸国における立法府解散事例」,『立命
　　館法学』(3), 307-359.

―――. 2022.「英国1911年議会法6条の重要性」,『立命館法学』2021（5・6）, 378-
　　403.

―――. 2023.「引き裂かれた左派ポピュリスト・イギリス労働党」, 渡辺博明編『ポピュ
　　リズム, ナショナリズムと現代政治』ナカニシヤ出版.

小森義峯. 1992.「世界史上から見た十七条憲法の意義と特質」,『国士舘大学政経論叢』
　　4（3）, 29-58.

近藤康史. 2017.『分解するイギリス』筑摩書房.

後藤田正晴. 1989.『内閣官房長官』講談社.

坂本一登. 2005.「明治二十二年の内閣官制に関する一考察」, 犬塚孝明編『明治国家の政
　　策と思想』吉川弘文館.

―――. 2012.『伊藤博文と明治国家形成』講談社〔講談社学術文庫 Kindle 版〕.

佐々木雄一. 2017.『帝国日本の外交　1894-1922』東京大学出版会.

―――. 2019.「明治憲法体制における首相と内閣の再検討」,『年報政治学』70（1）,
　　248-270.

佐藤功. 1967.『比較政治制度』東京大学出版会.

佐藤達夫著, 佐藤功補訂. 1994.『日本国憲法成立史　第3巻』有斐閣.

清水忠重. 2019.「共和国の成長と民主制の登場」, 紀平英作編『アメリカ史』山川出版社.

清水唯一朗. 2007.『政党と官僚の近代』藤原書店.

鈴木雄雅. 2007.「植民地社会の形成」, 竹田いさみ・森健・永野隆行編『オーストラリア

入門』東京大学出版会.

大正昭和史研究会. 2017. 『金子堅太郎が語る大日本帝国憲法の精神』Kindle.

高木八尺. 1931. 『米国政治史序説』有斐閣.

高木八尺・斎藤光訳. 1957. 『リンカーン演説集』岩波書店〔岩波文庫〕.

高橋和之. 2021. 『立憲主義と日本国憲法　第 5 版』有斐閣.

高見勝利. 2004. 『芦部憲法学を読む』有斐閣.

田口富久治・中谷義和編. 1994. 『比較政治制度論』法律文化社.

建林正彦・曽我謙悟・待鳥聡史. 2008. 『比較政治制度論』有斐閣.

丹治信春. 2017. 『クワイン』平凡社 Kindle 版.

辻清明. 1943. 「紹介　山崎丹照『内閣制度の研究』」『国家学会雑誌』57（2），266-78.

辻村みよ子・糠塚康江. 2012. 『フランス憲法入門』三省堂.

寺崎英成，マリコ・テラサキ・ミラー. 1995. 『昭和天皇独白録』文藝春秋.

時本義昭. 1995.「訳者はしがき」，デュヴェルジェ，M. 著『フランス憲法史』みすず書房.

―――. 2018. 『フランス近代憲法理論の形成』成文堂.

中林美恵子. 2017. 『トランプ大統領とアメリカ議会』日本評論社.

中村民雄. 2020.「英国の国家主権・国会主権・人民主権と EU」，『早稲田法学』95（2），51-123.

―――. 2022.「Brexit プロセス（2019-21）における英国の国家主権・国会主権・人民主権」，『早稲田法学』97（2），51-117.

長沼熊太郎訳. 1873. 『英政沿革論』南部利恭蔵版.

成田憲彦. 2019.「帝国議会と日本型議会システムの形成」，佐々木毅編『比較議院内閣制論』岩波書店.

西川誠. 2018.「内閣制度の創設と皇室制度」，小林和幸編『明治史講義』筑摩書房.

野家啓一. 2013. 『科学の解釈学』講談社〔講談社学術文庫〕.

野村康. 2017.『社会科学の考え方―認識，リサーチ・デザイン，手法』名古屋大学出版会.

長谷部恭男. 1984.「現代議会政における解散権の役割」（1）（2），『国家学会雑誌』97（1・2），1-24. 97（3・4），245-93.

―――. 2022. 『憲法　第 8 版』新世社.

長谷部恭男・石田勇治. 2017. 『ナチスの「手口」と緊急事態条項』集英社新書.

坂東行和. 2000. 『イギリス議会主権』敬文堂.

坂野潤治. 2020. 『明治憲法史』筑摩書房.

樋口範雄. 2011. 『アメリカ憲法』弘文堂.

樋口陽一. 1973. 『議会制の構造と動態』木鐸社.

深瀬忠一. 1962.「衆議院の解散」，田中二郎編『宮沢俊義先生還暦記念――日本国憲法体系 4』有斐閣.

福沢諭吉. 1868. 『西洋事情　下』林芳兵衛等，国会図書館デジタルコレクション.

―――. 1879. 『民情一新』福沢諭吉，国会図書館デジタルコレクション.

福田毅. 2008.「欧米諸国における軍隊の海外派遣手続き」,『レファレンス』686，113-40.

福元健太郎. 2007.『立法の制度と過程』木鐸社.

伏見岳人. 2007.「国家財政統合者としての内閣総理大臣」,『国家学会雑誌』120（11・12），910-975.

穂積八束. 1898.「立憲政体の本旨」,『法学新報』90号，国会図書館デジタルコレクション.

―――. 1911.『憲法提要　上』有斐閣, 国会図書館デジタルコレクション.

慕維廉訳. 1861.『英國志　五』, 早稲田大学図書館所蔵.

増山幹高. 2015.『立法と権力分立』東京大学出版会.

待鳥聡史. 2016.『アメリカ大統領制の現在』NHK 出版.

松井茂記. 2018.『アメリカ憲法入門 第 8 版』有斐閣.

松園伸. 1999.『産業社会の発展と議会政治』早稲田大学出版部.

美濃部達吉. 1923.『憲法撮要』有斐閣, 国会図書館デジタルコレクション.

―――. 1934.『議会政治の検討』日本評論社.

―――. 1935a.『日本憲法の基本主義 上』日本評論社, 国会図書館デジタルコレクション.

―――. 1935b.「一身上の弁明」,『官報号外』, Kindle 版.

―――. 2018〔1912〕.『憲法講話』岩波書店〔岩波文庫〕.

宮沢俊義. 1950.『憲法入門』勁草書房.

―――. 1951.「議院内閣制のイギリス型とフランス型」『比較法雑誌』1（1），100-123.

―――. 1967.『憲法の原理』岩波書店.

―――. 1968.『憲法と政治制度』岩波書店.

村瀬信一. 2011.『明治立憲制と内閣』吉川弘文館.

村田尚紀. 1990.『委任立法の研究』日本評論社.

文部省. 1937.『国体の本義』文部省.

山浦貫一. 1946.『新憲法の解説』内閣発行, 法制局閲, 高山書院.

山崎丹照. 1942.『内閣制度の研究』高山書院.

山田朗. 2019.『天皇と戦争責任』新日本出版社.

山田邦夫. 2020.「明治憲法下の『憲法争議』と『法令審査権』をめぐる議論」,『レファレンス』（829），73-102.

山元一. 2014.『現代フランス憲法理論』信山社.

横尾日出雄. 2011.「政府」, 植野妙実子編著『フランス憲法と統治構造』中央大学出版部.

吉田敬. 2021.『社会科学の哲学入門』勁草書房.

米原謙. 2015.『国体論はなぜ生まれたか』ミネルヴァ書房.

力久昌幸. 1996.『イギリスの選択』木鐸社.

渡辺康行・宍戸常寿・松本和彦・工藤達朗. 2020.『憲法Ⅱ　総論・統治』日本評論社.

ウィトゲンシュタイン, ルートウィヒ著, 大森荘蔵訳. 2010.『青色本』筑摩書房〔ちくま学芸文庫〕.

エイトキン, D., B. ジンクス著, 宮崎正寿訳. 1987.『オーストラリアの政治制度』勁草書房.

ギアーツ, C 著, 吉田禎吾・中牧弘允・柳川啓一・板橋作美訳. 1987.『文化の解釈学 1』

岩波書店.

キング，G., R. O. コヘイン，S. ヴァーバ著，真渕勝訳．2004.『社会科学のリサーチ・デザイン』勁草書房．

ケルゼン，ハンス著，長尾龍一訳．2014.『純粋法学　第 2 版』岩波書店．

コリー，リンダ著，川北稔訳．2000.『イギリス国民の誕生』，名古屋大学出版会．

ダイシー，A. V. 著，伊藤正己・田島裕訳．1983.『憲法序説』学陽書房．

デュヴェルジェ，モーリス著，時本義昭訳．1995.『フランス憲法史』みすず書房．

トクヴィル，アレクシス・ド著，松本礼二訳．2012.『アメリカのデモクラシー　第 1 巻　上』岩波文庫．

ドゥウォーキン，ロナルド著，小林公訳．1995.『法の帝国』未来社．

ハミルトン，アレグザンダー．1999.「司法部の機能と判事の任期」，A. ハミルトン他著，斎藤眞・中野勝郎訳『ザ・フェデラリスト』岩波書店〔岩波文庫〕．

ハーン，ウィリアム・エドワード著，牧禄二郎編訳．1891.『英国議院行政節制権論』牧禄二郎発行，国会図書館デジタルコレクション．

バジョット著，小松春雄訳．2011.『イギリス憲政論』中央公論新社〔中公クラシックス〕．

ベネディクト，M. L. 著，當本照樹訳．1994.『アメリカ憲法史』北海道図書刊行会．

ボグダナー，ヴァーノン著，小室輝久・笹川隆太郎，R. ハルバーシュタット訳．2003.『英国の立憲君主政』木鐸社．

マクミラン，マーガレット著，稲村美貴子訳．2007.『ピースメイカーズ　上』芙蓉書房．

マッケンジー，K. R. 著，福田三郎訳．1977.『イギリス議会』敬文堂．

マディソン，ジェイムス．1999.「47篇　権力分立制の意味」，「48篇　立法部による権力侵害の危険性」，「51篇　抑制均衡の理論」，A. ハミルトン他著，斎藤眞・中野勝郎訳『ザ・フェデラリスト』岩波書店〔岩波文庫〕．

レイプハルト，アレンド著，粕谷祐子・菊池啓一訳．2014.『民主主義対民主主義［原著第 2 版］』勁草書房．

ローズ，R. A. W. ，ジョン・ワンナ，パトリック・ウェラー著，小堀眞裕・加藤雅俊訳．2015.『ウェストミンスター政治の比較研究』法律文化社．

ロック，ジョン著，加藤節訳．2013.『統治二論』岩波書店〔岩波文庫〕．

Allan, T. R. S. 2013. *The Sovereignty of Law*, Oxford University Press.

Australia. Constitutional Convention. 1897. *Official Record of the Debates of the Australasian Federal Convention. Second Session. Sydney, 2 nd to 24 th September, 1897*. Government Printer.

Avril, Pierre. 1997. *Les Conventions de la Constitution*, Presses universitaires de France.

Andrews, William G. 1982. *Presidential Government in Gaullist France*, State University of New York Press.

Bartolini, Stefano. 2022. *Rule-Making Rules*, Cambridge University Press.

Berman, Sheri. 1998. *The Social Democratic Movement*, Harvard University Press.

Bernstein, J. & A. C. Shannon. 2022. *Vital Statistics on American Politics*, CQ Press.

Bevir, Mark. 2015. 'Historicism and Critique', *Philosophy of Social Sciences*, 45（2）, 227–245.

Bevir, Mark & R. A. W. Rhodes. 2010. *State as Cultural Practice*, Oxford University Press.

Bevir, Mark & Jason Blakely. 2018. *Interpretive Social Science*. Oxford University Press.

Birch, A. H. 1964. *Responsible and Representative Government*, Allen & Unwin.

Blackburn, Robert. 2004. 'Monarchy and the Personal Prerogatives', *Public Law*. 546–63,

Blyth, Mark. 2002. *Great Transformations*, Cambridge University Press.

Bogdanor, Vernon. 2019. *Beyond Brexit ; Toward a British Constitution*, I. B. Tauris.

Bowles, Nigel & Robert K. McMahon. 2014. *Government and Politics of the United States : 3rd Edition*, Palgrave Macmillan.

Bradley, A. W. 1977. *Constitutional and Administrative Law*, Longman.

Bradley, A. W., K. D. Ewing & C. J. S. Knight. 2022. *Constitutional and Administrative Law, 18th Edition*, Pearson.

Brazier, Rodney. 1999. *Constitutional Practice : The Foundations of British Government : Third Edition*, Oxford University Press.

Burke, Edmund. 1770. *Thoughts on the Cause of the Present Discontents : The Third Edition*, J. Dodsley.

Capitant, René. 1979. « La coutume constitutionnelle », *RDP*, 4, 960–970.

Carré de Malberg, Raymond. 1922. *Contribution à la Théorie Général de L'État : Tome Deuxième*, Recueil Sirey.

Charles I., J. C.（trans.）. 1654. *The Full Proceedings of the High Court of Justice Against King Charles in Westminster Hall, on Saturday the 20. of January 1648*, William Shears.

Charles I. 2010 [1642]. 'His Majesties Answer to the Nineteen Propositions', Corinne C. Weston, *English Constitutional Theory and the House of Lords 1556 – 1832*, Routledge.

Cheibub, Jose Antonio. 2006. *Presidentialism, Parliamentarism, and Democracy*, Cambridge University Press.

Chevallier, Jacques. 1970. « La Coutume et le droit constitutionnel français », *RDP*, 1384–1389.

Corwin, Edward Samuel. 1941. *Constitutional Revolution, Ltd*, Claremont Colleges.

De Gaulle, Charles. 1946. « Le discours de Bayeux（1946）», （https://www.elysee.fr/la-presidence/le-discours-de-bayeux-194）.

De Gaule, Charles. 1971. *Mémoires d'espoir : Tome 2*, Plon.

Dicey, A. V. 1982 [1885]. *Introduction to the Study of the Law of the Constitution*, Liberty Fund.

Elder, D. R.（ed）. 2018. *House of Representatives Practice : Seventh Edition*, Department of the House of Representatives.

Elgie, Robert. 1999. *Semi-Presidentialism in Europe*, Oxford University Press.

Evans, Harry. 2016. *Odgers' Australian Senate Practice*, Department of Senate.

Fabina, Jacob & Zachary Scherer. 2022. *Voting and Registration in the Election of November 2020*, U. S. Census Bureau.

Farrell, David M. & Ian McAllister. 2006. *The Australian Electoral System*, UNSW Press.

Ford, Robert, Tim Bale, Will Jennings, & Paula Surridge. 2021. *The British General Election of 2019*, Palgrave Macmillan.

Gardner, John. 2011. 'Can There Be a Written Constitution?', in L. Green & B. Leiter (ed) *Oxford Studies in Philosophy of Law Volume 1*, Oxford University Press.

Goldey, David B. 1963. 'The French referendum and election of 1962', *Political Studies* 1963, 11(3), 254–309.

Grafstein, Robert. 1992. *Institutional realism*, Yale University Press.

Griffith, J. A. G. 1979. 'The Political Constitution', *The Modern Law Review*, 40(1), 1–21.

Hall, Peter. 2003. 'Aligning Ontology and Methodology in Comparative Research', J. Mahoney & D. Rueschemeyer (eds), *Comparative Historical Analysis in the Social Sciences*, Cambridge University Press. Kindle Version.

Hay, Colin, 2006. 'Political Ontology', R. Goodin & C. Tilly (eds) *The Oxford Handbook of Contextual Political Analysis*, Oxford University Press.

Hearn, William Edward. 1867. *The Government of England*, Longman.

Hennessy, Peter. 1986. *Cabinet*, Basil Blackwell.

Hodgson, Geoffrey M. 2006. 'What Are Institutions?', *Journal of Economic Issues*, 40(1), 1–29.

House of Lords Select Committee on the Constitution. 2001. *Constitution : First Report*, The Stationery Office.

―――. 2010. *Referendums in the United Kingdom : 12th Report of Session 2009-10*, The Stationery Office.

Irving, Helen. 1999. *To Constitute a Nation*, Cambridge University Press.

Itō, Hirobumi, Miyoji Itō (trans). 1906. *Commentaries on the Constitution of the Empire of Japan*, Chūō Daigaku.

Jack, Malcolm (ed). 2011. *Erskine May Parliamentary Practice : 24th edition*, LexisNexis.

James, Leighton & Raymond Markey. 2006. 'Class and Labour', *Labour History*, 90.

Jennings, Ivor. 1959a. *Cabinet Government : Third Edition*, Cambridge University Press.

―――. 1959b. *The Law and the Constitution : Fifth Edition*, University of London Press.

Joint Committee on Convention. 2006. *Convention of the UK Parliament*, The Stationery Office.

Lakin, Stuart. 2008. 'Debunking the Idea of Parliamentary Sovereignty', *Oxford Journal of Legal Study*, 28(4), 709–734.

La Nauze, J. A. 1972. *The Making of the Australian Constitution*, Melbourne University Press.

Maestre, Jean Claude. 1973. « A propos des coutumes et des pratiques constitutionnelles », *RDP*.

March, James G. & Johan P. Olsen. 2008. 'Elaborating the New Institutionalism', S. A. Binder, R. A. W. Rhodes, B. A. Rockman (eds) *The Oxford Handbook of Political Institutions*, Oxford University Press.

Marsh, David, Selen A. Ercan & Paul Furlong. 2017. 'A Skin Not a Sweater', V. Lowndes, D. Marsh & G. Stoker (eds) *Theory and Methods in Political Science, Fourth Editions*, Palgrave.

Marshall, Geoffrey. (ed). 1989. *Ministerial Responsibility*, Oxford University Press.

Milkis, Sidney M. & Michael Nelson. 2023. *The American Presidency, Nineth Edition*, SAGE.

Moore, Ray. A & Donald L. Robinson. 2002. *Partners for Democracy*, Oxford University Press.

Morabito, Marcel. 2022. *Histoire Constitutionelle de la France : 17ᵉ edition*, LGDJ.

Mussatti, James. 1960. *The Constitution of the United States*, D. Van Nostrand Company.

National Australasian Convention. 1897. *Official report of the National Australasian Convention debates, Adelaide, March 22 to May 5, 1897*, Government Printer.

Pares, Richard. 1953. *King George III and Politicians*, Oxford University Press.

Parliamentary Library. 2020. *Parliamentary Handbook of the Commonwealth of Australia 2020*, Department of Parliamentary Services.

Parpworth, Neil. 2012. *Constitutional and Administrative Law (Core Text)*, Oxford University Press.

Pempel, T. J. 1974. 'The Bureaucratization of Policymaking in Postwar Japan', *American Journal of Political Science*, 18(4), 647–64.

Phillip, O. Hood & Paul Jackson. 1978. *Constitutional and Administrative Law : Sixth Edition*, Sweet and Maxwell.

Pierson, Paul. & Skocpol, Theda. 2002. 'Historical institutionalism in contemporary political science', Katznelson, I. and Miller, H. V. (eds) *Political Science*, Norton, 693–721.

Quick, John & Robert Randolph Garran. 1901. *The Annotated Constitution of the Australian Commonwealth*, Angus & Robertson.

Qvortrup, Matt. 2005. *A Comparative Study of Referendums*, Manchester University Press.

Redslob, Robert. 1924. *Le Régime Parlementaire*, Marcel Giard.

Rhodes, R. A. W. 1995 'From Prime Ministerial Power to Core Executive', R. A. W. Rhodes and P. Dunleavy (eds) *Prime Minister, Cabinet and Core Executive*, Macmillan.

Roosevelt, Theodore. 1913. *Theodore Roosevelt : an autobiography*, Scribner.

Russell, Lord John. 1853. *Memorials and Correspondence of Charles James Fox*, Richard Bentley.

Russell, Meg. 2013. *The Contemporary House of Lords*, Oxford University Press.

Seldon, Anthony. 2004. 'The Cabinet System', Vernon Bogdanor (ed) *The British Constitution in the Twentieth Century*, Oxford University Press.

Smith, Julie. 2019. 'Fighting to "Take Back Control"', T. Christiansen and D. Fromage (eds) *Brexit and Democracy*, Palgrave Macmillan.

Smith, Stanley de & Rodney Brazier. 1998. *Constitutional and Administrative Law : Eighth Edition*, Penguin.

Thompson, Elaine. 1980. 'The "Washminster" Mutation', *Politics*, 15(2), 32–40

Todd, Alpheus. 1869. *On Parliamentary Government in England Volume 2*, Longmans, Green and Co.

Tomkins, Adam. 2017. 'Spain (and Scotland) should remember : a flexible constitution is what keeps the show on the road', *Prospect*, 9 October.

Troper, Michel. 1981. « Necessité fait loi », *Mélanges R. E. Charlier*, Edition de l'Université et de l'enseignement moderne.

Turner, Edward Raymond. 1932. *The Cabinet Council of England in the Seventeenth and Eighteenth Centuries 1622–1784 Vol. 2*, Russell & Russell.

Turpin, Colin & Adam Tomkins. 2007. *British Government and the Constitution : Sixth Edition*, Cambridge University Press.

Vedel, Georges. 1968. « le droit par la coutume », *Le Monde*, 23 Décembre.

Weller, Patrick, Dennis C. Grube & R. A. W. Rhodes. 2021. *Comparing Cabinets*, Oxford University Press.

Williams, George. 2000. *A Bill of Rights for Australia*, UNSW press.

人名・事項索引

《著者紹介》

小 堀 眞 裕（こぼり　まさひろ）

　1963年　生まれ
　1992年　大阪市立大学大学院法学研究科後期博士課程中退
　2007年　学術博士（法学），大阪市立大学
　現　在　立命館大学法学部教授

主要業績

Kobori, Masahiro.（2020）'A Review of Two Beliefs of Parliamentary Government in Postwar Japan: Japanese/French Beliefs benesth the British Canopy', *International Journal of Constitutional Law* 18（2）.

小堀眞裕（2013）『国会改造論　憲法・ねじれ・選挙制度』（文藝春秋［文春新書]）.

小堀眞裕（2013）「イギリスにおける選挙制度改革国民投票とその後」,『論究ジュリスト』春号（有斐閣）.

小堀眞裕（2012）『ウェストミンスター・モデルの変容』（法律文化社）.

小堀眞裕（2005）『サッチャリズムとブレア政治』（晃洋書房）.

小堀眞裕（2019）『英同議会「自由な解散」神話』（晃洋書房）.

歴史から学ぶ比較政治制度論
——日英米仏豪——

2023年9月30日　初版第1刷発行　　＊定価はカバーに
2024年9月15日　初版第2刷発行　　　表示してあります

著　者　　小　堀　眞　裕ⓒ

発行者　　萩　原　淳　平

印刷者　　藤　森　英　夫

発行所　株式会社　晃　洋　書　房

〒615-0026　京都市右京区西院北矢掛町7番地
電話　075(312)0788番(代)
振替口座　01040-6-32280

装丁　尾崎閑也　　　　印刷・製本　亜細亜印刷㈱

ISBN 978-4-7710-3773-1